이상한 드라마의 앨리스

이상한 드라마의 앨리스

황헌영 지음

도서
출판 액션메소드

들어가는 말

 필자는 십여 년 전 현대 드라마치료 개척자 중의 한 사람인 젤카 모레노(Zerka T. Moreno) 여사의 『사이코드라마와 잉여현실』(학지사, 2005)을 번역한 바 있다. 당시, 기대 가득한 마음으로 매일 책상으로 향했던 기억이 난다. 젤카 여사는 그 독특한 대화체 문장들로 '머리'가 아닌 '가슴'을 따뜻하게 해주며, 책 속에서 개념들 이상의 것을 전달하여 주었다. 바로 "잉여현실"(surplus reality)이라는 놀라운 체험이었다. 아직 "살아보지 못한" 삶을 지금-여기에서 "살아보게 하는" 경험! 그래서 그것을 맛볼 수 있는 번역의 시간이 그토록 즐거웠다. 이에 더하여, 그녀가 남편 야콥 모레노 (J.L. Moreno)와 함께 드라마치료의 세계를 펼치면서 경험한 임상현장은 실로 엄청난 지혜와 철학으로 "아!"하는 탄성을 자아내게 하였다.

 그 이후 십여 년 만에, 마음을 신선하게 해주는 또 다른 책을 만났다. 아니 다시 읽게 되었다. 솔직히 말하자면, 어릴 적 읽다가 '이상해서' 손을 놓았던 책이다. 바로 『이상한 나라의 앨리스(1865)』! 19세기 중엽 영국 성공회 부 사제요, 옥스퍼드 대학의 수학 강사였던 루이스 캐럴(Lewis Carroll, 1832-1898, 본명: Charles Dodgson)이 쓴 동화이다. 루이스 캐럴은 그와 친분이 있던 옥스퍼드대학교 크라이스트처치 대학 학장의 어린 딸 앨리스를 위하여 꿈의 형식으로 동화를 썼다. 그리고 이 동화는 전 세계 어린이들이 읽고 흥미를 유발하여 영화와 연극, 문학에 수도 없이 인용되는 고전이 되었다. 그런데 나는 동화 속에 너무 이상하고 엉뚱한 캐릭터들이 가득하여 '머리로' 이해하기 어려워 읽기를 멈춘 기억이 난다. 그런데 이제 다시 접해보니, 이 책에는 내가 상담심리 분야에서 그토록 소중한 방법론으로 여기고 있는 모레노 부부의 드라마치료가 고스란히 들어있는 것이 아닌가? 70여 년이 훨씬 지난 후에 모레노가 펼칠 드라마치료의 잉여현실 기법을 저자 루이스 캐럴은 동화 앨리스의 꿈 이야기에 담고 있었다. 마치 예언이라도 하듯이 말이다. 이때는 아직 심리극 (psychodrama)이 등장하지도 않은 시대였다. 하지만 루이스 캐럴은 마치 심리극의 디렉터처럼 소녀 앨리스를 주인공으로 초청하여 동화라는 무대 위에서 드라마치료를 구현하였다. 특별히 놀라운 것은, 그가 앨리스의 꿈을 통해 환상적이고 주관적인 경험이 가져오는 삶의 현상학적 의미와 치유의 효과를 기술하였다는 사실이다. 과거의 아쉬움과 미래를 향한 두려움을 극복하며 현실을 능동적으로 대처하게 하는 잉여현실의 신비스러운 경험을 이 동화 속에서 표현하고 있었다.

그렇다면 모레노 부부는 루이스 캐럴의 『이상한 나라의 앨리스』를 어떻게 생각했을까? 그들이 루이스 캐럴의 동화를 읽었다는 기록은 찾을 수 없다. 하지만 동화의 문학세계에 나타나는 잉여현실을 다음과 같이 강조한 바 있다.

> "우리가 동화 속 캐릭터들과 그들의 이야기들에 왜 그토록 주목하
> 게 되는 걸까요? 그들은 실제로는 없었고, 앞으로도 없을 것이나
> 현재 우리의 삶에 창조성과 상상력을 부여하는 역할의 인물들이기
> 에 우리는 무게를 실어주는 겁니다. 이는 우리가 이들을 통해 아주
> 다른 수준의 현실(잉여현실)을 사모하고 있다는 사실을 말해줍니
> 다."(Z.T. Moreno, 2005, 162)

루이스 캐럴과 모레노 부부는 각기 아동문학과 심리치료라는
두 다른 분야에서 약 70여 년의 시간 간격을 두고 같은 관심사 '잉
여현실'(surplus reality)을 구현하려 한 것이다. 그것을 깨달으면
서 즉흥적으로, 나는 『이상한 나라의 앨리스』와 드라마치료 잉여
현실을 함께 엮어보자는 생각이 들었다. 앨리스의 꿈 이야기에서
잉여현실(surplus reality)이 전개되는 과정을 구체적으로 발견해
가며, 실제 드라마치료에 활용할 수 있는 자료를 구축해 보자는
마음이 들었다. 그래서 연구의 제목을 동화 원제목에 가깝게 하되
'이상한 나라'를 '이상한 드라마'로 하였다. '이상한 드라마'라는
제목에는 앨리스가 경험하는 꿈의 내용이 독특할 뿐 아니라 신비
한 특징이 있음을 암시한다. 그리고 앨리스는 이상한 나라에서 이
상한 과정을 거치며 인격의 성숙과 변화의 과정을 거친다. 동화는
마치 드라마치료처럼 전개되며 잉여현실 기법이 곳곳에서 발견
된다. 시작 부분, 다른 사람들의 요구에 순응하며 '말 잘 듣는 착

한 소녀'는 자기감정(연민)에 빠져 외롭다. 그리고 주변 사람들의 마음을 헤아리지 못하여 늘 문제에 봉착한다. 하지만 소녀는 '이상한' 나라에서 '이상한' 인물들과 상호작용을 하면서 점점 자기 자신을 거울처럼 성찰하게 되며 세상을 직면하는 역할 경험을 하게 된다. 마침내 동화의 마지막 부분에서 자기연민을 극복하며 타인에 대한 공감력이 향상된다. 자기표현에 있어서도 적극적이며 삶의 현장에 대응하는 자세도 당당해진다. 그렇게 주인공 앨리스는 새롭게 창조된 시간을 안고 현실로 돌아온다. 참으로 드라마치료 과정이 그대로 전개되고 있다.

드라마치료는 이 세상에서의 인간 경험을 재연하되, 그 한계와 굴레를 넘어서는 새로운 역할확장을 우리에게 선사한다. 한 번도 본 적 없던 자기 얼굴을 거울처럼 바라보게 하고, 아직 해결되지 않은 감정을 정화하며 현실에 필요한 역할훈련을 통해 새로운 자아를 창조한다. 아쉬웠던 과거의 시간을 따뜻하게 감싸 안으며 불확실한 미래에 대해서도 여유 있고 넉넉한 마음으로 준비하게 한다. 바로, 지금-여기에서 과거나 미래에 얽매이지 않고 '영원한 현재를 살아보는' 연습을 하게 한다. 이것이 앨리스가 '이상한 드라마'에서 경험하는 잉여현실의 세계이다.

이 책은 총 3부로 구성되어 있다. 1부에서는 드라마치료의 역사와 발전을 기술하고, 2부에서 이상한 나라의 앨리스가 경험하는 잉여현실의 세계를 드라마치료의 관점에서 살펴본다. 주로 모레노 부부의 시각에서 분석하지만 다른 학자들도 관련된 부분들만 인용하며 드라마치료의 입장을 세워간다. 3부는 독자들이 앨리스의 꿈 이야기를 가지고 집단상담의 현장에서 활용할 수 있는 잉여현실 기법의 실제적 자료들을 제공한다.

이제 여러분을 '이상한 나라'의 잉여현실로 초대한다. 소녀 앨리스가 주인공으로 무대 위에 올라가 펼치는 꿈의 드라마에 함께 참여해 보자. 잉여현실은 무대 위의 주인공과 관객이 함께 경험하는 세계이다. 우리 모두 '현실 이상의 세계'에서 '현실 플러스'의 유익과 혜택을 얻어 지금-여기, 이 삶의 자리로 다시 돌아올 것이다.

감사의 말

루이스 캐럴(Lewis Carroll)의 동화 본문과 존 테니얼(John Tenniel, 1820-1914)의 삽화가 영국 외의 국가들에서 사용이 허가되어 있어 참으로 감사하다.[1]

덕분에 『이상한 나라의 앨리스』를 부분적으로 발췌하여 번역하여 쓸 수 있었고, 원본 삽화들도 그대로 사용할 수 있었다. 이 책은 잉여현실 기법을 활용하여 사용할 수 있는 활동 자료를 포함하고 있는데 그 내용은 서울신학대학교 대학원 상담심리학 박사 과정생들이 드라마치료 수업에서 실제 시연하며 실험해본 심리극기법들을 정리한 것이다. 자료를 제공한 원생들에게 감사한다.

이 책은 2021년 서울신학대학교 연구 지원 기금에 의해 출판되었다. 이 연구 과정 처음부터 전체구조가 확립되도록 도우며 원고를 다듬어준 최유미 선생, 활동지를 체계적으로 정리한 임영애 선생, 그리고 섬세한 교정을 더한 손보경 선생의 손길이 너무도 고맙고 감사하다. 드라마치료자 김세준 교수의 우정과 조언은 이 책의 바탕이 되었다. 출판을 맡아 수고해주신 도서출판 액션메소드 연구소 이영미 소장과 이미숙 실장께 감사의 말씀을 전한다.

무엇보다, 멀리서 이 과정을 위해 기도하며 응원해준 사랑하는 아내와 두 딸, 온 가족에 감사를 표한다.

추천의 말

『이상한 드라마의 앨리스』는 이미 고전이 된 『이상한 나라의 앨리스』가 우리에게 주었던 그 신비하고 경이로운 가슴 떨림의 치유 경험이 어디서부터 온 것인지를 잘 밝혀준다. 그것은 잉여현실이었다. 저자는 동화 속에 담긴 드라마의 심리치료극의 요소들을 밝히면서 인간에게 주어진 꿈과 그 '꿈을 다시 꾸게 하는' 방법으로 삶을 개선해 나가는 집단심리치료자들의 수고와 열매를 소개한다. 이 책은 심리치료의 전공자들뿐만 아니라 삶의 고단함과 아픔을 안고 살아가는 현대인들의 치유를 위한 도구를 제시하고 있다.

윤종모 주교 (전)성공회대학교 교수 (전)한국기독교상담심리학회장

1865년에 발표되어 아동문학사에 획기적인 전환점을 만든 『이상한 나라의 앨리스』를 드라마치료의 잉여현실 측면에서 분석한 책이다. 미처 살아보지 못했던 삶을 환상 세계의 '이상한 나라'에서 자유롭고 안전하며 맘껏 경험해 보게 하는 잉여 현실의 체험은 참된 자아를 찾아 현실을 더 힘있게 살도록 돕는 드라마치료의 과정을 그대로 담는다. 이 책은 집단 드라마치료에 적용할 수 있는 활동지까지 제시하고 있어 현장에서 환상 동화를 통한 비블리오드라마를 실행할 수 있도록 실질적인 도움을 줄 것이다.

김현희 교수 (전)열린사이버대학교 (전)비블리오드라마협회장/한국독서치료학회장

이 책은 드라마치료의 방법과 그 과정을 친절하게 설명해주고 있다. 저자는 동화 『이상한 나라의 앨리스』를 분석하면서 이상한 나라의 앨리스가 정체성을 확립하고 자아를 확장하는 과정을 소개한다. 이 책을 따라가다 보면 독자들도 자연스레 자아를 확장하는 창조적 변형의 시간을 경험하게 된다. 상담 과정을 더 풍성하고 역동적으로 진행하고자 하는 상담사들, 드라마치료를 공부하고 심리치료에 적용하고 싶어도 어디에서 어떻게 배울지 모르는 상담심리사, 정신건강 관련 종사자, 청소년 상담관련자 등에게 이 책을 적극 추천한다.

유영권 교수 (연세대학교 상담코칭학과) (전) 한국상담심리학회장

CONTENTS

CONTENTS

제2부 꿈, 잉여현실 드라마

제3부 잉여현실 드라마 활동지

1

제1부
드라마와 치유

『이상한 나라의 앨리스』 수많은 어린이가 이 동화를 읽으며 상상의 나래를 펼치고 새로운 꿈을 꿀 수 있었다. 앨리스의 꿈에서 우리는 그 안에 담긴 잉여현실을 발견한다. 그리고 그것을 맛보는 모든 독자에게 '이상한 드라마의 앨리스'를 선사해 준다.

1. 드라마치료란 무엇인가?

드라마와 삶

드라마라는 말만큼 삶의 다양한 맥락에서 각기 다른 의미로 사용되는 말이 또 있을까 여겨진다.

"자, 이제 일을 마쳤으니 드라마 한 편 때릴까?"

(쉼과 즐거움의 여가 행위)

"아, 그것은 한 편의 드라마 같았어!"

(마음이 훈훈해지는 감동)

"야, 그건 드라마에서나 나오는 이야기일 뿐이야!"

(너무 이상적이고 비현실적인 경험)

"놀라운 일이야. 예상치 못한 일이 일어났어. 정말 드라마 같아!"

(놀라운 반전의 경험)

사람들은 각기 다른 의미에서 드라마를 말하지만 공통된 점이 하나 있다. 바로 삶 가운데 가장 두드러지고 인상 깊은 경험과 감동 넘치는 변화의 순간들을 '드라마'라는 말로 표현한다는 사실이다.

한국의 대표적인 방송 드라마 작가 김수현은 드라마를 가리켜 "인간의 본질을 파고드는 작업"이라고 소개한다.(김수현, 2005, p.31) 인간의 삶을 파고 들어가 그 실제의 모습을 그리면서 동시에 삶의 본질에 접근하는 것이 드라마라고 한다. 드라마가 때때로

'망가지고 또 망가지는' 사람들을 보여 주는 것도 망가지기 이전의 우리 인간 모습을 상기하고 회복 이후의 모습을 희망하도록 하기 위함이라고 한다. 즉, 사람들에게 돌아갈 인간 삶의 본질을 보여 준다는 말이다. 따라서 이러한 드라마의 작업은 단순히 시청자들의 호감을 불러일으키고 인기를 끄는 정도에서 그치는 것이 아니라, 아주 고귀한 역할을 감당하는 것이라 한다. 인류 역사 가운데 수천 년간 간직되고 전수되어온 귀중한 고전이나 고등 종교들처럼 드라마 역시 인간 존재의 의미, 감출 수 없는 삶의 실제, 참된 삶을 추구하는 법, 그리고 인간 사회가 나아가야 할 방향 등을 알려 준다고 한다.

실제로, 드라마가 인간 삶의 본질을 다루어 왔다는 사실을 우리는 많은 민족의 역사 자료를 통해 증명할 수 있다. 그 대표적인 것이 신화(myths)를 통해 드라마의 세계를 구현한 고대 그리스인들이다. 신화는 우리 인간이 본래 어디에서부터 왔으며 무엇을 추구하고 있고 또한 어디로 향하고 있는지를 이야기해 주는 역할을 한다. 그리스신화는 신들의 이야기로 펼쳐진다. 하지만 그 이야기 속의 신들이 우리 인간과 달라 보이지 않는다. 오히려 인간 내면세계를 드러내 보이는 꿈속의 캐릭터들과 같다. 그런데 주목할 것은 고대 그리스인들이 이 신화를 무대 위의 올려 '행위화'(enactment)를 통해 인간의 본성과 삶의 실상들을 표현했다는 사실이다. 신화가 무대 위에 올려질 때 인간의 실상이 구체적으로 조망되고, 인간의 이야기들이 전개되면서 삶의 본질을 찾아가는 감흥이 일어났다.

특별히 이렇게 무대에 올려지던 그리스의 드라마, 곧 비극과 희극의 구조를 아주 소중하게 여긴 철학자가 있었다. 바로 드라마가 가져오는 인간의 변화와 성숙의 효과를 깊이 있게 찬양한 아리스토텔레스(Aristoteles)이다. 그는 사람들에게 철학적 세계관을 심어주는 방법론을 그의 책 시학(Poetica)에 담아 교육하려 했다. 그리고 그가 가장 훌륭한 방법으로 평가한 것이 바로 '비극'(tragedy)이다. 그에 의하면 비극이야말로 인긴 삶의 본질적인 부분들을 아주 진지하게 '미메시스'(mimesis), 즉 '재연'(reenactment) 해주는 당대 최고의 도구이었다. 미메시스란 문자적으로 해석하여 원래 '모방'을 뜻한다. 하지만 '모방'은 플라톤식 번역으로 '허상'에 가깝다. 이데아를 흉내 내는 행위로 본질과는 질적인 차이를 둔다는 인상이 깊었다. 하지만, 아리스토텔레스에게는 '미메시스'의 의미가 달랐다. '모방' 보다는 '재연'이라는 의미를 갖게 되었다. 아리스토텔레스는 무대 위에서 인간 삶이 미메시스(재연) 될 때 그것을 바라보는 청중들은 극적인 경험, 곧 카타르시스를 맛보며 감정정화의 효과를 누리게 된다고 보았다.

물론 아리스토텔레스의 시학은 비극 외에도 서사(epic)를 철학적 인간 교육의 방법론으로 포함한다. 서사란 인간 삶을 묘사하고 기술하는 대단원의 이야기로서, 오늘날의 개념으로는 스토리텔링(storytelling)에 해당한다. 하지만 아리스토텔레스는 서사보다 비극(드라마)을 더 높이 평가했다. 그 이유는 비극이 서사처럼 이야기를 '말'로 전달하는데 그치지 않고, '행동'으로 재연하기에 인간 삶의 실상을 밝히려는 미메시스 욕구를 더 완벽하게 충족시켜 준다고 보았기 때문이다. 무대 위에 올려진 드라마에서 배우가 연기하는 '행위'는 그것을 지켜보는 군중의 삶의 실상과 내면세계까지 드러낸다. 군중은 이를 공감하며 감정의 정화와 사고의 통찰을 경험한다. 그리고 그들은 비극의 효과를 삶 속에서 반추(reflection)한다. 비극을 상기하면서 자신의 지나온 삶을 반성하고 현실을 위한 참다운 지혜와 용기를 얻어 미래를 대비하는 혜택을 누릴 수 있게 된다. 따라서 아리스토텔레스가 말하는 비극은 김수현이 말하는 드라마와 다르지 않다. 인간 삶의 본질을 드러내는 이야기의 행위화가 아리스토텔레스에게는 비극이요, 우리 현대인들에게는 드라마로 표현되고 있다.

쉬어가는 코너

오징어 게임의 흥행은 미메시스 욕구 해소에서!

2019년부터 시작된 코로나 팬데믹이 아직도 한창인 현재, 지구촌 구석구석에서 코로나바이러스의 뉴스를 잠시 잊게 하는 소식이 있다. 그것은 탈레반이 아프가니스탄을 새로 점령했다거나, 유럽에서 호날두가 58번째 해트트릭을 달성했다는 소식이 아니다. 넷플릭스 오리지널 드라마 〈오징어 게임〉이 전 세계 90여 개국에서 가장 많이 시청하는 드라마가 되었다는 소식이다. 미국에서는 이 드라마에 나오는 무장요원들의 핑크색 복장과 검은 마스크를 사지 못해 난리이다. 오징어 게임에 나오는 달고나에 관한 관심도 뜨겁다. 전 세계 사람들이 우리가 어릴 적에 먹으며 놀던 달고나를 기계로 사서 만들어 보는가 하면, 달고나에 새겨진 이미지를 망가뜨리지 않고 뽑아 보려고 온 신경을 몰두하고 있다. 프랑스에서는 오징어 게임 체험 놀이 장소도 성행하고 있다 한다. 무엇이 지구촌 구석구석에서 사람들로 하여금 이처럼 드라마 오징어 게임에 열광하게 하는 것일까? 바로 '미메시스'의 욕구 때문이다. 삶의 실상을 재연해 보고자 하는 마음! 오징어 게임은 지구촌 구석구석에 만연한 부당하고 자비롭지 못한 삶의 현장을 고발한다. 그리고 그 안에 사는 대부분 사람의 가슴속 자괴감과 분노를 담아내어 스크린을 통해 표출하고 있다. 드라마야말로 인간의 삶의 실상과 본질에 대한 의미를 찾아 전달하는 가장 효율적인 도구라는 아리스토텔레스의 주장을 우리는 〈오징어 게임〉을 통해 확인하고 있다.

드라마의 정의

드라마란 무엇인가? 드라마의 정의를 내리려 할 때 아주 다양한 의견들이 펼쳐질 것 같지만 의외로 공통된 단어 '행위'에 의미가 집중된다. 드라마란 본래 고대 그리스어에서 '행위를 한다'를 뜻했다. 원형극장의 무대 위에 올라온 인물(들)이 다양한 형태로 표현하는 놀이(play)의 행위를 말했다. 즉, 무대 위에서 인간 삶의 이야기를 '몸'으로 '재연'하여 그 의미를 찾으며 새로운 인생을 선사하려는 행위였다. 이러한 의미는 러시아의 유명한 연극배우요 교육자였던 스타니슬랍스키(C. Stanislavsky)가 펼친 연극 교육에서 재차 강조되어 오늘날까지 널리 수용되는 뜻으로 활용되고 있다. 그는 "드라마는 우리의 눈앞에 행동으로 나타나는 것이며, 배우는 그 행동을 하는 자이다"라고 말한 바 있다.(2010, C. Stanislavsky, 2010, 전자도서, 3장)

드라마의 정의를 고대의 역사적인 기원에서 밝히려면 기원 6세기경 그리스의 '드라마' 현장으로 가 볼 필요가 있다. 당시 그리스의 원형극장에서는 연극을 상연할 때 합창단의 역할을 매우 중요시했다. 그리고 합창단과 지휘자 사이에서 나누는 대화의 행위를 '드라마'라고 명했다 한다.(Z.T. Moreno, p.232-234) 즉, 무대에서 공연의 행위가 잘 이루어질 수 있도록 합창단과 지휘자는 서로 조율을 맞추어 행동하려 했고, 이에 따라 표현된 행위들이 드라마였다. 초기 그리스 연극은 합창 위주의 노래와 음악, 춤이 함께 어우러지는 놀이(play)가 주를 이루었다. 하지만 점차 무대 위에서 배우가 주된 역할을 맡게 되고 합창단은 그를 도와주는 역할로 축소되는 형태로 변화되었다. 특별히 BC 4세기에 이르러 비극이 발달하면서 배우들은 적극적인 연기의 역할을 맡았고 합창단은 소극적으로 배우의 대사 사이에서 틈틈이 노래를 부르거나 배우의 말에 공감하고 지지하며 청중의 입장을 대변해 주는 역할을 하게 되었다. 예를 들어, 비극의 주인공이 신이 인간에게 내린 벌과 인생의 한계에 반항하는 역할을 할 때, 합창단은 이에 맞는 인간의 공포와 희망을 표현했다. 고대 그리스의 드라마란 이렇게 무대 위에서 배우가 그를 돕는 모든 인물과 더불어 인간의 실상을 드러내며 삶의 의미를 찾는 행위였다.

고대 드라마의 '행위'가 삶의 의미를 찾는 목적에 있었다는 것은 다른 문화권에서도 공통으로 인식되고 있었음을 알 수 있다. 고대 유대인들도 시, 음악, 춤, 그리고 제의 행위에서뿐 아니라 경전을 해석할 때에도 드라마의 형식으로 취하였는데, 이를 가리켜 미드라시(Midrash)의 방식이라고 하였다. 미드라쉬라는 말은 '드러시오'(drusio)라는 어원에서 비롯된 것으로서 그 뜻은 "찾는다, 찾아 행동한다"를 뜻했다.[3] 오늘날 드라마치료의 한 종류로 널리 행해지고 있는 비블리오드라마(Bibliodrama) 역시 책(성서, the Bible) 속의 이야기를 드라마로 재연(re-enactment)하여 성서가 인간의 삶에 주는 의미를 찾는 행위이다. 따라서 고대로부터 내려온 대로 '행위'의 표현을 강조한 드라마의 전통은 유대-기독교의 신앙의 전통 속에서도 "뭔가를 찾기 위하여 행동으로 옮기는 일"로 명시되어 왔음을 알 수 있다.[4]

이와 같은 드라마의 '행위'는 아리스토텔레스가 말하는 미메시스(mimesis, 재연)의 행위와 그 목적이 일치됨을 우리는 주목할 수 있다. 그는 드라마란 곧 인간 삶의 실상을 '미메시스'(재연)하여 그 가운데서 삶의 행복 혹은 불행을 발견하려는 행위라고 보았다. 그에게는 행복이나 불행이란 세상 어딘가에 감추어져 있는 것이 아니라 지금-여기에서 구현되는 창조적 경험이었다.

"비극(드라마)은 인간이 아니라 인간의 행동과 삶, 행복과 불행을 미메시스(재연) 한다. 모든 인간의 행복과 불행은 행동 가운데 있고, 비극의 목적 또한 일종의 어떤 행동을 추구하는 것이지 성격을 규명하려는 것이 아니다. 우리가 행복하거나 불행한 것은 우리가 하는 행동에 의해 결정된다."(Aristoteles, BCE 330/2021, 시학, 6장)

따라서 아리스토텔레스의 논리에 의하면 드라마의 행위는 인간에게 엄청난 것을 창조하여 선사한다. 드라마는 사람들의 삶, 상호작용의 모습을 무대 위에서 신체로 행위화하여 이야기를 체현화(re-enactment)하는데 이를 통해 사람들은 삶에 대한 통찰을 키울 수 있게 된다. 행복과 불행과 같은 인간 삶의 가장 커다란 경험들도 드라마의 행위를 통해 구현된다. 또한, 사람들이 행복을 위해 삶 속에서 실천할 덕목들을 찾아 그렇게 살도록 하는 창조적 효과를 선사한다는 것이다.

그런데 드라마가 창조적 작업이 되기 위해 꼭 필요한 요소 하나를 주목할 필요가 있다. 그것은 놀이(play)이다. 드라마는 놀이(play)의 행위이어야 한다는 사실이다. 드라마에서 배우는 극 중 캐릭터를 가장 자연스러운 모습으로 재연하는 인물이다. 그런데 배우의 이러한 자연스러운 행위는 '놀이'를 하듯이 자유롭게 연기를 할 때 가능해진다. 마치 어린아이들이 소꿉놀이를 통해 자기들의 세상을 표현하고 연기(행위화) 하듯이 삶을 자연스럽게 표현하며 놀 수 있을 때 드라마는 가장 자연스럽게 표현되는 미메시스(재연)가 된다.

드라마가 속한 예술의 장르가 play '극'이라고 하는 이유가 여기에 있다. '연기하다'라는 말의 영어 단어 'play'는 또한 '놀다', '놀이한다.'라는 말과 같은 의미이다. 따라서 '극'이란 사람들의 모습을 재연하고 삶의 의미를 드러내는 역할의 '놀이'인 셈이다.

삶을 놀아 보는 '극'은 삶에서 시작하고 삶에서 마친다. 인간이 놀이를 시작하는 어린 시절에, 어린이는 놀이로 자신의 세상(삶) 자체를 표현한다. 어린이는 놀이 속에서 세상을 무대 삼아 행위(시연) 하는 배우가 되며, 놀이(play)로 극(play)을 연출한다. 따라서 우리가 소싯적 소꿉장난을 하던 때부터, 아니 그보다 훨씬 앞선 시기에도 드라마 행위는 이미 시작되고 있던 셈이다. 심지어 장난감을 가지고 혼자 상상의 놀이에 빠져들던 그 순간까지도 말이다. 그리고 학령기와 청년기를 지나 성인기에 이르기까지 놀이는 우리 삶의 전 영역에서 행해진다. 형태만 다를 뿐 학교와 마을 공동체, 그리고 여러 집단 속에서도 우리는 다양한 놀이를 하면서 삶을 나누고, 함께 고민하며 또 문제를 풀어가기도 한다. 놀이 속에서 우리는 인생을 모방하고 삶의 실제를 재연하며, 삶의 갈등과 고민의 문제가 극복되는 방안을 찾아 움직인다.

놀이란 자율적으로 이루어지는 행위이고, 현실을 넘어서서 현실을 바라보며 삶을 조망하는 행위이다. 놀이는 재미를 주원료로 하여 우리가 (무엇에) 몰두할 수 있게 만든다. 놀이에 몰입할 때 우리는 물질적 이득을 추구하지 않는다. 대신 우리 존재를 세우고 더 나아가 문명을 일으키는 힘을 경험한다.(J. Huizinga, 1993, p.18-21) 드라마는 놀이 play가 있는 곳이면 그 어디서든 행위로 나타난다. 따라서 드라마는 인간에게 아주 보편적이고 친숙한 행위라 할 수 있다. 사람들은 드라마를 하면서 삶의 갈등과 고민의 문제를 극복할 방안을 찾아 움직인다.

드라마의 치료적 가능성

아리스토텔레스는 시학을 통해 그가 계획했던 철학적 인간 구현을 비극(드라마)을 통해 가능하다고 확신했다. 그리고 비극의 효과를 감정정화(catharsis)에서 나타나는 경험에서 찾았다. 현대에 이르러 감정정화는 심리치료의 효과로도 인식되는 편이다. 따라서 드라마가 어떻게 심리치료와 같은 효과를 가져오며 도구가 될 수 있는지를 살펴볼 필요가 있다. 다음 장에서부터 구체적으로 살펴보겠지만, 여기서 잠시 드라마의 특색을 고려하여 치료적 자원을 정리해본다. 특별히 이러한 정리를 통해 『이상한 나라의 앨리스』에 적용되는 치유 드라마의 특징을 다음과 같이 세워볼 수 있다.

첫째, 드라마의 치유적 효과는 일상의 틀을 넘어서서 제공되는 드라마의 '잉여현실'로 인하여 그 가능성이 시작된다. 흔히, 드라마는 현실을 벗어나는 듯한 상황과 이야기들을 포함하는데 사람들은 과연 이러한 비현실적인 드라마의 설정이 인간 삶의 실제적 갈등과 문제를 해결하는 방법이 될 수 있을까 하고 질문한다. 현실적이지 않은 공상이나 환상이 사람들에게 잠시 위안을 주긴 하지만 드라마의 종영과 함께 결국엔 사라져 버려 과연 사람들의 현실에 과연 도움이 되겠는가 하는 물음이다.

하지만 드라마가 포함하는 비현실적 묘사와 표현은 삶 속에 동요를 일으키며 그것이 미세한 움직임일지라도 분명한 반전의 효과까지도 선사하는 것이 사실이다.[5)]

예를 들어 〈눈이 부시게〉라는 TV 드라마를 살펴보자. 주인공에게는 시간을 과거로 돌리는 시계가 있다. 그래서 어느 날 자동차 사고를 당한 아버지를 구하려고 과거로 돌아가 아버지를 구하려 한다. 하지만 시간의 일각을 다투는 일이라 아버지를 구할 시간에 맞추기 위하여 여러 번 시계 침을 과거로 돌리게 된다. 결국, 아버지를 구하기는 하지만 시간의 차이를 넘어서서 활동하느라 사용한 시간의 양이 너무 많아 주인공은 어느새 하얀 머리의 할머니가 되고 만다. 갑자기 할머니가 되어 가족들을 만나야 하고 할머니로서 세상을 살아가는 일이 펼쳐진다.

현실의 틀을 벗어난 플롯이 아닐 수 없다. 하지만 이 드라마는 여기서부터 아주 진지한 맛이 시작된다. 인생에 있어 나이가 들고 노년이 된다는 것, 그리고 죽음을 바라보는 시간에 도달하는 것이 어떤 것인지 젊은 주인공은 노인의 입장이 되어 깨닫는 바가 크다. 비현실적이지만 인생의 근원적인 문제들을 의미 있게 전달하며 독자들의 마음에도 감정의 동요와 삶을 바라보는 새로운 시각을 열어준다. 여기서 우리는 드라마가 가진 역설적인 힘을 본다. 비현실적인 세계를 가미시킴으로써 드라마는 현실의 한계로 인해 찾을 수 없는 엄청난 자원과 지혜를 얻게 한다는 사실이다. 그래서 드라마 작가 노희경은 드라마가 (현실적인) '틀'에 맞지 않는다고 비판하기보다는 (비현실적인) 드라마가 오히려 우리 인간들이 가진 '틀'을 깨주며 '틀'을 벗어나도록 좋은 계기를 마련한다고 주장한다. 비현실적인 세계를 그리는 드라마가 우리에게 선사하는 유익의 실제를 확인하라는 것이다.(2005, p.39) 드라마는 주인공이 비현실적인 세계까지 접하며 새로운 인생 경험의 세계를 펼치고 보여 줌으로써 사람들로 하여금 지금까지 인식의 '틀'에 갇혀 깨닫지 못했던 인생의 의미를 찾을 수 있도록 도울 수 있다고 한다.

『이상한 나라의 앨리스』 이야기도 마찬가지로 현실에서 벗어난 세계를 그린다. 그 안에는 기이한 행동을 하는 캐릭터들이 무수히 등장하며 말도 안 되는 일들이 일어난다. 그런데도 이 동화는 지난 150여 년간 전 세계 수많은 어린이가 이 비현실적 이야기를 통해 자기의 꿈과 행복을 찾게 했다. 앨리스가 이상한 나라에서 모험하는 꿈을 통해 묘사한 것은 당시 영국의 빅토리안 시대에 어린 여자아이들이 경험하고 있던 세상의 벽, 앞으로 여성으로서 살아가갈 제한된 인생의 모습이었다. 하지만, 이 동화는 결국 현실을 직면하고 세상을 향하여 담대하게 자기 목소리를 외칠 수 있는 일이 가능함을 보여 준다. 앨리스는 비현실적인 세계에서 그것을 경험하며 연습하고 현실로 돌아온다. 이상한 나라의 비현실적인 세팅은 주인공이 성장하기 위하여 꼭 필요한 '살아보아야 할' 세계였다. 인간의 치유는 이렇게 삶의 경직된 틀을 깨는 작업을 거쳐서 찾아오는데, 드라마치료가 바로 이 기회를 제공한다.

둘째, 드라마는 '몸'의 체현화로 전인적 치유를 가능하게 한다. 드라마는 인간 내면세계에 담긴 이야기에 접근할 때에 '머리'의 해석 작업보다는 '몸'의 동작을 도구로 한다. 신체를 움직이며 상황을 재연하여 그것을 다시 경험해 보게 한다. 그리고 새로운 역할을 시행하여 문제를 해결해 나가는 방법론을 찾는다. 새로운 역할은 새로운 경험이 되며 현실을 직면하기 위한 역할의 연습이 된다.

드라마치료를 포함한 많은 표현예술 기법들이 나오기 전에 심리상담의 주요이론들은 '머리' 위주의 편향적인 방법을 취해왔다. 사람의 머리와 몸이 분리되어 '머리'만을 다루는 제한된 도구를 사용하였다. 결국, 신체의 활동이 공헌할 수 있는 많은 유익을 놓치고 말았다. 하지만, 심리치료의 세계가 신체의 지각 활동을 활용하여 삶의 문제에 대응하는 방법을 취하면서 삶의 문제를 직면하는 전인적 접근의 도구를 얻게 되었다. 드라마에서 신체화 작업과 행위를 통하여 현실을 직면하는 연습을 하는 것이 그 대표적인 예가 된다. 드라마는 그동안 '머리'로만 제한되던 학자의 책상과 정신분석의 카우치를 넘어서서 지금-여기에서 온 마음과 몸이 하나로 인간 문제를 직면하고 부딪히는 삶의 재연을 가능하게 한다. 그리고 인생의 문제에 새롭게 대응할 대안 행위를 찾는 기회를 얻게 한다. 머리와 몸이 함께 어우러져 전인적인 존재로서 새롭게 삶을 경험하며 창조해 내는 자아가 되도록 자아확장의 도구를 제공한다.[6]

이런 이유에서 아리스토텔레스도 행위로 보여 주는 비극(tragedy, 드라마)이 언어로만 서술하는 서사시(epic)보다 인생에 있어 덕을 쌓고 삶의 목적을 이루는데 훨씬 더 탁월한 방법이라고 했다.

> "행동은 말보다 더 많은 것을 이야기할 수 있고 더 잘 이야기할 수 있다. 행동에서의 효과는 설명 없이도 나타난다. 실제로 화자의 말 없이도 모든 것을 (행동으로) 표현할 수 있으니, 화자가 필요 없을 정도이다."(시학, 19장)[7]

아리스토텔레스는 '행위'에 의하여 비로소 사람의 됨됨이 즉 캐릭터가 만들어진다고 보았다. 이상적인 인간을 구현하며 인간을 치유하는 가장 좋은 도구가 된다는 말이다.(Tierno, 2002, p.23) 사실, 인간의 캐릭터를 탐구하고 개선하려는 노력에 있어서 행위를 도외시하는 '언어'만으로 접근하는 방법은 제한적일 수밖에 없다. 그런데 서구사회의 심리치료계는 최근 표현예술치료가 강조되기 전까지 언어 위주의 대화 그리고 합리적 사고방식으로의 전환을 내담자를 치료하는 최선의 길이라고 인식해왔다.[8]

다행스럽게도, 뇌 과학이 발달하면서 합리적 사고를 다루기 이전에 먼저 얽힌 감정을 공감하며 풀어주는 일이 우선시 되어야 한다고 알려지기 시작했다.[9] 이에 따라 논리적이고 합리적이며 계산적으로 일을 처리하는 뇌의 좌반구 기능을 활성화하기보다는 예술적이고 종합적이며 상상을 통하여 창의성을 제공하는 뇌의 우반구 기능을 먼저 강화하여야 한다는 주장이 더욱 강조되고 있다.

『이상한 나라의 앨리스』에서 주목할 점은 주인공 앨리스가 꿈을 표현하는 매개체로 신체를 끊임없이 움직이고 있다는 것이다. 앨리스의 꿈은 객관적인 생각의 작용이나 정적인 이미지들의 전달에 그치지 않는다. 주인공을 포함한 모든 등장인물이 지속적으로 만나고 움직이며 새로운 경험을 통해 의미를 발견하며 이야기가 전개된다. 주인공 앨리스의 경우 처음에는 신체의 변화에 당황스러워한다. 하지만 자신의 신체 움직임과 변화를 점차 긍정적으로 수용해 가면서 자기 정체성을 찾는다. 그리고 세상을 향하여 여유로운 마음과 열린 자세로 맞대응하는 성장을 이루게 된다. 앨리스의 꿈을 접하는 독자 역시 이 꿈의 이야기를 언어뿐만 아니라 신체를 활용한 움직임으로 경험한다면 새롭게 펼쳐지는 창조적 경험을 할 수 있을 것이다.

셋째, 드라마는 상호역할 확장을 통해 관계 회복의 장을 열어준다. 사실, 우리 인생은 상호작용으로 시작되고 유지되며 진보해 간다고 할 수 있다. 인간 태아는 엄마의 뱃속에서부터 엄마와 대화와 움직임을 나누는 관계의 존재로 인생을 시작한다. 그리고 출생 후에도 아주 자연스럽게 상호관계를 해나간다. 가족과 친구집단에서는 물론 학교와 교회, 일터 및 삶의 다양한 현장에서 사람들과의 만나 대화하고 교류하며 드라마(대화와 교류)의 인생을 살아간다.

따라서 인간 삶의 실제와 본질을 찾아가는 드라마 작업에서 인간의 상호관계성은 결코 무시할 수 없는 것이다. 주연배우 옆에 조연배우들이 있듯이, 주인공 주변에는 사회적 관계와 상호역할들을 반드시 포함하며 드라마가 진행된다. 그리고 인간 상호작용의 많은 부분이 감정적 경험을 동반하므로 드라마는 인간관계 경험에서 비롯되는 감정적 경험의 실상을 재연하고 그 해결책을 찾는다. 상호관계성 묘사는 드라마의 중요한 과제인 셈이다.

드라마가 이렇게 관계망에서 발생하는 감정적인 부분들을 다루어 나갈 때 역할극으로 표현한다. 역할로 표현되어 펼쳐지는 드라마는 인간 상호관계를 드러내고 개선하는 가장 큰 도구가 되기 때문이다. 실제로, 역할은 사람들이 현실 세계에 직면하고 대응하는 방식이다. 개인의 선호도나 능력과 한계, 그리고 주어진 상황에 따라 여러 가지 다양한 감정을 일으킨다. 역할이 상호작용의 측면으로 옮겨지면 개인 한 사람의 감정만이 아닌 여러 사람의 제각기 다양한 역할이 연결된다. 이때 감정들이 서로 얽히고설키는 세계가 펼쳐진다. 따라서 현대 드라마치료는 역할에 따른 감정들의 실타래를 풀어가는 것을 중요시한다. 주인공이 자기의 사회적 역할 배후에 있는 심리적 역할을 통해 겪는 감정을 표현하고 정화의 경험을 할 수 있도록 도우며, 이를 통해 역할의 확장이 이루어지도록 이끈다. 물론 청중 역시 주인공의 역할 변화에 따른 다양한 감정에 공감할 수 있다. 적극적으로 주인공의 세계에 뛰어들어 드라마의 일원으로 상호작용하며 자기의 감정정화와 새로운 통찰, 역할의 확장도 경험할 수 있다. 주인공과 청중이 함께 만들어 내는 창조적 치유의 경험도 가능해진다.

넷째, 드라마는 역할 '놀이'로 치유의 삶을 재창조(re-creation)해 낸다. 호모 루덴스(homo ludens), 즉 "놀이의 인간"(인간은 놀이의 존재)이라는 개념을 처음 제시한 호이징하(J. Huizinga)에 의하면, 인간의 삶 전체는 놀이이다. 사람들은 놀이를 통해 인생을 모방하고, 놀이를 통해 새로운 삶을 예비하며 창조해 낸다. 그리고 인류가 이룩한 문화와 문명 역시 놀이에서 시작하여 지금까지도 놀이로 이루어진 거대한 놀이터라고 한다. 즉 문명이 생기고 여가 활동으로 놀이가 주어지는 것이 아니다. 놀이가 문화의 시발점이며 지금도 문화 자체를 거대한 놀이로 보아야 한다는 것이다.(1993, p.9-16)

이러한 관점에서 볼 때, 드라마는 인간 삶의 실제를 그리며 사람들이 참여하여 놀아 보는 경험이라고 할 수 있다. 마치 어린이가 놀이터에서나 마당에서 소꿉놀이하며 그들의 세상을 드러내듯이 어른들도 무대 위에서 삶의 현장을 드러내며 사람들과 함께 상호작용을 하며 자신이 사는 소우주를 새롭게 경험한다.

중요한 것은 놀이로 시작하여 문화가 창조되었듯이 무대 위의 극이나 드라마의 놀이(play) 역시 결과물을 만들어 낸다는 사실이다. 드라마에서 시도하는 역할의 변화는 당연히 감정의 변화와 통찰력을 가져오고 새로운 행동으로 이어지게 한다. 즉, 어릴 적 놀이에서 서로 부딪히며 새로운 동작을 취하면서 인간관계와 삶의 실제에 직면하는 연습이 되는 것처럼 우리는 드라마를 통해 주어지는 재 창조(recreation)물 치유의 세계를 맛볼 수 있다. 인간은 '놀이의 존재'(homo ludens)로서 드라마(play)를 하고, 행위로 놀이를 하며, 우리의 이야기를 재구성하여 연습한다. 드라마를 통해 인간의 치유도 이렇게 가능해진다. 자신을 새롭게 회복하고 창조하는 놀이로써 드라마가 경험되는 것이다.

지금까지 드라마치료가 무엇인지 그리고 드라마가 주는 유익에는 어떠한 것이 있는지를 살펴보았다. 드라마는 인간의 변화와 성숙, 갈등과 극복, 그리고 아픔과 치유까지도 담아내는 소중한 도구이다. 즉, 삶의 실재를 재연하고 의미와 소망을 찾아 재창조를 이루는 작업이다. 드라마에 참여할 때 우리의 과거를 보는 눈이 새로워지며 미래를 바라보는 시각이 여유 있게 변한다. 무엇보다 지금-여기에서 경험하는 갈등을 직면할 수 있게 되며, 그것을 또한 믿고 일어설 힘과 용기도 얻을 수 있다.

2. 드라마치료의 역사와 발전

오늘날의 드라마치료가 있기까지 인류가 향유하며 발전시켜온 드라마는 어떠한 역사적 발자취를 남겼을까? 특별히 연극의 형태로 전달되어 온 드라마는 어떠한 발전을 통하여 치유의 가능성과 실제적 효과를 확신할 수 있었을까? 드라마치료의 역사적 발전을 통해 그 답을 찾아보도록 한다.

아리스토텔레스가 중시한 '비극'

드라마치료의 기원과 역사적 발전에 대한 학계의 관심은 역시 아리스토텔레스의 '시학'(On the Art of Poetry)에서 시작된다. 고대 그리스의 철학이 집대성되던 시기에 아리스토텔레스는 드라마를 가리켜 인간의 삶이 지닌 의미와 목적들을 드러내는 "완전하고 충분한" 행위로 여겼으며, 놀랍게도 이 행위를 통하여 사람들은 감정의 정화와 치유를 경험한다는 주장 아래 그의 시학(Poetics)을 전달했기 때문이다. 그런데 드라마의 의미와 효과를 전달하는 그의 시학을 이해하기 위해서 우리는 그가 그토록 강조한 그리스의 비극이 전달하는 인간 삶의 의미전달에의 완결성을 먼저 살펴볼 필요가 있다.

그리스의 '비극'(tragedy)이란 본래 디오니소스 축제 때 신에게 바쳐지는 "염소에 관한 노래"라는 말에서 비롯되었다. 여기서 '염소'(tragoeda) 디오니소스의 반인반양의 추종자를 상징한 것인데 실제로 비극적으로 죽음을 맛보는 디오니소스와 그의 다시 살아남을 기념하는 노래가 그리스의 대표적인 비극이었음을 가리킨다. 이 염소의 노래, 비극은 춤과 놀이, 술, 풍요의 신인 디오니소스가 어떻게 탄생을 했으며, 어떠한 고난을 거쳐 죽음을 맛보게 되었는지 그리고 그의 죽음과 관련하여 창조된 인간의 본성은 어떠한 것인지를 드러낸다. 또한, 디오니소스가 다시 살아남으로써 계속되는 이 세상의 환희와 풍요로움을 전달하는 신화적 서사시가 그리스 비극을 총칭하는 의미로 사용되어 온 것이다. 고대 그리스 극장은 디오니소스의 신화의 서사시를 '행위'(drama)로 표현한 연극을 통해 고대 그리스 비극(tragoeda)의 우수함을 드러내었다.(N. Abels, 2003, 10-11)

쉬어가는 코너

고대 그리스의 "비극들"

고대 그리스 신화들 가운데는 약 31개의 비극이 존재했다고 말한다. 이 비극들 역시 신화라는 문학의 양식을 빌어 인간의 내면적인 삶과 사회적 관계의 역동성을 담고 있으며 그 이야기들이 연극의 형식으로 극장에 올려질 때 인간 삶의 아픔과 애환이 치유되는 경험이 행위(drama)의 예술을 통하여 가능할 수 있었다. 그중에서 우리에게 잘 알려진 몇 작품들은 다음과 같다.

- 일리아드(The Iliad)와 오디세이(The Odyssey) : 기원전 8세기경에 쓰인 비극. 인간의 삶에 어김없이 찾아오는 수수께끼와도 같이 풀어야 할 과제들, 그리고 그것을 감당하기 위한 고난과 종국적인 죽음의 운명. 피눈물과 함께 찾아온 승리란 무엇인지를 묻게 하는 드라마.

- 안티고네(Antigone)는 5세기경, 드디어 국가의 공식적인 행사로서 지정된 비극의 흥행 가운데 드라마화된 작품 중 하나. 지엄한 국법에 대항하면서도 숭고한 사랑을 실천해 내는 인간의 아름다움을 빈틈없는 플롯으로 전개하는 드라마.

- 프로메테우스(Prometheus Bound): 인간은 신이 소유한 능력을 갖게 되지만 이로 인해 또한 끊임없는 불행과 저주의 운명을 산다는 메시지. 그리고 운명에 대항하는 인간의 주체성이 가진 위대한 가치를 표현한 드라마.

- 메데이아 (Medeia): 열정의 사랑과 질투, 배신에 대한 복수로 친자식을 죽이는 여인의 비극을 통해 영혼의 투쟁을 그린 드라마.

- 오레스테이아(The Oresteia) 고통을 통해 얻게 되는 지혜를 그린 신화로써 인간의 평화는 설득과 타협의 방법으로 야만을 몰아낼 때 가능하다는 메시지를 전달하는 드라마.

- 외디푸스(Oedipus): 완벽한 인간일지라도 피할 수 없이 다가올 수 있는 비극과 이로 인해 자기의 파멸로 대응하는 인간의 절망적인 모습, 그리고 진실은 고통을 안겨주는 양면성이 있음을 밝히는 드라마.

그리스의 비극 중에서 가장 주목받는 것은 디오니소스(Dionysos)의 이야기를 담아 표현해내던 바쿠스(The Bacchae) 축제에 올려지던 드라마이다. 포도주와 풍요, 다산, 죽음과 재생의 신인 디오니소스는 이성과 합리적 성향의 아폴론에 대비되는 광기, 황홀경의 신으로서 연극의 신으로 통한다. 제우스의 아들로서 올림포스 12신 중의 하나이지만 유일한 반인반신으로서 신들의 질

투를 받아 결국 티탄족에 의해 살해되고 그 몸은 데쳐진다. 화가 난 제우스가 티탄족에 번개를 퍼부어 불타오르는데 디오니소스의 몸에서 나온 재와 티탄의 재가 섞이었고 프로메테우스가 그 혼합된 재를 사용하여 인류를 만들었다고 한다. 그 때문에 인간은 디오니소스적 영혼의 신성을 갖고 있으나 티탄에게서 기원한 육체가 영혼을 구속하여 디오니소스처럼 비극의 인생을 산다고 본 것이다. 물론 디오니소스는 다시 살아난다. 그는 사람들에게 즐거움을 주는 포도주를 선사하며 혼란스럽지만, 광기를 통해 힘을 불어넣는 신으로 묘사된다. 인생의 아픔과 그것을 극복하고 다시 살아나는 새로운 삶을 보여 주는 드라마의 주인공인 셈이다.(M. E. Gebhardt, 2010)

아리스토텔레스는 이렇게 그리스의 비극들이 연극으로 올려져 청중들의 심금을 울리고 감정의 정화를 가져오는 점에 주목하였다. 그는 극장에서 드라마로 올려진 이 비극들이야말로 그가 제시한 '시학'의 의미와 목적을 가장 잘 나타내주는 인간의 행위로 보았다.

아리스토텔레스의 대표 저술이라 할 수 있는 〈시학 Poietike〉에서 그가 말하는 '시'란 인간의 본성 중의 하나인 '모방'(mimesis, 미메시스)의 욕구를 충족시켜 인간의 삶을 담아내고 지혜를 찾아내는 행위를 말한다.[10] 아리스토텔레스의 시대의 '시'는 오늘날 운율로 표현하는 문학으로서의 '시'(poem) 가 아니었다. 시란 더 넓은 의미를 지닌 것으로 인간의 성품, 감정, 행위를 표현하

는 행위를 의미했다. 그리고 '시학'의 원뜻 역시 '시를 만드는 제
작술'을 의미했는데, 아리스토텔레스는 이 책의 이름을 통해 그가
인간의 삶을 위하여 쓰인 그의 철학적 이론과 실천 모두를 망라하
는 주요한 교육의 내용을 이 책에 담아내려 했다고 볼 수 있겠다.

　어쨌든 아리스토텔레스는 시가 인간의 본성을 표현한다고 보
았는데, 그 방법은 '미메시스'(mimesis)의 행위에 있다고 보았다.
우리는 '미메시스'를 흔히 모방이라 번역하는데 모방은 인간의 삶
을 복제하는 행위와는 다른 것이다. 인간의 성격, 감정, 그리고 행
위를 '재현'(representation)해내어 그 실재를 드러내는 도구적
행위를 말한다. 인간의 삶을 사진 찍듯이 똑같이 만들어 내는 것
이 아니라, 진솔하게 담아내어 바라보게 하는 행위, 그리고 그 가
운데서 인간 삶의 딜레마를 '찾아가는 행위' 즉, 드라마가 바로
미메시스인 것이다.

　아리스토텔레스는 그의 시학에서 이러한 미메시스의 행위를 예
시하였다. 그중에 대표적인 것이 서사시와 비극인데, 그는 비극
에 더 큰 의미를 부여했다. 인간의 삶에 미메시스 하는 일이 서사
시에서도 가능하지만, 서사시는 내러티브(narrative) 즉 이야기
를 전달에 그치는 한계가 있다고 보았다. 하지만 비극에서는 배
우들이 단순한 이야기의 전달을 넘어서 직접적인 '행위'(드라마)
로 표현하여 창출하는 효과가 훨씬 크기에 비극이야말로 인간의
삶을 미메시스 하는 가장 고도화된 '시'의 방법으로 여긴 것이다.

그래서 그는 '비극'을 가리켜 "고귀한 (인간) 행동의 모방"이라고 말했다.

> "비극이란 우리의 주의력을 집중시킬 만한 가치가 있는, 그 자체로 완전하고 충분하게 인간의 행위를 재연하는 것이다. 여러 가지 다양한 예술적인 도구들로 더해진 연극의 풍성한 언어로 표현되어진다. 하지만 단순히 말로만 전하는 서술적인 것이 아니다. 연민과 두려움을 가져와 감정의 정화를 일으키는 것으로서 행위의 형태로 전달된다."(시학, 6장 4행)

따라서 비극이란 단순히 슬프거나 비참한 이야기가 아니다. 비극에는 인간 삶의 갈등을 그려내는 동기와 과정이 있으며, 또한 그것이 온몸으로 표현될 때 그것을 바라보는 이들이 경험하는 감정정화(katharsis)의 결과가 훌륭하여 영혼 치유 효능이 있다고 보았다. '비극'이란 아리스토텔레스에게 있어서 시학이 제시하는 내용의 결정판, 인간 삶의 미메시스 드라마였다. 그는 비극을 가리켜 "인간 삶의 진지한 이야기를 모방하여 완결성(시작과 중간, 결말을 갖춘) 있게 표현하며, 지속성을 갖도록 전달하는 행위"라고 정의하였다.[11]

이 정의에 담긴 비극이 되기 위한 요소 세 가지는 다음과 같다.

(1) 진정성

여기서 우리는 비극이 담고 있는 내용이 오늘날 우리가 말하는

'영혼이 없는 말이나 이야기'가 아닌 삶에서의 진정성을 담긴 이야기임을 주시하게 된다. 앞서 말한 대로 인간의 본질, 그리고 삶의 실체를 담고 있는 드라마의 플롯을 펼치는 것이다.

(2) 완결성

비극은 또한 완결성을 갖춘 플롯으로 표현된다. 플롯이란 쉽게 말하여 '줄거리'인데 오늘날 연극이나 영화의 시나리오를 전개해 나감에 있어서 펼쳐지는 짜임새 있는 구조를 말한다. 즉, 비극은 이처럼 짜임새 있는 구조인 플롯을 통해 배우들이 대사와 액션으로 인간의 본질을 다루게 되는데, 모든 부분을 하나의 플롯으로 일목요연하게 짜 맞추어져 완결성을 갖는다고 하였다. 비극이 고대 그리스의 원형극장에서 청중들에게 극도의 긴장감을 주고 감정에 몰입하도록 하는 것도 바로 이 플롯의 완결성에 있다고 본 것이다.

(3) 영속성

비극의 완결성은 청중으로 하여금 긴장 속에서 감정을 공유하며, 또한 그것을 극복하는 정화(catharsis)의 작용을 하게 하여 마음이 치유되고 영혼이 새롭게 되는 효과를 누리게 한다. 따라서 청중들은 계속해서 비극을 찾아 관람하며 그 치유의 효과를 누리는데 이는 세대를 거쳐 지속되는 영속성을 보인다고 한다.[12]

물론, 여기서 감정정화에 따른 연극/드라마의 치료 효과를 이야기할 때 아리스토텔레스가 말하는 희극의 중요성도 간과할 수 없다.[13] 희극도 인생의 의미를 보여 주며 치료의 효과가 있다. 하지만 아리스토텔레스는 희극을 비극보다는 수준이 낮은 드라마로 분류했다. 특별히, 희극은 그 구성에 있어서 비극이 갖추고 있는 완결성을 따르지 않음을 지적했다. 희극은 완벽하지 않은 구성을 사용하기에 비극의 완결성에 견줄 수 없는 방법으로 인간의 삶을 비추어 주며 의미를 전달한다는 것이다. 현실적으로는 말도 안 되고 완벽하지도 않은 구성과 캐릭터들을 활용하여 삶의 실체를 보여 준다고 했다. 그리고 희극의 플롯이 고통을 배제한 플롯으로 구성됨도 지적한다. 고통 없이 전달되는 즐거움에도 목적은 있겠으나 결국 고통을 다루지 않거나 신중하게 여기지 않는 모습 속에서는 인간의 본질에 대한 진지함이 떨어지며 감정정화가 온전히 없을 것이라는 의문을 제기하였다.

아리스토텔레스가 비극에 있어 인간의 갈등과 그것으로 인한 고통이 필연적으로 등장한다는 점을 강조하면서 비극이 드라마 치료로서의 성격을 포함하고 있음을 보여 주었다. 비극의 드라마는 인간의 고통을 표현함에 있어 '연민'(pity)과 '두려움'(fear)의 감정을 유발해 내는데, 청중은 이를 함께 경험함으로써 그 감정의 세계 안으로 더 깊이 들어가게 된다고 보았다.(시학 6장, 7~9행) 여기서 연민이란 주인공이 마땅히 당하지 않아도 되는 파괴적이고 고통스러운 악을 경험할 때에 그것을 지켜보는 청중들이 느끼게 되는 안타까운 감정을 말한다. 그리고 이 연민은 청중에게 또한 '두려움'을 초래한다. 주인공의 그런 불행이 '나'에게도 닥치면 어떻게 하나 하는 걱정스러운 마음이 드는 것을 말한다. 오이디푸스 신화의 비극을 예로 들자면 죄책감을 견디다 못해 오이디푸스 왕이 자신의 두 눈을 뽑아내는 고통을 연기한다. 이때 군중은 고통을 당할 이유가 없는 왕이란 존재도 저렇게 아픈 구석이 있구나 하며 인간 모두에게 담긴 고통의 삶을 공감한다. 그리고 왕도 겪을 수 있는 그런 고통이 자신들에게도 찾아올 수 있음을 두려워하게 된다. 비극은 이렇게 연민과 두려움을 공유하는 마음 아래 플롯을 완벽하게 구현해 내면서 청중들이 긴장하며 관람하다가 감정의 정화(catharsis)를 경험하게 하는 효과가 있었다. 그런데 아리스토텔레스에게 인간의 고통은 참 묘한 것으로 설명된다. 비극을 통해 우리는 인간의 삶을 진지하게 모방하는 본능을 충족하며 고통을 맛보게 되지만 우리에게는 쾌락이라는 또 다른 본능이 찾아와 그 고통을 통해 만족을 얻게 한다고 보았다.(시학, 6장 12~17행) 죽음이라는 경험은 내가 직접 맛보기에는 참으로 수용하기 어렵고 힘든 것이다. 하지만 예술 작품을 통해 타인의 표현을 통해 경험하는 죽음은 오히려 아름다움으로 전달될 수 있다. 나에게 비극이 찾아와 갈등과 고통을 겪는다면 그것은 참혹한 일이기에 받아들이기 어렵다. 예를 들어 나라를 위하여 장렬히 순직하는 일은 내가 하기에는 어려운 일이다. 하지만 그와 같은 일을 누군가가 행할 때 우리는 군중의 눈으로 그것을 바라보며 거기에 담긴 숭고한 아름다움을 발견할 수 있다. 그 사람의 순직은 나에게 고통을 넘어선 반전을 가능하게 하며 고통을 극복하는 감정의 정화(catharsis)를 가져오게 한다. 바로 비극이 인간의 마음으로 이러한 "정서를 끄집어내 배설(emotional purge)"하게 하는 정화의 경험을 가능하게 한다는 것이다.(Tierno, p.26)

아리스토텔레스는 바로 이와 같은 감정정화의 효과가 그리스의 극장에서 올려진 비극에서 일어나고 있음을 보았다. 감정정화란 말 그대로 이렇게 '감정의 청소'를 의미한다. 마음이 치유되는 상태와 영혼의 새로움을 선사하는 기회이다. 극장에 올려진 비극을 통해 그리스인들은 두려움으로 고통을 대하지만 배우들이 맛보는 비극은 청중에게는 반전의 효과로 연민을 느끼고 감정을 정화하는 선물을 준다고 보았다. 그래서 고대 그리스인들은 매번 같은 플롯의 비극이 반복되는 극장에서 카타르시스의 유익을 다시 찾게 된다고 아리스토텔레스는 설명했다.[14]

스타니슬랍스키의 '체험하는 배우'

아리스토텔레스는 그가 비극이라고 표현한 드라마에 감정정화의 놀라운 기회가 선물로 주어짐을 주장했다. 하지만 이 감정정화에 대한 실제적인 체험은 여러 요소에 의하여 방해받을 수 있는 것이었다. 가장 큰 장애물은 드라마를 시연하는 배우가 극본에 있는 내용을 형식적으로 연기하거나 혹은 너무 인위적으로 과장할 때 역효과를 불러일으켜 연극이 실패로 끝나 버리는 경우이다. 이런 이유로 20세기에 이르러 연극예술에 가장 큰 혁신을 일으킨 연극교육가 콘스탄틴 스타니슬랍스키(C. Stanislavsky, 1863~1938)는 무대의 배우들이 보이는 형식적이고 진실하지 못한 연기에 경고한다. 그에 의하면 진정한 배우란 자기가 맡은 역을 단순히 기계처럼 "반복하고 재생하는 사람이 아니며, 무대 위에서 그 역할을 체험하여 연기하는 사람"이어야 한다고 주장한다.(C. Stanislavsky, 2010, 전자책, 1장)

'텍스트나 대사는 어떨까요? 그냥 외워서 말하면 다 되는 걸까요? 작가의 무대 지시문이나, 연출가의 요구, 그의 미장센과 모든 연출적 개념들은? 설마 그걸 그저 외운 후에 형식적으로 무대 위에서 수행하기만 하면 충분한 것일까요? 아닙니다. 이 모든 것은 배우 자신에게서 채워져야 하며 더 깊어져야 합니다"(C. Stanislavsky, 2010, 전자책, 4장 상상력)

스타니슬랍스키가 중요시한 것은 무대에서의 배우의 '진실'된 경험이었다. 주어진 극본을 "재현하는" 예술이 아닌 진실로 "체험하는" 예술이 되어야 한다고 하였다. 체험의 예술로 연기할 때 배우는 극본을 반복하는 것이 아니라, 연기하는 순간 매번 극본에 담긴 이야기대로 "새로 살고 새롭게 체현하는" 경험을 한다. 바로 연극에 있어서 배우는 극본의 단순한 재현의 과업을 넘어서는 극본이 전달하는 진정한 의미를 체험하며 창조적으로 경험하여 전달해야 한다는 것이다. 그래서 그는 창조적인 체현이란 극 중 인물의 이야기를 재연할 때에 그것을 "진정으로 맛보기 위하여 멈춘 곳에서 일어난다."라고 하였다.(C. Stanislavsky, 2010, 전자책, 2장) 따라서 그는 무대 위의 배우에게 희곡에 완전히 들어가 자기의 역할을 친히 경험하며 연기할 것을 요구하였다.(C. Stanislavsky 2014, p.4)

이처럼 스타니슬랍스키의 연극 교육에 있어서 주인공은 늘 중요한 위치에 있다. 주인공이 경험하고 표현하는 진실한 체험이 무대 위의 창조물을 이루어내는 가장 중요한 요소가 된다. 연출보다도 더 중요한 것이 배우(주인공)이다. 그리고 배우가 무대 위에서 진실한 연기로 연기할 때 창조적 역량이 나타나며 가장 이상적인 무대예술을 펼치게 된다고 보았다.[15] 그런데 스타니슬랍스키가 말하는 배우의 진솔성이라도 결국 극본 혹은 희곡에 담긴 작가의 의도와 의지를 표현하는 것을 말한다.(C. Stanislavsky, 2010, 전자책, 2장) 배우가 진솔한 마음으로 극본을 바라보며 그것에 심취하여 연기할 때 극 중 인물에 동일시되어 연극의 "진정한 목적"이 달성될 수 있다는 것이다. 이것이 바로 막연한 "움직임이나 꾸밈이 아닌 진실한 행동을 보이는 의미 있는 움직임"이라고 했다. 바로 드라마 극본의 완결성을 인정하고 그것을 완벽하게 재연하기 위하여 배우가 진실한 마음으로 극 중 인물을 자기 자신으로 여기며 체험하는 연기가 되어야 한다는 것이다.

스타니슬랍스키의 이러한 주장을 가만히 살펴보자면, 그는 결국 아리스토텔레스가 주장한 비극의 완결성을 고수하는 입장이다. 비극은 희곡 자체가 완전하게 만들어진 것이기에 그것을 충실히 해내는 배우라면 연극의 목적을 달성할 수 있다는 것이다. 그가 아리스토텔레스와 한 가지 차이점을 보인다면 그것은 관객보다 배우에 더 초점을 맞춘 점이다. 아리스토텔레스는 무대 위에 오르는 희곡이 완결성을 갖춘 비극과 같은 수준이 된다면 관객들에게 감정정화를 선물로 줄 수 있다고 강조하여 관객에게서 나타나는 효과를 중요시한다. 하지만 스타니슬랍스키는 배우가 그 극본을 잘 수행하기 위하여 관객들과 심지어 거리를 둘 것을 요청하며 극 자체에 몰두할 것을 강조했다. 극본의 완결성은 관객이 경험하는 감정의 정화보다는 배우의 진솔성에 있다고 본 것이다.

그런데 여기서 두 가지 질문이 제기된다. 첫째는 과연 배우의 연기가 극본에 담겨있는 작가의 의도를 완벽하게 표현해내는 일이 가능할까 하는 것이다. 둘째는, 설령 배우가 그러한 완벽한 연기를 해낸다고 하더라도 극본의 인물이 불러오는 감정을 관객들 역시 자신의 감정으로 여기며 감정정화를 할 수 있을까 하는 의구심이다. 극본이 연민과 두려움을 담고 있는 플롯을 완벽하게 구성하고 배우가 그것을 또한 완벽하게 연기로 전달하여도 배우의 연기는 결국 자신의 것이 아닌 남의 이야기를 드러낸다. 그렇다면 그것을 지켜보는 관객들이 경험하는 감정 역시 자신의 것이 아닌 2차적 감정일 수밖에 없다. 결국, 배우나 관객 모두 일차적인 자기의 이야기나 감정이 아닌 이차적으로 가공된 연기와 감정을 공유하는 수준이 되고 만다.

> "배우에게는 주의 집중의 대상이 필요하다. 그것이 객석이 되어서는 안 되며, 무대 위에 있어야 한다… 기억해야 한다. 모든 행동, 심지어는 우리가 일상에서는 매우 잘 알고 있는 행동이라 할지라도, 수천의 관객과 조명이 존재하는 무대에 서게 되면 (배우는) 방향을 잃게 된다. 바로 이것이 우리(배우)가 무대 위에서 걷고 움직이고 앉고 눕는 방법을 다시 배워야 하는 이유이다"(C. Stanislavsky, 2010, 전자책 5장)

스타니슬랍스키는 진정한 배우란 자기가 맡은 역을 단순히 기계처럼 "반복하고 재생하는 사람이 아니며, 매 순간 새롭게 체험하고 느끼고 역할을 살아내는" 일을 하는 사람이라고 했다. 이것은 후대 드라마치료자들이 주목하는 중요한 말이다. 심리극의 창시자 모레노 역시 스타니슬랍스키가 말한 무대에서 배우의 경험이 인간치유에 무척 중요함을 받아들인다. 하지만 배우의 역할이 연극의 작가가 제시한 극본과 플롯에 충실하는 것에 있다면 그것은 배우 자신의 삶에 효과를 줄 수 없는 극본이고, 진실한 연기를 불가능하게 하며 치유 또한 기대할 수 없게 할 것이다. 또한, 연극의 배우가 관객과 분리되어 연기 해야 한다면 그것은 오늘날 TV

드라마와 다를 바 없다. 배우의 연기와 체험, 그리고 그것을 바라보는 관객이 함께 어우러져 새롭게 창조되는 경험을 할 수 있는 연극이 가능할까? 배우와 청중 모두가 이미 무언가 맞추어진 것에 도달해야 하는 그런 과제로서의 연극이 아니라 모두 함께 어우러져 지금-이 자리에서 무언가를 함께 창출해 내는 그러한 즉흥적인 연극은 가능할까? 이런 질문에 대한 답을 시도한 것이 바로 심리극, 즉 사이코드라마(psychodrama)이다.

야콥 모레노의 '드라마치료'

1920년대 심리극, 사회극, 사회측정학, 그리고 집단정신치료를 창시한 야콥 모레노(J.L. Moreno)는 스타니슬랍스키와 마찬가지로 배우의 진실하고 자연스러운 자세를 중요시하였다. 그러나 그는 배우의 진실한 자세가 극본 속에 담긴 작가의 의도를 달성하려는 자세에서 완성될 수 있다는 견해는 동의하지 않았다. 연극의 극본이 아무리 훌륭한 작품일지라도 그것은 역사적으로 그리고 문화적으로 전수된 보존물이며, 배우 자신에게는 결코 직접적인 연기가 가능하지 않은 간접적인 표현일 뿐이라고 했다. 배우는 과거 그리고 남의 이야기가 아닌 지금-여기에서 자신의 이야기를 무대에 올리는 드라마로 펼쳐야 한다고 보았다. 이를 위해 그는 순간의 예술(The art of the moment)을 보이는 "자발성의 극장"(Theater of Spontaneity)을 시작했다.

"(스타니슬랍스키는) 배우를 그저 로미오, 리어왕 또는 맥베스의 진부한 표현으로 반복하여 채우고 있다. 진부한 역할들을 전적으로 그만두고, 출연자들이 완전히 자발적이고 창조적으로 허용하며 (자기의) 원상태에서의 역할들을 발달시키기로 했을 때 중요한 첫 걸음이 시작되었다. 스타니슬랍스키가 연극 보존물의 의식적인 선봉자였다면 우리는 자발적 연극의 의식적인 주인공이 되었다. 우리 문명에서 연극과 그것의 파생물들을 지배해 온 보존의 예술 art of conserve와 대조되는 순간의 예술 art of the moment를 공식화하게 되었다.(J.L, Moreno, 1946/2019, Psychodrama Vol. 1, 번역본, 124)

여기에서 자발성의 극장이란 배우들이 자발적으로 자신의 이야기를 표현하되 극본 없이 즉흥적으로 전하는 새로운 드라마를 말한다. 종전처럼 극본대로 연기하여 보존되는 배우의 역할은 사라지고 지금-여기에서 나의 모습을 자유롭게 표현하여 진정한 나를 찾기 위한 새로운 역할을 시연하고 연습하는 것이다.

여기서 잠시, 모레노의 자발성의 극장이 그가 비엔나 의과대학 시절 행한 "살아있는 신문의 극장"(The Living News Paper)에 기원을 둔 점을 먼저 살펴볼 필요가 있다. 모레노는 극본을 가지고 배우들이 무대에 올라가 연기하는 종전의 극장과 달리 그날그날의 신문에 기사로 올라온 사건과 소식 중에서 이야기를 골라 배우들이 무대 위에서 그것을 즉흥적으로 연기하는 기회를 만들었다. "살아있는 신문의 극장"이 사건과 소식이 주어진 극본의 플롯이었다면 아리스토텔레스가 말하는 플롯의 완결성도 어느 정도 갖추어져 있는 셈이었다. 하지만 그것을 행위화하여 연기하는 배우들이 어떻게 표현하느냐에 따라 양상이 달리 나타났다. 사건과 소식을 바라보는 청중의 시각도 다양했다. 가장 큰 문제는 무대 위에서 연기하는 배우가 그날의 사건과 소식이 자신의 성격이나 삶과 너무 차이가 날 때 연극이 엉뚱한 방향으로 진행되거나 의미가 무색해지는 일이 생겼다. 일례로 바바라라 하는 화려한 스타일의 여배우가 성당의 성스러운 성모 마리아나 고상한 여인들의 모습을 연기했는데, 삶 속에서는 그녀가 아주 심한 우울과 신경증을 보여 그녀의 남편이 모레노에게 찾아와 불평을 한 적이 있었다. 모레노는 고심 끝에 어느 날 사건과 소식 중에 윤락녀에 관한 기사를 읽고 바버라에게 이 기사를 가지고 무대에 설 것을 부탁했는데 그녀는 그 무대에서 지금까지 볼 수 없었던 놀라운 연기력을 가지고 그 사건 소식이 주는 의미를 증폭시키는 놀라운 결과를 만들어 냈다. 물론 그 무대를 지켜본 청중들도 깊은 감명을 받았고, 생각의 폭이 넓어지는 놀라운 경험을 하게 되었다.(Z.T. Moreno, 2005, p.24-26)

이 일이 있고 난 뒤, 모레노는 드라마의 방향을 "살아있는 신문의 극장"에서 "자발성 극장"(Theater of Spontaneity)으로 옮겼다. 무대 위에서의 극본을 완전히 없애버림은 물론 그날의 사건과 사고 소식에 대해서도 배우 자신이 즉흥적으로 행위화하게 하였다. 한마디로 완전한 자발성에 의하여 펼쳐지는 무대를 만들었다. 그리고 자기의 이야기를 올리기 원하는 사람에게는 누구든지 기회를 주며 무대 위로 초청하였다. 자발적으로 주인공이 되고자 무대에 올라온 사람은 극본에 나와 있는 '누군가'의 것이 아닌 자기의 삶과 이야기를 드라마로 표현했다. 그리고 관객도 무대 위로 뛰어올라 주인공과 함께 어우러져 드라마를 펼쳐 나가도록 허락했다. 이들은 주인공의 마음에 공감하여 더블(이중자아)의 연기를 하거나 혹은 주인공의 인생 가운데 존재하는 중요한 타자(보조자아)가 되어 주인공의 주관적 마음 세계를 함께 펼치고 체험했다. 이를 통해 배우와 관객은 모두 한 드라마의 일원이 되어 새로운 삶을 시도하고 그 삶을 위한 새로운 역할을 창조하는 경험을 했다. 따라서 모레노의 드라마에서는 '관객'이 없어진 셈이었다. 모두가 배우의 마음, 그 일부분이 되어 함께 참여하는 일원으로서 새로운 것을 경험하고 창조하는 동반자가 되었다.

모레노의 드라마에서는 이렇게 아리스토텔레스와는 달리 주인공과 관객 모두가 일차적인 감정정화를 경험하는 놀라운 일이 일어나게 하였다. 배우는 자기 이야기를 연기하면서, 그리고 다른 참여자들은 주인공의 이야기 속에 뛰어들면서 그것과 연관된 자기 자신의 모습을 행위화 하였고 이에 따라 감정의 정화를 경험하기 시작했다. 심지어 관객으로서 앉아 지켜만 보던 사람들에게도 자기만의 1차적인 감정정화의 기회가 주어졌다. 드라마를 마친 후 모두 둥그런 원으로 앉아 드라마에서 경험한 것을 나누었다. 이를 통해 그들은 자신의 이야기를 자연스럽게 나누었고 역시 감정의 정화를 경험할 수 있었다.

사실 종전의 연극 세계에서도 감정의 정화는 이미 존재했다. 아리스토텔레스가 말한 대로 주인공이 '완결성'있는 극본(비극)에 따라 충실히 연기할 때 관객은 극 중 인물과 동일시되며 극 중 인물들의 감정을 경험하게 된다고 했다. 그런데 배우가 그것을 완벽하게 소화해내지 못한다거나 아니면 완결성을 갖춘 극본이라도 실수로 한 장면을 빠뜨리고 넘어간다면 감정정화의 경험에는 문제가 생길 수밖에 없다. 설령 스타니슬랍스키와 같은 배우가 나타나 완벽하게 극본을 연기해 낸다고 할지라도 그것은 배우가 자신의 삶을 직접 행위화하여 얻는 감정의 정화가 아니다. 극 중 인물에 대하여 연기하는 배우의 2차적인 경험일 뿐이다. 하지만 모레노는 드라마가 줄 수 있는 감정정화의 경험이 모두에게 일차적으로 주어질 방법을 찾은 것이다. 드라마는 단순한 관람이 되어서는 안 된다. 또한, 배우는 남의 이야기를 통해서 자신을 새롭게 창조하기 어렵고 오히려 자기 자신을 잃어버릴 수도 있다고 보았다. 따라서 모레노는 배우와 관객 모두가 자신의 이야기를 찾아 무대에 올릴 것을 강조했다. 그는 이를 편지로 비유했다.

"편지는 수취인(청중)의 손안에서 (도달할) 원장소를 찾아야 한다. 수취인이 아닌 타인, 즉 편지가 가리키지 않는 원치 않는 사람,

이방인의 손에서는 표현된 내용과 표현되지 않은 함의가 모두 무의미해지며, 그 편지는 추방당한 것처럼 원장소를 잃는다."(J.L, Moreno, 1946/2019, Psychodrama Vol. 1, 번역본, p.102)

　모레노가 찾고자 한 연극은 배우만이 아닌 모든 관객이 함께 소통하는 '치유 드라마'의 형태였다. 그러면 어떻게 그와 같은 소통이 가능할까? 배우뿐 아니라 관객들까지도 함께 경험하고 함께 감정의 정화를 느끼며 치유되는 일이 과연 어떻게 이루어지는 것일까? 모레노는 드라마를 인간 삶의 현장, 즉 사회적 관계와 유대 속에서 어우러지는 인간의 공통된 경험을 무대 위로 자발적으로 올라오게 함으로써 이러한 가능성을 실현한 것이다. 관객 중에서 누구라도 자발성이 생긴 사람이라면 주인공으로 올라, 무대 위에서 자신들이 지금-여기의 삶 속에서 경험하는 세상을 즉흥적으로 묘사하여 세상의 이슈나 갈등의 이야기를 행위화하게 하였다. 이것이 바로 모레노가 1921년 비엔나에서 시작한 "자발성 극장"(Theater of Spontaneity)으로서 모레노의 심리극과 사회극이 처음 시작한 원년으로 여겨진다. 무대 위 행위(acting)로 옮겨지는 이야기는 배우만의 이야기나 경험이 아니라, 그것을 바라보는 관객들도 함께 무대에 올라 행위화하는 모든 이들이 참여하는 드라마가 된 것이다. 누가 무대에 오르는가는 중요하지 않다. 무대 위의 행위는 배우와 관객 모두의 이야기요, 새로운 경험이 되기 때문이다. 무대 위에 자발성을 가지고 오른 주인공과 관객은 '텔레'(사람들 사이의 밀고 당기는 사회성의 에너지)에 따라 무대 위의 이야기를 자신의 이야기로 경험하며 함께 감정의 정화와 통찰의 경험을 하게 된다.(J.L. Moreno, 1940a, p.227)

이렇게 모레노는 우리 삶의 모든 순간을 자연스럽게 무대에 올릴 수 있는 즉흥적인 드라마를 경험할 수 있도록 도왔다. 그것은 이미 짜인 극본대로 움직이는 연극이 아니다. 무대 위로 자발적으로 자기의 이야기를 올려 그것을 행위화(act out)하도록 하고 배우의 행위를 보고 관객들도 자기 삶의 이야기가 자연스럽게 연결되어 치유를 경험하게 한 것이다.

아리스토텔레스는 완결성이 있게 짜인 희곡을 선사하는 비극이 관객들에게 진정한 감정정화를 가져온다고 주장했고, 스타니슬랍스키는 그 완결성 있는 희곡을 무대 위의 주인공이 진정 어린 마음으로 연기하여 먼저 경험하는 것이 중요하다고 주장하였다. 반면 모레노에게는 잘 짜인 희곡은 필요가 없다. 오히려 자발성에 의하여 즉흥적으로 자신의 이야기를 무대 위에 올려 행위화 할 때 감정정화가 모두에게 찾아온다. 무대 위의 주인공은 물론 배우의 행위(acting)를 통해 자신의 삶을 같이 바라보는 관객도 마찬가지이다. 즉 자발성 극장의 배우와 관객 사이의 텔레의 시각에서 모두가 함께 맛보는 감정의 정화를 제공하였다.

『이상한 나라의 앨리스』는 이러한 모레노 드라마의 즉흥적인 요소와 주인공이 희구하는 잉여현실의 기법이 어우러져 자기변

혁의 창조적 과정을 이루어내는 경험을 보여 준다. 놀랍게도 이 동화를 읽는 독자들이 마치 모레노식 드라마의 관객처럼 등장인물 중 하나가 되어 자기를 찾는 주인공의 여정에 함께 참여하게 된다. 다음 장에서부터 그러한 과정을 하나씩 살펴보려고 한다.

이 장을 마치기 전에, 모레노에 의하여 시작된 본격적인 드라마 치유가 오늘날 연극의 세계에 어떠한 영향을 주어 발전하고 있는지를 살펴볼 필요가 있다. 이를 통해 더욱 풍부한 드라마치료의 자원들을 확보하고 드라마치료의 현주소를 발견할 수 있을 것이다. 과정연극(press theater)이라고 하는 연극의 형태들이 바로 종래의 연극의 치유적 요소를 발견하며 모레노의 심리극 방법론을 통합적으로 사용하는 예라 할 수 있다. 과정연극은 여러 형태가 있지만 대체로 연극의 시연 과정에서 뭔가 참여자 모두가 경험할 만한 갈등의 상황이나 이슈를 불러일으킬 수 있는 것이 나오면 그 장면에서 멈추어 배우나 관객을 그 안으로 초청한다. 갈등의 상황 안으로 관객들에게 자기의 이야기를 대입하게 하고 그 안에서 말이나 행위로 표현하고 싶은 기회를 주어 감정정화는 물론 그 갈등을 헤쳐나갈 지혜를 함께 찾게 한다. 이러한 기회를 통해 참여자가 어떠한 마음(생각과 감정)이 들게 되는지, 그리고 어떠한 역할과 행위를 통해 이 상황을 새롭게 창조하며 나아가게 할 수 있는지 서로 토론하고 표출하는 장이 펼쳐진다.

수 제닝스의 연극치료

　모레노의 자발성 극장에 기초한 심리 드라마치료는 연극계에서 연극의 치유 효과에 더욱 관심을 끌게 하였다. 수 제닝스(Sue Jennings)가 바로 연극을 통한 인간치유의 장을 확대한 인물이다. 그녀는 "참여자들을 치료하거나 치유하고 이롭게 할 목적으로 특별한 상황에서 적용되는 예술"이 가능한데, 연극은 바로 그 치유의 기능으로도 충분히 활용될 수 있음을 밝힌다.(Sue Jennings, 1998/2003, p.39) 연극과 드라마는 본래 치료의 목적으로 시연되지 않는다고 하더라도 그 자체로 이미 치료의 과정을 제공하고 있으며, 그 치료 효과는 어떠한 기술적인 방법보다 우수하다고 본다. 즉 연극이 심리학적인 의도를 가지고 기획되고 시연되지 않는다. 사람들은 은연중에 이미 예술을 향유하며, 치료의 반경 안에 들어온다는 것이다. 또한, 예방적 차원에서도 연극과 드라마는 인간의 정신적 어려움에 도움을 주며 정신증과 같이 심각한 수준에 이런 사람들에게도 적용되는 놀라운 치료의 기능이 있다고 주장한다.

　연극과 드라마에 이미 담겨있다는 그 치유의 기능은 도대체 무엇일까? 그것은 어디서 비롯되는 것일까? 수 제닝스는 연극의 치유력이 인간이 연극적인 존재이기에 가능하다고 본다. 인간의 삶 자체가 연극적인 특성이 있어 연극의 무대에서와 같은 삶을 살고 있으며 삶을 연기할 때 치유의 선물이 다가온다고 보았다.(Sue

Jennings, 1998/2003, p.39, 58) 실제로, 우리가 엄마 배 속에 있을 때부터 드라마는 시작된다고 한다. 엄마는 태아를 대상으로 아직 세상에 나오지 않은 인물과 상상의 대화를 나누며 대화한다. 그 대화의 내용은 무대 위의 배우들이 나누는 말들과 다르지 않다. 상상에 기초한 대화이며 음향과 노래를 수반하는 뮤지컬 같기도 하다. 수 제닝스는 아기가 태어나 자라면서 거치는 사회화 과정도 드라마로 본다. 인생 발달단계에서 만나는 수많은 인물, 그리고 그들과의 교류와 상호작용은 인생의 발자국이 닿는 구석구석에서 극적인 상황을 연출한다. 심지어 죽어 세상을 떠난 후에도 남기고 간 인생 이야기는 사람들의 대화 속에서 계속 이어져 드라마처럼 기억된다는 것이다. 그래서 수 제닝스는 우리 인생을 가리켜 "자국에서 무덤으로 이어지는 복잡다단한 극적 경험"이라고 정의한다.(S. Jennings, 1998/2003, p.34-35)

수 제닝스는 이렇게 한 사람 한 사람의 삶 속에 담겨있는 드라마 자체는 이미 치유의 효과를 경험하게 하는 소재들로 가득 차 있다고 본다. 따라서 인간의 삶 가운데 내재하는 연극적 드라마의 특성을 밝히고, 그 가운데 내재한 치유의 자원을 찾아 발전시켜 나간다면 그 치유의 유익을 맘껏 누리는 인생이 될 수 있다고 본다.

예를 들어 우리는 어린아이들의 소꿉장난에서 드라마 요소들을 발견할 수 있는데, 이는 연극과 드라마치료의 기본적인 특성을 이해하는 데 도움이 된다. 어린이들의 놀이는 그들의 신체적, 정신적, 사회적 지적 성장과 함께 인간 상호관계성에 기반을 둔 극적인 드라마의 요소와 발달 수준도 평행선적으로 추적이 가능하다고 보았다. 수 제닝스가 발견한 인간의 극적 발달은 인간 존재의 본질적인 과정으로서 E(Embodiment 체현)-P(Projection 투영)-R(Roles/Dramatic play 역할놀이)의 과정을 거쳐 발달을 이룬다고 보았다.(S. Jennings, 1998/2003, p.80-82) 물론, 아동을 포함한 모든 사람이 E-P-R의 전 과정에서 아무런 문제 없이 잘 성장하는 것은 아니다. 사람들은 이 단계들 가운데 특정 영역에 고착되어 건강하지 못한 행동 패턴으로 경직된 상태를 유지하며 살아갈 수 있다. 따라서 드라마치료사는 사람들의 극적인 발전과정 E-P-R을 살펴어 문제를 보이는 단계에 맞는 극적 요소를 적용하여 회복하는 방법으로 드라마치료를 전개할 수 있다고 수 제닝스는 주장한다. 그녀가 제시한 연극치료의 과정 E-P-R을 주목해 보자.

쉬어가는 코너

수 제닝스의 EPR

(1) E - Embodiment (체현/감각-신체 놀이 sensory/physical play)

유아는 태어나서 환상의 세계를 가지고 삶을 시작한다는 것이 정신역공이론의 주장이다. 유아는 이러한 성향을 상상의 세계 안에서 놀이(play)를 하게 되는데, 이는 새로운 것을 경험하는 기회가 된다. 유아의 상상은 몸으로 표현되는 특성을 갖는다. 즉 기분이 좋은 것은 얼굴에 아직 어리숙한 미소 혹은 낯선 소리나 울음으로 또는 손발을 움직이는 서툰 행동의 형태로 뭔가를 표현한다. 이것이 수 제닝스가 말하는 체현(embodiment/enactment 행위화)이다. 유아가 세상에 나와서 보고 듣고 한 감각의 경험들이 상상과 더불어 몸으로 표현되는 것이다.(신체적인 놀이, 춤, 운동등 p.206) 수 제닝스는 유아가 상상력을 동원하여 곰 인형에게 말을 붙이거나 함께 활동하며 노는 모습을 대표적인 체현의 예로 보았다.(Sue Jennings, 1998/2003, p.71) 이때부터 인간은 이미 "af if~"(만일 ~한다면)와 같은 상상을 동원한 행위로의 동기화가 이루어지며 몸으로 움직여 실마리를 풀어가는 드라마의 요소를 실천하게 된다.

(2) P - Projection (투영/ 투사적 놀이 projective play)

이렇게 내부적인 환상이나 상상의 내용을 신체 몸놀림이나 동작으로 표현해내던 아이들은 점차 그 내용물들을 외부세계로 던져 바깥 세계에서 뭔가를 창조해 내려 한다.(Sue Jennings, 1998/2003, p.73, 206) 바로 투사적인 놀이가 그것이다. 대부분은 다양한 매체 (읽기, 쓰기, 그리기, 모델 만들기)들을 통해 나를 투사한 방법을 사용한다. 이러한 예로 스토리텔링을 들 수 있다. "나는 괴물이다~ 내가 무섭지?" "고양이가 기분이 나빠요" "곰이 길을 헤매고 있어요"와 같은 표현들은 이야기라는 매체 안에 자신의 내부적인 감정이나 기타 내용물들을 투사하여 표현하는 것이다.(Sue Jennings, 1998/2003, p.72) 그러나 이러한 행위들은 아직 온전히 사회적인 관계 선상에 나타나는 행위라고 볼 수는 없다. 단지, 내부세계를 외부세계로 던져 표현하는 행위일 뿐이다. 하지만, 이런 투사적 놀이가 기반이 되어, 나중에 나와 타인을 구분하여 관계 선상에서 역할로 놀이를 하는 밑거름이 된다.

(3) R- Role (역할/드라마 놀이 dramatic play)

감각적 신체 행동들의 시기와 투사적 놀이의 단계를 거친 유아의 놀이는 이제 일상생활을 접하면서 점차 사회적 역할을 보이는 놀이로 발전한다. 아이들은 이제 이야기 속에서 역할을 맡아 직접 다양한 인물을 상대하면서 연기를 할 수 있다. 그리고 이러한 연기를 통해 이야기를 더욱 극화시킬 수 있게 된다.(S. Jennings, 1998/2003, p.73-75, 206) 역할이 자아가 현실에 대응하는 행위임을 모레노가 밝혔듯이 수 제닝스도 다양한 인물 등장은 자아가 상대하는 영역/현실이 구체화 된 것으로 본다. 이렇게 역할 속에서 자신을 표현하는 아이들은 때때로 어른들도 놀라움을 금치 못할 극적인 발견과 통찰력을 보이기까지 한다. 특별히 아이들의 극적인 발달과정을 바라보면서 수 제닝스는 사람들이 E-P-R의 각 단계별로 지나친 선호와 고착된 패턴이 나타남을 주목한다. E-P-R 중 어느 특정 단계에 고착된 상태는 건강하지 못한 극적 발달의 모습을 보이며 이를 위해 치료가 필요한 것이다. 예를 들어 경계선 장애나 정신증적 증세는 투사적 놀이의 단계에 고착되어있는 모습이라 할 수 있으며, 성격장애의 경우에는 일상생활의 특정 역할들에 고착된 모습이라고 수 제닝스는 설명한다.

수 제닝스는 극적인 발달의 과정에서 발견되는 증세들을 돕기 위한 연극치료의 방법으로 다음과 같이 조언을 한다.

첫째, 극적 현실에서 일상현실을 바라보게 하라. 연극치료란 일상의 현실을 떠나 드라마의 현실로 들어가 일상을 다시 바라보게 하는 놀라운 도구를 얻는 경험이다. 따라서 드라마가 제시한 '극적인 거리'로 참여자들은 자신의 실제적 경험에 더욱 가깝게 다가갈 수 있는 용기를 얻을 수 있다.(S. Jennings, 1998/2003, p.4)

둘째, '사회성을 기반으로 한 인간성'을 찾게 하라. 극적인 현실이 일상현실에 가져오는 선한 효과는 인간 내면을 넘어서 사회적이다. 인간 안에 내재하는 인간의 극적인 존재로서의 특색은 현대 심리치료보다도 더 훌륭한 효과를 가져온다고 주장한다. 왜냐하면, 현대 심리치료는 '자아'의 가치와 능력을 회복한다는 핑계로 오히려 개인 중심으로 흘러가고 개인만을 숭배하는 것을 건강한 것으로 여기게 하기 쉽지만, 연극치료는 '사회성'을 기반으로 한 것이기에 오히려 더욱 건강한 인간성을 사회적 관계 속에서 개개인에게 회복시켜줄 수 있다고 보았다. 따라서 드라마를 통한 경험은 현실에 있어서 건강한 사회적 관계로 이어지게 한다. 드라마를 통해 다른 사람들을 느끼고 이해하는 법을 배우고, 일상에서 향상된 사회성을 가지고 그것을 다시 다양한 형식으로 창조해 내는 능력을 키울 수 있게 된다.(S. Jennings, 1998/2003, p.23)

셋째, 드라마치료를 통해 실존적 삶을 살 수 있게 하여라. 개선된 사회성은 일상에서의 문제와 갈등을 직면하며 풀어가는 효과적인 방법으로 실천하게 하여 실존적 삶을 살 수 있게 하여야 한다는 것이다.(p.5) 이는 삶을 위한 리허설, 위험 도전, 생각과 느낌을 극적인 형식으로 표현하고 행위화하여 현실에서의 해결책을 마련하며 극복의 경험을 창출하는 역할을 감당하게 해준다고 보았다.(S. Jennings, 1998/2003, p.30)

수 제닝스가 주장한 연극치료 목표들의 예는 다음과 같다. "의사소통, 새로운 사고 자극, 문세해결 방식 얻기, 새로운 기술 개발, 도움이 되지 않는 경험들의 변형, 여러 선택의 가능성 살펴보기, 새로운 여정에 오르기(시작하도록 돕기), 성 역할의 문제 이해, 정치 탐구" 등 구체적이다.(p.40) 따라서 그녀의 치료이론은 일상적인 존재에서 벗어나 드라마의 경험을 통해 삶 자체에 대한 인식과 관점들을 변화시키는 행위에 초점을 맞추고 있음을 보인다. 물론 "인간행동(개선)과 의사소통의 추진력"을 목표로 하기에 사회적 관계개선에 더 큰 비중을 두고 있기는 하지만 인간치유의 관점을 기본으로 하는 심리 치료적 특성을 예술세계 특히 드라마가 보유하고 있음을 드러낸다.(p.24) 이는 수 제닝스가 모레노의 심리극기법과 완전히 일치하는 드라마치료식 세계관을 보이지는 않지만, 드라마가 가진 치유적 특성과 방법론을 상당수 공유하고 있음을 드러낸다는 주장들이다. 특별히 심리극이 제시하는 신체 활용을 통한 자발성 강화와 상상의 세계를 활용하는 잉여현실의 기법, 그리고 역할교대를 통한 사회적 공감력과 통찰력은 수 제닝스의 E-P-R에서도 유사하게 나타나고 있음을 알 수 있다. 이는 개인적 내면세계 치료를 목표로 했던 정신분석적 치료와는 확연히 다르지만, 사회성에 기초한 연극치료의 유익을 강조한 점에서 볼 때 심리극의 방법론을 이어가고 있는 치료의 세계라 할 수 있다.

3. 꿈과 잉여현실

지금까지 드라마치료가 오늘에 이르기까지 어떠한 발전을 이루어 왔는지 아리스토텔레스, 스타니슬랍스키 그리고 모레노와 수 제닝스의 입장을 통해 살피며 알아보았다. 드라마가 주는 치유의 효과에 대하여 각자 강조한 점은 조금씩 차이는 있을지 몰라도 이들 모두는 연극과 드라마의 무대가 가진 신비한 능력, 즉 주인공은 물론 관객 모두에게 영향을 주어 무언가 새로운 것을 창출해 내는 효과에는 차이가 없다. 도대체 무대 위에서는 무슨 일이 일어나는 것일까? 연극과 드라마가 펼쳐질 때 어떠한 경험이 찾아오는 것일까? 특별히 현대 드라마치료의 관점에서 말하는 무대 위의 치유 경험을 위하여 이제는 모레노 당시 심리치료 분야를 주도한 심층 심리학자 프로이트, 융, 아들러의 시각을 살펴보며, 모레노는 이들의 이론을 어떻게 소화해내어 그의 무대 위의 경험으로 올리려 했는지를 밝히려 한다. 이를 위해서는 이 네 명의 학자들이 공통으로 바라보는 인간 경험의 세계를 방문하여 이들의 생각들을 살피는 것이 중요하다 본다. 바로 "꿈"이 그것이다. 필자가 "꿈"을 가지고 공통점을 찾는 것은 이 책이 다루고 있는 『이상한 나라의 앨리스』의 내용도 꿈이기도 하지만 프로이트, 융, 아들러의 이론들을 모형 적으로 살피어 드라마치료에 연관된 부분들을 함께 보기 위함이다.

프로이트: 욕망의 회구 (잠재몽 vs 발현몽)

우리가 잘 알듯이 프로이트는 "꿈은 무의식에 이르는 왕도다"라는 말을 한 장본인이다. 프로이트 이전에도 많은 학자가 꿈에 대해 이해를 하려 다양한 접근들을 해왔지만, 꿈이 속한 무의식의 세계, 즉 우리가 이성을 가지고 깨어 인식하는 경험의 세계가 아닌 부분에서 비롯되는 잠재적인 내용물들을 분석하여 체계적으로 꿈을 이해한 이는 프로이트가 처음이다.

그는 1900년 그의 명저 『꿈의 해석』을 통해 꿈속에는 우리 의식이 담지 못하고 있는, 아니 담으려 하지 않는 엄청난 내용이 들어 있음을 밝혔다. 거기에는 물론 우리가 너무 오래되어 기억하지 못하는 유아기 적부터의 오랜 기억들 이상의 것이 담겨있다. 하지만 그런 기억들을 불쑥불쑥 불러일으키는 진정한 동기는 현실에서 충족되지 못하고 억눌린 욕구들이다. 특별히 현실에서는 쉽게 받아들여질 수 없는 공격적이고 파괴적인 인간의 본성과 성적인 욕구들은 무의식 심연에 파묻히고 눌려있다가 그것을 방어하는 자아의 힘이 느슨해질 때 꿈으로 등장한다고 보았다. 따라서 잠을 자면서 꿈속에서 본 사람이나 사물 그리고 그것을 통해 펼쳐지는 이야기들은 프로이트가 말하는 대로 표면에 비친 내용물 즉 발현몽(manifest dream)에 불과하며 실제의 의미를 담은 내용은 저 무의식 심연에서 메시지를 올려보내는 잠재몽(latent dream)의 작업인 것이다. 그리고 이러한 꿈의 작업은 무의식의 내용물들이 드러나는 것을 원치 않아 방어하려는 자아의 노력으로 왜곡되어 전달되는 것으로 보았다.

프로이트는 이러한 꿈의 내용물들을 해석하여 발현몽의 심연에 담긴 잠재몽의 세계에 도달하고자 했다. 그래야 왜곡되어 전달되는 꿈속에 등장하는 인물들은 누구이며 그들이 펼치는 이야기들은 무엇을 의미하는지, 그리고 무엇보다 어떠한 욕구가 억압되어 그렇게 표현되고 있는 것인지를 제대로 이해할 수 있다고 보았다. 꿈을 꾼 사람이 무의식적으로 진정 원하는 것이 무엇인지 어떠한 욕구가 눌려있고 무엇이 해소되기를 원하는 것인지를 알고 통찰하게 된다면 사람의 마음속의 불편함이 신경증적 증세로 나타나는 것을 풀어 해결해 갈 수 있다고 보았다.

여기서 우리가 주목할 만한 것은 프로이트는 사람이 의식의 세계에서 허락되지 못하는 삶을 무의식에 담고 있으며 그것은 꿈을 통해 드러난다는 것이다. 우리가 사는 세상에서 받아들이기 힘든 형태의 삶, 그것은 현실적으로 가능하지 않은 것이거나, 혹은 도덕적으로 용납될 수 없는 부끄러운 것일 수 있다. 하지만 꿈은 현실에서 이룰 수 없거나 충족할 수 없는 소망을 꿈꾸는 자가 정신 내적으로 경험하게 하는 소망 충족의 기회가 된다. 꿈꾸는 자가 현실에서는 살아보지 못하는 그 삶을 한 번 '살아보게' 하는 기회를 주는 것이다.

그런데 프로이트의 꿈의 해석에는 문제점들이 있다. 정신분석계에 고전적이 된 그의 심리성적이론 속에서 그가 꿈을 소망 충족의 수단이라는 단순한 구도로 이해하고 꿈에 대한 해석을 자신의 심리성적 억압이론의 한가지 시각으로만 접근하여 전개한 환원론적 방법론은 널리 비판받는다. 그런데 필자는 프로이트의 환원론을 탓하고 싶지 않다. 아무리 훌륭한 학자라도 자기가 가진 세계 이상으로 많은 것을 다 담아내기는 어렵기 때문이다. 다만 프로이트는 꿈을 환원론적 시각에서 본 것 이상으로 꿈을 해석해 나가는 작업에서 방법론 역시 제한시켰다는 데 있다. 프로이트의 꿈의 해석은 꿈의 내용이나 꿈이 만들어지고 표현되는 과정 그리고 꿈꾼 사람의 마음의 상태 모두를 '언어'만을 도구로 하여 분석하는 방법을 택했다. 이는 꿈이 가진 복잡다단하고 역동적인 움직임을 정지시키고 인간의 제한된 언어만으로 꿈의 경험을 풀어가려는 시도였다.

쉬어가는 코너

적극적 꿈꾸기

프로이트의 심리치료는 '언어'를 주 도구로 하는 방법을 취했다. 환자들의 무의식적 세계로 접근하기 위하여 프로이트는 낮에는 자유연상으로 환자가 무슨 말이든 하게 하여 그것을 분석하는 방법을 취하였고, 꿈 해석을 할 때도 꿈속에 나타나는 무의식의 내용을 찾기 위해 환자가 말하는 꿈을 표현한 단어들에 집중하여 무의식적 내용을 언어를 통해 익식화하는 작업에 집중했다. 하지만 인간이 언어로 모든 것을 표현한다는 것은 어려운 일이다. 더구나 꿈이 포함하고 있는 수많은 내용, 언어로는 설명할 수 없는 많은 부분을 놓치고 말았다. 프로이트의 꿈 해석은 환원론적 방법론으로 인해 환자들의 꿈의 스펙트럼을 제한하게 되며, 부분적인 방법에 그치는 소극적인 꿈 해석으로 평가된다. 이로 인해 더욱 적극적인 작업으로서의 꿈의 해석방법이 요구되었다. 오늘날 프로이트의 노선에서 꿈 해석 작업을 승계한 그롯스타인(J.S. Grotstein, 2012)은 프로이트의 꿈의 언어화 작업을 더욱 체계화하며 적극적 꿈의 해석방법을 주장한 학자이다. 그는 내담자의 꿈을 들을 때 두 사람의 언어가 대립하지만 소통되기를 원한다고 본다. 하나는 "꿈을 꾼 꿈 꾸는 자"이며 다른 하나는 "꿈을 이해하는 꿈 꾸는 자"이다. "꿈을 꾼 꿈 꾸는 자"가 꿈의 내용을 상담현장에 가져오는 자라면 "꿈을 이해하는 꿈 꾸는 자"는 그 꿈을 들으며, 내담자의 주관적인 세계를 공감하며 이해해 들어가, 그 꿈을 현실의 언어로 적절하게 전환하여 통찰을 제공해주는 사람이다. 그롯스타인은 "꿈을 이해하는 꿈 꾸는 자"의 이러한 꿈 다루기의 작업은 아주 적절한 것으로 "적극적 꿈꾸기"가 된다고 한다. 이는 "꿈을 꾼 꿈꾸는 자"가 진정으로 필요로 하는 진정으로 꿈을 꾸는 작업이요, 경험이 된다. 그리고 거기서부터 비롯되는 상호작용의 경험은 상호주관적 나눔의 대화 속에 새로운 힘을 나타나게 하여, 내담자가 자기 욕구의 모순과 갈등을 극복하는 힘을 얻게 된다고 본다. 꿈을 가져온 내담자가 무의식적 위치에서 꿈을 이야기한다면, 꿈을 듣는 상담자는 의식의 차원에서 무의식적인 꿈의 내용을 공감하고 이해하여 진정한 적극적 꿈꾸기의 작업을 이룰 수 있다는 것이다. 그롯스타인의 "적극적 꿈꾸기" 작업 역시, 언어에 의존하는 종전의 꿈 해석방법을 벗어나지 못했지만, 꿈이란 것이 어느 특정 시간 수면 상태에서 일어나고 끝난 행위가 아니라, 지금-여기에서 다루어지며 새롭게 완성되는 작업임을 알게 한다.

융: 의식과 무의식의 대화

프로이트와 함께 정신분석 활동을 하다가 무의식에 대한 주요 견해의 차이로 결별을 하고 독창적인 분석심리학 세계를 개척한 융(C.G. Jung)은 프로이트보다 더 꿈이 가진 신비스러운 차원을 탐색했다. 그는 프로이트와 마찬가지로 무의식의 세계가 주는 영향력을 간과할 수 없음을 주장한다. 하지만 무의식의 세계는 알면 알수록 부정적인 요소보다 인생에 도움이 될 만한 긍정적인 자원을 많이 포함하고 있음을 전한다. 꿈은 이런 시각에서 볼 때 일상의 관심거리들로 가득한 현대인의 의식 경계에 파묻혀 자기 자신의 현재 모습(페르소나, persona 사회생활 속에서 생각되는 나)만으로는 발견할 수 없었던 무의식의 보화들을 만날 기회가 된다. 물론 자아는 이런 무의식 세계에 먼저 발을 디뎌 놓으려 하지 않는다. 그래서 무의식이 자아에게 말을 걸어오는 것이다. 꿈은 프로이트가 말한 것처럼 잊힌 기억이나 억눌린 욕구들, 그리고 소망을 희구하는 불쌍한 나의 외침이 아니라 내가 알지 못했던 것을 알려주고 의식과 무의식이 대화를 통해 정신 내적 균형을 찾을 수 있도록 보상의 기능을 하는 것으로 보았다.

물론 프로이트가 말한 것처럼 꿈의 내용은 뒤죽박죽이다. 알 수 없는 인물과 동식물 그리고 사물들, 자연이 파악하기 힘든 방법으로 다가온다. 융은 꿈을 해석할 때 이러한 내용을 원형이 주는 메시지, 즉 인간 마음 심연에 존재하는 우주적이고 보편적인 궁극적인 "자기"(Self)가 인생 현실에 파묻혀 의식에서 제한적으로 얻은 지식과 정보의 틀을 벗어나지 못한 채 살아가는 자아(ego)에 주는 메시지이다. 물론 이 원형의 메시지는 상징적으로 전달된다. 즉각적으로 그 의미가 파악되지 않는 기호와도 같다.(C.G. Jung, 1991) 하지만 의식과 무의식이 일단 대화를 시작하게 되면, 그 알 수 없는 기호와도 같은 이미지로 전달된 꿈의 내용은 의미로 다가온다.(L. Stein, 1957) 때로는 내가 부인하던 나의 모습을 보여 주는 그림자(shadow)로 혹은 지금 내가 걸어가고 있는 길의 방향이 어떤 미래를 초래할 수 있는지 예언적 기능도 할 수 있다. 하지만 이 모든 내용이 전달되는 이유는 꿈을 꾸는 자가 무의식의 도움을 받아 깨달아지고 자기 인생을 통해 실현하고 완성해야 할 인격이 되는 개성화(individuation)를 돕기 위함이다.

따라서 무의식의 내용물들 속에 무엇이 튀어나올지 부정적인 시각으로 겁먹을 필요가 없다. 그리고 말의 실수나 꿈에서처럼 무의식이 스스로를 내 비칠 때까지 기다려 주어진 내용물들만 분석할 필요도 없다고 본다. 오히려 적극적으로 무의식의 세계 안으로 들어가 보도록 권한다. 적극적인 상상(active imagination)을 발휘하여 마음속에 그림을 그리고 이야기를 만들어 따라가다 보면 어느새 그동안 의식의 세계에 파묻혀 알지 못했던 신비스러운 것들을 깨달아 알 수가 있다. 따라서 꿈을 말함에서도 융은 적극적인 상상과 유사한 경험을 할 수 있는 것으로 본다.(C. G. Jung, 2015). 적극적인 상상을 통해 우리의 의식이 무의식의 세계를 만날 때, 무의식은 그동안 우리가 부인해온 많은 것 혹은 세상이 주는 잘못된 인식과 습관을 넘어서서 진실을 발견하고 그것을 향하여 삶을 새롭게 살아갈 용기를 준다고 본다.

더하여, 융이 이러한 무의식을 접할 수 있는 정신의 요소로 집단 무의식을 소개한 것을 주목하게 된다. 집단 무의식이란 앞선 세대로부터 우리의 신체가 유전되어 내려왔듯이 우리 정신을 주도하는 많은 요소가 조상적부터 내려와 지금 현재 나의 마음에 영향을 주는 요소가 됨을 말한다. 우리가 흔히 한민족의 집단 무의식은 한(恨), 멋, 정(情)에 있다는 말도 이에 속한다. 꿈속의 원형 메시지가 전달되는 상징들을 이러한 집단 무의식을 탐구하고 추적해 들어갈 때 그 의미를 깨달을 수 있게 된다.

융이 이렇게 적극적 상상을 주장하며 무의식의 세계에 용기를 갖고 뛰어 들어가기를 권면하는 것과 집단 무의식을 말함으로써 인간 정신세계의 실체를 프로이트의 정신 내적 세계를 넘어서는 스펙트럼으로 이해한 것은 참으로 유익하다. 인간의 마음을 무의식 안에서만 찾기보다는 의식과 무의식의 대화 차원에서 탐구하고, 또한 적극적인 상상을 통하여 수많은 이미지와 상징들을 과감하게 만나 그 의미를 깨닫는 것은 언어의 분석에 의존하는 정신분석의 세계를 넘어서는 총체적 접근으로 우리를 초대한다. 다만, 아쉬운 것은 융의 분석심리학 역시 꿈을 다룸에 있어서 결국은 '머리' 위주의 깨달음을 위한 작업이라는 인상을 준다. 의식과 무의식의 대화를 위해 상징을 찾아 해석하고 집단 무의식으로서의 의미를 캐내는 작업 역시 세싱의 사물에 대하어 접근하여 새로운 인식의 지평을 넓히는 작업이다. 상징과의 만남을 인식의 차원에서 관찰하고 탐구하는데 그칠 것이 아니라 그 상징 속으로 직접 들어가 상징의 입장에 서서 세상을 바라보고, 또한 그 상징의 눈에 비친 나를 발견하며 새로운 대화에 참여하는 입체적 깨달음의 과정이 생략되어 아쉽다.

아들러: 생활양식에의 도전

프로이트와 융이 꿈에 미치는 무의식의 영향력을 중요하게 다루었지만 아들러(A. Adler)는 특별히 꿈에 관심을 두지 않는다. 오히려 깨어있는 시간이나 잠자는 시간에 모두 의식의 영향력에 차이점을 두지 않고 있음을 주장하며, 의식이 영향을 주고 있는 내용 안에서 꿈의 의미를 찾는다. 그는 개인이 깨어있을 때와 마찬가지로 잠자는 중에도 개인이 삶을 살아가면서 형성하는 삶의 양식(life style)이 나타난다고 보는데, 이는 무의식의 세계 역시 의식에 의하여 형성된 삶의 목적에 영향을 받는다는 말이다. 인간은 태어날 때부터 아주 미약하고 열등한 상태에서 시작하여 성장기를 통해 탁월함에 이르고자 하는 강한 소망과 의지를 갖고 있는데, 이를 이루기 위한 목적으로 형성되는 삶의 양식은 깨어있을 때나 잠들 때나 멈추지 않으며, 의식의 관찰과 조정에 의하여 관리되기 때문에 잠자는 동안에 나타나는 생활양식에 관한 내용 역시 목적을 향해 맞추어진 힘에의 의지(the will to power)와 무관하지 않다고 본다. 꿈은 개인이 현재 삶의 양식을 비추어 주는 거울과도 같은 것이며, 의식은 그 삶의 양식에 언제나 영향을 주는 요소가 된다. 아들러는 꿈에 담겨있는 목적의식의 효과를 다음과 같이 밝힌다.

"꿈은 인생의 문제를 은유적으로 표현함으로써 꿈꾸는 자로 하여금 거의 목적을 향하여 강하게 이끌어 가는 감정적인 힘을 보인다. 예를 들자면 어떤 작가는 낭떠러지에서 떨어지거나 하늘을 날아다니는 꿈, 몸에 중풍이 와서 마비된다든지 아니면 시험을 치르는 등의 꿈을 꿀 수 있다. 이러한 꿈은 꿈꾸는 자로 하여금 좋은 삶의 양식을 찾게 하여 결국엔 그가 원하지 않는 그런 일을 당하게 하는 효과를 준다. 삶의 문제들을 대함에 있어 더 실감 나게 그리고 용기 있게 부딪히는 사람일수록 꿈의 필요는 사라진다. 물론 예외적으로 꿈을 너무 안 꾸는 사람의 경우 상상력의 문제가 있는 경우도

있다."(A. Adler, 1936, 3-4)

그런데 개인의 삶의 양식은 현실 속에서 늘 장애물을 만나 갈등을 겪는 것을 전제한다. 자기가 소망하고 목적하고 있는 바를 달성하는 일은 쉽지 않으며, 이에 따라 자아는 불편을 느끼게 되고, 그 불편을 이겨내기 위한 방식으로 삶의 양식에 대해 수정을 하게 된다. 삶의 목적을 달성하기 위하여 삶의 양식은 바뀌어야 하며, 이로 인하여 마음은 불편해질 수 있다. 아들러는 깨어있는 현실에서뿐 아니라 꿈에서도 이러한 변화의 필요성을 느낄 때 그것은 감정적인 경험이 된다고 본다. 꿈속에서 부딪히는 어려움이나 갈등 혹은 불편한 감정은 그 삶의 양식에 담긴 자기의 목적과 이상에 반하는 현실적인 어려움을 반영한다. 꿈은 삶의 양식에서 정당성을 주장하지만, 현실과의 괴리감은 꿈을 꾼 이후에 감정적인 여운으로 남는다. 자기 삶의 양식이 받아들여지지 않는 데 대한 기분을 꿈에서도 경험하는 것이다. 물론 꿈속에서 등장한 불편한 감정으로 인하여 삶의 양식을 조정하여 자기의 목적을 정교히 하고 필요에 따라 개선해 나간다면, 꿈은 인생의 좋은 방향전환을 가져오는 도구가 될 수 있다.[16] 아들러는 꿈을 꾸고 난 후 감정을 잘 살펴본다면 건강한 삶으로의 양식의 변화를 가져올 수 있다고 보았다.(C.E. Hill, 2010, p.291-317).

이처럼 꿈은 현재 생활양식에 대한 호소와 동시에 반성 및 개선의 효과를 가져오는 것이기에 새로운 계획과 행동의 실천을 하게 한다. 미래지향적이고 목적 지향적으로 나아가게 하는 동기가 되어 현실을 직면하기 위한 대비의 연습, 곧 역할훈련을 하는 동기화의 효과도 가져온다. 꿈을 통해 지금까지 간직해온 삶의 방식도 수정할 수 있게 되어 자기 자신과 타인, 세상을 향한 행동 양식이나 습관을 교정하는 역할의 확장을 이루며, 보다 더 효과적으로 미래를 준비하는 계기가 될 수 있다.(윤우상, 2017, p.6) 더하여 아들러는 건강한 인간이 소유하는 가장 바람직한 생활양식이 타인과의 관계성의 우수함에 있다고 하였는데, 이는 사회적 배려와 공동체를 위한 헌신들의 행위로 나타난다. 따라서 꿈의 미래를 위한 행위촉발의 과정은 인간관계에 책임감을 동반하며 사회성을 뒤돌아보고 키워나가는 경험이 된다. 아들러의 심리치료가 행위요법(action methods)을 사용하는 이유도 바로 여기에 있다. 자기 삶의 양식을 통해 자기의 가치를 높이며 앞으로 나아가는 것은 동시에 사회 공동체 의식을 겸비한 인격으로 발전해 나가는 자원이 된다고 본 것이다.(M. Bazzano, 1986, 12)[17]

아들러의 꿈에 대한 접근은 그동안 꿈을 무의식 영역에서만 다루며 발현된 내용의 숨겨진 원인을 찾아 설명하거나 상징에 대한 의미를 분석하던 차원 이상의 방법론을 제시한다. 꿈은 단순한 언어적 분석의 자료가 아니며 인간행동을 유발하고 새로운 시간을 창조하기 위한 행위를 일으키는 적극적인 정신작용의 산물이 된다.(W. E. O'Connell, 1972).

프리츠 펄스: 통합을 위해 외치는 소리

게슈탈트 심리학을 현대 심리치료 운동으로 전환한 프리츠 펄스(Fritz Pearls)는 앞으로 살필 심리극 창시자 야콥 모레노의 영향을 받아 게슈탈트의 여러 기법을 개발했다. 그중의 하나가 꿈의 작업이다. 게슈탈트라는 말은 독일어로 '형태'를 의미하는데 이는 완성된 형태의 모양을 말한다. 즉 부서져 있거나 흩어져 있는 상태가 아닌 '전체'를 이루는 상태이다. 그렇다고 부서지거나 흩어진 것들을 주워다가 덕지덕지 붙여놓은 부분들의 합을 의미하지는 않는다. '부분들의 합'을 넘어서서 '통합'된 상태를 말한다. 프리츠 펄스는 우리가 건강한 상태를 되찾기 위해서는 여기저기 흩어진 마음들, 분리된 신체와 정신 그리고 영혼, 접촉점을 찾지 못하는 자기 자신과 타인 및 환경이 진정한 만남의 경험을 가져야 한다고 보았다. 바로 우리가 진정한 존재의 형태인 통합을 이루는 것이고, 누구에게나 이를 위한 강한 게슈탈트의 에너지가 올라오는데, 이를 알아차리고 행동으로 표출할 때에 게슈탈트의 통합을 이룰 수 있다고 보았다.

게슈탈트를 완성하기 위한 여러 기법 중에 프리츠 펄스가 중요시한 것은 프로이트처럼 꿈이었다. 하지만 프로이트가 꿈의 해석을 위하여 유아기 정신 내적 상태로 돌아가 억눌린 욕구를 찾아내는 것을 주요 도구로 삼았다면, 펄스는 내담자로 하여금 지금-현재 흩어진 마음의 상태를 살피고, 그 흩어진 마음들의 통합을 돕는 방법으로 꿈의 게슈탈트 작업을 주창했다.(F. H. Perls, G. Hefferline, & P. Goodman, 1951, 144-146) 따라서 꿈에 나오는 모든 심상은 통합되지 못한 자아의 모습이며, 통합을 이루는 데 필요한 부분들로 간주한다. 꿈에 나오는 모든 심상은 그것이 사람, 동물, 사물, 혹은 힘 어느 것이든 간에 자아의 한 부분을 나타내며 각각 지금-여기에서 자기의 완성을 위하여 무엇인가를 보여 주려 하거나 어떤 메시지를 전달하려 한다고 본다.(F. Pearls, 1992) 우리가 심상들 하나하나를 존중하여 각자가 전달하려는 메시지가 무엇인지를 듣게 될 때 흩어진 마음들은 서로 소통하게 되며, 이를 통해 자아는 하나로 통합되는 효과를 거둘 수 있게 된다. 펄스의 꿈을 활용한 치료작업은 흩어진 마음의 구석구석이 가진 욕구들을 알아차릴 것을 다음과 같이 강조한다.

> "나의 꿈 기법은 꿈에 등장하는 모든 소재를 이용하여 구성된다. 나는 사람들이 여러 부분을 연기하도록 내버려 둔다. 만약 그들이 그 부분의 정신에 들어갈 수 있다면, 그들은 자신의 소외된 부분을 완전히 이해하게 되는 것이다."(Pears, 1972, p.137; Kellog, 2020, p.230)

아직 통합되어 있지 않은 내담자의 마음 가운데 드러나지 않은 욕구를 심상을 통해 노출 시키고 각자에게 표현할 기회를 줌으로써 내담자의 '알아차림'이 촉진되고 삶의 각각 파편화된 요소들이 소통하며 통합될 기회를 얻게 한 것이다.

부분들의 소통을 통한 통합의 길을 제공하는 이 방법은 실제로 엄청난 효과를 가져온다. 프로이트 심리학의 공헌이 자아 방어기제를 설명한 부분이었는데, 상담의 현장에서는 그 방어기제를 다루는 일이 쉽지 않다. 특히 투사의 경우에는 상담자에게 전이의 형태로 이어져 상담의 관계를 어렵게 한다. 하지만 펄스는 외부로 투사된 내용을 내면으로 되돌려 그 안에서 대화를 나누도록 했다. 다시 말하자면, 내담자가 마음의 불편한 점을 토로할 때 상담자가 그것을 해석하거나 대응하는 방법을 취하기보다는 내면세계 안에서 지지가 필요한 부분을 찾아 지지하여 주고, 또한 필요시에는 대립 되는 마음들끼리 대화할 수 있도록 기회를 주는 것이다. 그렇게 함으로써 내담자는 자기 내부의 불편한 마음을 외부로 투사하기보다는 자기 자신의 것으로 알아차리고 내면의 갈등으로 인한 감정 해소의 기회를 얻어 효과적으로 통합의 기회를 얻게 한다.(F. H. Perls, G. Hefferline, & P. Goodman, p.150)

꿈을 통한 게슈탈트 치료작업을 하는 모습의 예를 들어보자. 내담자의 꿈 이야기가 있고 난 뒤 치료자는 내담자의 꿈에 등장하는 캐릭터(사람과 사물 모두 포함)들을 집단 내에서 선택하여 정지된 사진이나 조각으로 만들어 꿈의 모습을 지금-여기에서 시연해 본다. 꿈을 표현하고 있는 정지 사진이나 조각은 지금-여기에서의 내담자의 마음 상태를 보여 준다. 그리고 그것을 구성하고 있는 각 캐릭터는 내담자의 자아 상태, 곧 흩어진 마음의 모습이다. 치료자는 이들 각자를 존중하며 하고 싶은 이야기들을 하도록 이끌어 준다. 이를 통해 구석구석에 흩어진 마음은 욕구와 불만 그리고 소망을 표출한다. 이를 통해 모두의 이야기를 들으며 각자 흩어진 부분들이 서로를 이해하고 수용하는 통합의 기회를 맛보게 된다. 꿈 치료작업은 결과적으로 자기 자신과의 참만남을 가능하게 하고 성격의 통합을 경험하게 하여, 현실의 삶 속에서 접촉하는 타인과 환경에 대하여도 일관성 있게 자신감을 갖고 건강하게 접촉하는 만남의 훈련이 되게 한다.[18]

펄스의 꿈 치료작업은 꿈 안에서 인간 실존의 상황을 그리며, 그곳에서 알아차려야 할 실존의 메시지를 듣게 하는 효과적인 기능을 갖게 하였다. 미해결 과제 및 감정의 정화를 일으키고 새로운 상황을 준비하고 직면할 수 있는 계기도 마련하여 주었다. 펄스는 사이코드라마 운동에 참여하여 얻은 지혜로 꿈을 치료에 도입하여 개인의 통합적 욕구를 채울 수 있는 작업으로 활용하였다. 이로 인해 꿈은 단순히 언어적인 차원에서 분석하고 해석해야 할 자료가 아니라, 지금-이곳에서 재연하여 새롭게 경험할 때에 꿈의 의미가 명확하게 전달될 수 있음을 보여 주었다.

야콥 모레노: 꿈과 잉여현실의 드라마

게슈탈트 치료에서 꿈의 재연을 통하여 꿈을 이해하는 방법은 실제로 프리츠 펄스가 야콥 모레노(J. L. Moreno)의 심리극 운동을 접하면서 도입한 심리극의 잉여현실 기법의 영향이라 할 수 있다. 모레노는 꿈에 대한 작업을 특별히 명시하지 않았지만, 잉여현실(surplus reality)이라는 심리극의 기법을 나누면서 꿈을 포함한 많은 유사 경험들이 인간치유에 필요한 요소가 됨을 주장한바 있다. 모레노는 그것을 사람들로 하여금 꿈을 다시 꾸게 하는일이라고 프로이트에게 설명했다고 그의 자서전은 기록한다.

> "프로이트 박사님, 나는 당신이 멈춘 곳에서 시작합니다. 당신은 사람들을 당신의 사무실의 인위적인 곳에서 만나지만 나는 그들을 거리에서 그들의 집에서 혹은 자연환경 가운데서 자연스럽게 만납니다. 당신은 그들의 꿈을 분석하지만 나는 그들에게 꿈을 다시 꿀 수 있는 용기를 줍니다. 당신은 그들의 꿈을 분석하여 분해해 놓지만 나는 그들로 하여금 꿈속에 나타난 갈등을 역할과 행위로 표출하도록 하며 그들을 도와 그 모든 것들을 다시 담을 수 있도록 합니다."(J. L. Moreno, 1985)

잉여현실은 모레노가 사이코드라마를 통해 구현하고 했던 기법이었다. 그는 "사이코드라마에는 현실의 범주를 뛰어넘는 경험의 형태가 있으니, 그것은 주인공으로하여금 좀 더 새롭고 확장된 실재의 경험, 즉 잉여현실을 제공하는 것"이라 했다.(J.L. Moreno, 1965, 212) 그는 부인 젤카와 함께 심리극을 디렉팅하면서 잉여현실의 기법을 실행하며 참여자들을 도왔는데, 그것은 사람들이 마치 꿈을 꾸는 것처럼 "한계가 없는 세계 안으로 들어가 원했던 모든 만남을 경험하고 돌아오게" 하는 것이었다.(Z. Moreno, 2005, p.30) 한국의 대표적인 심리극 치료자 최헌진은 모레노의 '잉여현실'(surplus reality)를 가리켜 "일상 속에서 문명화된 나를 해체하고 '탈 나'를 체험하는 경험"이라고 보았다.(최헌진, 2007, p.7) 참여자들을 개인의 제한된 세계로부터 걸어 나오게 하고 삶의 경계선들을 해체하여 확장된 현실 속에서 새로운 삶을 맛보게 하는 특별한 경험을 제공한다고 소개한다.

그런데 사실, 이 잉여현실의 경험은 심리극 안에서만 행위화 되어 경험되는 것은 아니다. 우리가 사는 일상 속에서도 우리는 현실을 벗어나 그 이상의 세계를 만끽하며 자아에 힘을 얻고 일상으로 돌아오게 하는 여러 경험을 활용한다. 음악이나 미술 작품을 감상하는 예술의 세계를 맛본다든지 시를 쓰거나 소설을 읽는 등 문학 작품을 접하면서 상상의 나래를 펼치는 일, 그리고 종교활동에 참여하여 신앙의 행위를 통하여 절대자와의 만남을 희구하거나, 찬양하고 또는 현실을 초월하여 우리 자신을 바라보고 통찰하는 명상과 마음 챙김 등의 행위를 통하여 잉여현실을 실제로 맛보고 산다. 그리고 사람들이 일상에서 위와 같은 경험을 하지 못한다고 하더라도 잠을 잘 때 꾸는 꿈 역시 잉여현실의 경험이라 할수 있다.

하지만 드라마치료를 통해 제공되는 이와 같은 잉여현실은 더욱 인간의 치료와 회복, 그리고 신체, 정신, 영혼의 구원을 이루려는 보다 적극적이고 구조화된 체험을 제공한다. 일상에서 경험하는 잉여현실, 즉 문학 및 예술 활동과 종교 경험 등이 의도하지 않은 좋은 경험으로 다가오고 개인 모두가 잠자면서 경험하는 꿈이 수동적으로 우리에게 주어지는 것이라면, 드라마치료의 잉여현실은 더욱 적극적인 차원에서 주어지는 기회가 된다. 드라마치료는 참여자들에게 자기를 구속하고 있는 세상의 굴레와 한계, 그리고 갈등과 고통을 지금 -여기에서 표출하고, 그것을 넘어설 수 있는 역할확장의 훈련이 이루어질 수 있도록 드라마치료 참가자들의 자발성을 키워주며 창조성에 이르는 집단의 응집력을 키워준다.

모레노의 드라마치료가 이렇게 잉여현실의 기법을 통해 현실을 넘어서서 자기를 확장 시키는 경험을 제공하였기에 동시대 치료자들처럼 구태여 '꿈'이라는 단어를 특별히 사용하거나 꿈의 영역을 특별히 구분할 필요가 없었다. 또한, 잉여현실이 의식과 무의식 세계를 모두를 망라하는 경험을 제공하기에 수면 중에 무의식의 활동만으로 이루어진 꿈의 영역에만 머물러 주어진 꿈을 수동적으로 해석하려 들지 않는다. 남편과 함께 사이코드라마 발전에 이바지한 모레노의 부인 젤카가 말하는 꿈에 대한 견해를 살펴보자.

"꿈은 통제할 수 없는 이상한 세계, 또는 겨우 아주 작은 정도만을 소개한다. 이해할 수 없는 것을 파악해 보는 한 가지 좋은 방법은 꿈을 분석하는 것이다. 그런데, 사이코드라마도 당신을 신비한 세계로 이끌어 가지만, 이는 단순히 지난 밤에 꾸었던 꿈의 내용에 대하여 하나하나 분석해 들어가기 위함이 아니며, 당신을 집단 내의 다른 이들과 함께 어우러져 그 꿈을 새롭게 다시 경험하는 것을 목표로 한다. 당신은 이 꿈의 참여자로서 이 꿈이 이끄는 주인공 (꿈꾸는 자)의 드라마와 그 경험의 질에 영향을 준다. 존재한 적도 없고 어쩌면 존재할 수 없는 세계, 그러나 절대적으로 실제적인 세계인 잉여현실을 지금-이 자리에서 경험하는 것이다. 바로 이 세계에 인간 회복(redemption)의 힘이 담긴다."(Z. Moreno, 2005, p.36)

모레노가 말한 "사람들로 하여금 꿈을 다시 꾸게 한다."라는 것은 바로 이와 같은 잉여현실에의 적극적 참여를 의미한다. 드라마 치료 안에서 꿈을 포함한 모든 인간 경험을 드라마의 행위로 재연하는 일에 함께 참여하게 함으로써 꿈은 새롭게 꾸어지고 일상의 한계를 넘어서서 초월적 인간의 삶을 경험하는 일이 가능하다는 것이다.

여기서 모레노의 잉여현실로서의 꿈에 대한 개념을 앞서 소개한 그의 동시대 학자들 그리고 게슈탈트 이론과 비교하여 모레노가 꿈과 잉여현실을 다루는 방법과 도구들을 다음과 같이 정리해 볼 수 있다.

(1) 해석이 아닌 행동의 관찰

우선 꿈을 다루는 데 있어서 모레노는 프로이트와 같이 꿈의 내용 속에 숨겨진 의미를 해석하고 규명하는 방법을 취하지 않는다.

꿈에는 사실 수많은 인물과 사물들이 등장하며 이들이 만들어 내는 복잡다단한 심상과 이미지들로 가득하다. 꿈 이야기는 또한 논리적이거나 합리적으로 전달되지 않는다. 프로이트는 이것이 자아가 무의식의 내용물들을 방어하기 위하여 왜곡시킨 것으로 보며, 억압된 욕구의 불만을 찾아 그 원인을 분석하면 꿈을 통찰하는 기회가 열린다고 보았다. 하지만 모레노의 관점에서 그와 같은 행위는 인간 정신작용의 한 커다란 영역을 무시하는 것으로 본다.

> "인간에게 마술적 힘을 제공하는 많은 고대 문화들의 신화와 동화에 대해 생각해보라. 그러나 과학의 시대에 마술적 사유의 이러한 경이로운 천부적 재능은 대량으로 처분되었고, 인간은 냉정하고 축소된 현실을 살피지 않을 수 없었다. 그러나 심지어 오늘날에도 인간은 이를 최종적인 결정으로 완전히 받아들이지는 않는다."(J. L. Moreno, Z.T. Moreno, 2015, p.180-181)

오늘날의 뇌 과학이 밝히듯이 꿈에 등장하는 수많은 심상과 이미지들은 뇌의 정신작용 가운데 상상력을 관장하는 우반구 활동에 가깝다. 그것을 좌반구식 논리적, 계산적, 분석적인 방법으로 접근한다는 것은 마치 어린이들의 그림 속에서 수학적 의미를 뒤지는 것과 같은 것이다. 따라서 수많은 심상과 이미지들 자체는 본래 논리적이거나 합리적인 방법으로 해석될 수 없다. 논리 실증주의에 입각한 과학적 사고를 추구하며, 시나 예술에 표현된 이미지들을 논리적이고 합리적인 잣대로 의미를 파악하려는 태도는

옳지 않다고 보았다. 꿈은 여타 미술이나 음악작품들과 같이 해석하는 것이 아니라 관찰하며 감상하는 태도로 한다는 것이다.

또한, 모레노는 프로이트가 자유연상법(free association)을 통해 심상으로 가득한 꿈을 이해하면서 '언어'만을 도구로 하여 접근하는 것도 이미지들이 주는 의미를 밝히기에는 한계가 있다고 본다. 꿈은 언어적 표현 이상의 직관적인 느낌과 통찰력이 앞서는 영역이기 때문이다. 젤카 모레노는 남편의 언어에 대한 심리극의 의견을 아래와 같이 밝힌다.

> "그는 인간의 언어를 통해 정신(psyche) 내용 전체를 전달하려는 정신분석계의 입장에 동의할 수 없었다. 그에 의하면 우리는 단순히 말만 가지고 인간의 정신에 이르는 왕도를 얻을 수 없다. 오히려 들려오는 말 이면에 숨어있는 좀 더 근본적인 것들을 감지해야 하는데, 이것은 행위(act)와 상호작용(interact)의 관찰을 통해 가능하다. 그는 아이들의 행동을 관찰하면서 이것을 깨달았다. 아이들을 통해 인간 존재는 행동하고자 하는 욕구가 있음을 알았다. 그리고 아이들은 말을 시작하기 전에 이미 엄청난 양의 삶의 내용을 배우며 환경을 열정적으로 수용해 가면 살아가는 법을 이미 배우고 있음을 확신하게 되었다. 그리고 만약 언어가 의사소통의 완벽한 도구라면 왜 우리는 음악, 춤, 무언극, 조각상, 그림 등의 행위의 예술을 필요로 하는 것인가?"(Z.T. Moreno, 2005, p.18-19, 21)

아이들이 합리적이고 논리적인 사고를 발달시키기 전에 이미 환상과 실제가 교차하는 잉여현실의 세계를 살아간다. 그리고 아이들의 이러한 세상 경험은 아직 언어의 발달이 충분하지 않은 관계로 행위(몸짓)로 표현해내게 된다. 이것이 바로 아이들의 잉여현실이 표현되는 방법이다. 아이들의 환상 세계는 성인들에게 있어 꿈과 같은 성격의 것이며 잉여현실을 담고 있는 경험이다. 따라서 꿈이나 잉여현실은 언어를 넘어 행위로 표현되는 양상을 관찰해 갈 때 비로소 그 안으로 들어가 그 경험이 본질을 알 수 있게 되는 것이다.

(2) 무의식과 의식이 함께 이루어내는 창조물

꿈에 등장하는 환상적 요소들과 심상들 속에서 무의식이 담아내는 신비적 세계를 인정하고, 오히려 경외의 마음으로 그것과의 대화의 창구로 여기는 융의 접근법은 모레노의 잉여현실 기법 활용에 가깝다. 융은 원형과 집단 무의식이 꿈속에서 던져주는 상징들을 살피면서 고대세계로부터 전달된 풍부한 유산들 가운데 신화와 환상을 중요시하였다. 모레노가 말하는 잉여현실의 경험은 역시 이러한 상상의 세계를 적극적으로 수용하여 심리극을 통하여 직접 경험할 것을 권한다. 융이 말한 의식과 무의식의 대화, 더 나아가 원형이 보여 주는 궁극적 실재와의 합일 경험 역시 심리극의 잉여현실에서 모두 실행되는 부분이다. 모레노 부부는 꿈을 무대 위에 올려진 드라마로 이해했으며 이러한 꿈의 드라마가 펼쳐질 때 "온 우주와(주인공 그리고 모든 참여자가) 하나"가 되는 확장의 경험을 할 수 있는 잉여현실의 장이 펼쳐진다고 보았기 때문이다.(J.L. Moreno, Z. Moreno, p.181)

그런데 모레노의 드라마치료는 융이 이러한 환상과 상징들의 세계를 다루어 감에 있어서 역시 언어적 분석, 즉 머리의 활동으로 그치는 데 동의하지 않는다. 신비한 상상의 세계를 무대 위에 올려 행위로 표현해내야 한다고 본다. 상상과 실제 모두를 행동으로 옮겨 표현하며, 그것을 머리 만이 아닌 신체를 가지고 경험해 볼 때 거기에서 비롯되는 새로운 경험은 우리에게 전인적인 참여의 통찰을 얻게 한다.

혹자는 이를 허구의 일종이라고 하며 가치 내리려고 들지 모른다. 잉여현실이 꼭 허구만을 다루는 것은 아니지만 허구라 할지라도 그것에는 우리의 삶을 돕는 놀라운 효과가 있음을 우리는 이미 알고 있다. 인류의 역사는 오히려 허구가 주도해온 예를 우리가 너무도 잘 알고 있기 때문이다. 예를 들어, 고대 그리스의 대서사시 일리아드에 나오는 트로이 전쟁에 관한 이야기 바로 그것이다. 트로이의 유적이 발견된 것은 최근의 일이기는 하지만 고대로부터 현대에 이르기까지 트로이 전쟁은 신화에 나오는 허구의 이야기로 전해져 왔었다. 하지만 이 허구의 야기를 확신한 이들이 세계를 제패했다. 그들은 바로 페르시아 제국의 왕들이었고 마게도냐의 알렉산더였다. 이들은 허구일지라도 트로이 전쟁을 기억하며 그리스와 소아시아 대륙에서 끝없는 정복의 이야기를 새롭게 쓰고자 했다. 실로 인간의 상상력은 그것이 허구를 표현하는 것일 지라도 현실을 만들고 개선해 가는 힘이 있음을 역사는 증명하는 것이다. 오늘날의 드라마 작가들도 이러한 허구의 힘을 드라마에 포함 시킨다. 그들은 드라마에서 '상상'이 현실의 여건에서 묵살 당한 꿈을 이루도록 동기화하며, 사람들 내면에 남아 쌓여있는 상 처를 풀어주기도 하고 더 나아가 자기의 존재를 알리고 표출하는 계기를 만든다고 한다.(노희경, 2005, p.51)

그렇다고 해서 잉여현실이 의식의 세계를 완전히 벗어난 초현 실주의나 허구와 동격인 활동을 조장하는 것으로 오해되어서는 안 된다. 잉여현실의 기법은 실제로 일어난 일일 뿐 아니라 마음 이 불러내는 모든 상상의 세계를 인정하고 수용한다. 하지만 이는 현실과 동떨어진 세계를 구축하기 위함이 아니라 최종적으로는 현실을 용기 있게 직면하고 극복해 내는 역할로 확장될 수 있도록 돕기 위하여 사용된다. 허구나 초현실주의와 달리 의식의 세계를 오히려 확장 시키는 결과를 창출하는 것이다.

하지만, 모레노는 프리츠 펄스의 게슈탈트 치료처럼 지금-여기 를 강조하다가 의식과 새로운 인식(알아차림)에 중점을 두며 무 의식을 배제하는 방법을 취하지는 않는다. 꿈을 재연한다는 것은 꿈의 내용을 의식하기만을 위한 작업이 아니다. 잉여현실의 기법 은 의식과 무의식이 모두 함께 어우러져 창조해 내는 새로운 경험 에 그 목적이 있다.(최헌진, 2010, p.359) 그리고 게슈탈트처럼 지금-여기에서의 시간을 중요시하지만 과거와 미래까지도 수용한다. 시간과 공간의 제한이 없으며 모든 것이 무대 위에서 모두 허용되고 표현된다. 시공간을 넘나드는 행위화가 펼쳐지는 것이다. 무의식에서 일어난 어제(과거)의 꿈 만이 아닌 현재를 직면하고 미래를 펼쳐 나가기 위한 의식의 확장으로 꿈을 다시 꾸게 하는 행위를 가능케 한 것이다.

(3) 꿈에 나타나는 사회적 관계망

또한, 모레노의 꿈에 대한 잉여현실적 접근법은 아들러의 심리학이 강조하며 연결한 사회적 관계성과 개인의 정신건강을 반영한다. 모레노는 사회측정학(sociometry)을 창시하여 사회심리학의 기초를 제공한 바 있다. 사회측정학이란 사회구성원들 간의 밀고 당김의 에너지(텔레)가 어떻게 한 개인의 감정 안에 있는 구성요소(사회원자)로 자리 잡고 있는지를 살피게 하며, 그것에 따른 상호작용들을 통해 경직된 관계들을 풀어주어 모두가 자발성을 가지고 상호 공감적 교류를 하게 하는 학문이다. 사회측정학은 드라마를 인간관계 증진을 위한 역할분석을 통해 갈등 관계 속의 역할로부터 화해와 상생의 역할들로 이어질 수 있는 경험을 제공한다. 모레노가 프로이트에게 자신의 드라마치료를 소개할 때, "사람들로" 하여금 꿈을 다시 꾸게 한다는 말의 의미가 바로 이것이다. 심리극의 드라마는 개인의 꿈에서 멈추지 않고, 꿈에 나타나는 사회원자들을 밝혀내어 그것을 행위화 함으로써 꿈을 꾼 사람의 감정덩어리를 녹이고, 그로 하여금 자신에 대한 통찰과 현실을 직면하는 새로운 역할의 연습과 훈련을 하는데 의미가 있다고 말한 것이다.

우리가 흔히 사람들의 꿈 이야기를 듣노라면 모든 꿈이 단순히 개인의 정신 내적인 작용만을 다루는 것이 아님을 알게 된다. 꿈 속에는 사람이나 동물, 기타 캐릭터들의 등장이 있으며, 이들은 색깔이나 상징들을 통하여 꿈을 꾸는 이에게 감정의 여운을 남긴다. 즉 꿈은 감정을 간직하여 표현하거나 유발하는 역동적인 모습이 있다. 모레노는 사회측정학을 통해 인간의 감정적 삶이 개인의 정신 내적 욕구 충족의 문제로 보기보다는 감정적 삶을 구성하고 있는 사회원자 즉 인간관계의 양상으로 빚어진다고 주장한다. 따라서 꿈을 활용한 드라마치료를 진행하면서 단순한 정신 내적 에너지의 충족문제가 주제가 되지 않는다. 꿈을 꾸게 하거나 갈등을 제공하는 인간관계를 살피어 그것을 무대 위에서 경험하게 하며 이를 통해 새로운 경험을 위한 돌파구를 찾아 나서게 하는 것이 드라마치료의 주제와 목적이 된다.

또한, 모레노의 드라마치료가 꿈을 다룰 때, 하나의 꿈 드라마는 그 꿈을 무대에 올린 드라마의 주인공뿐 아니라, 그 꿈의 재연에 참여한 모든 사람을 변화할 수 있게 하며 유익을 끼친다는 사실이다. 심리극의 행위화를 통해 사람들 간의 사회적 관계성이 자연스레 드러나고, 참가자들 역시 자기 삶의 모습을 보게 되며 디렉터의 인도에 따라 상호 역할교대를 경험하면서 주인공은 물론 모든 이들이 자기만의 시각에서가 아닌 상대방의 시각에서 서로를 바라볼 수 있는 상호주관적 공감의 경험이 가능해진다. 모레노의 꿈 행위화는 이처럼 사람들 사이의 관계에 더 많은 관심을 두고 진행되며, 이로 인하여 공동체적 유익을 가장 큰 효과로 얻는다. 정리하자면 모레노의 잉여현실 개념은 동시대에 꿈을 다룬 여러 이론이 제시한 요소들을 수용하며, 그들이 부분적으로 놓치고 있는 점들을 보완하였다는 점을 주목하게 된다. 프로이트의 욕망 희구로서의 꿈, 융이 강조하는 의식과 무의식의 대화를 위한 상징과 적극적 상상, 아들러가 중요시하는 사회적 관계를 포함한 삶의 양식의 행위화 작업, 그리고 게슈탈트 심리학이 제시한 지금-여기에서 꿈을 새롭게 경험하는 깨달음, 이 모든 시각이 모레노의 꿈 드라마에서는 통합적으로 어우러지며 모든 이론의 빈자리를 메꾸어준다. 잉여현실의 기법을 통해 꿈이 제공하는 이 모든 치료적 요소들을 구현하고 있다.

2

제2부
꿈, 잉여현실 드라마

"주인공과 함께 잉여현실 안으로 들어가 삶을 경험해보지 않는 한 주인공의 프시케 (psyche, 정신 혹은 영혼)를 진정으로 만날 수 없습니다." (Zerka Moreno)

『이상한 나라의 앨리스』 원작은 어린 소녀의 꿈 이야기를 통하여 모레노의 드라마치료 '잉여현실'(surplus reality)을 담아내고 있다. 어린 소녀 앨리스가 어떠한 경험과 과정을 통해 잉여현실을 경험하며 자아의 역할을 확장해내는지 드라마치료의 시각에서 짚어본다.

1. 잉여현실의 무대를 향해

앨리스는 언니가 읽어주는 지루한 책 이야기를 듣다 자기 눈앞에서 "회중시계를 들고 뛰어가는 토끼"를 보고서는 반사적으로 일어나 그를 쫓아간다. 그리고 그와 함께 땅속의 토끼굴로 떨어진다. 굴 밑으로 낙하하면서 무섭고 다칠까 두려운 마음이 들기 시작한다. 하지만 신기하게도 몸에 아무런 상처를 입지 않고 있는 것을 발견하며 점차 편안하게 낙하하는 자기 모습을 본다. 의식도 분명하고 사고도 정상적으로 작동하고 있다. 오히려 어디 좋은 곳으로 도착하려나 보다 하는 기대도 한다. 마침내 미지의 세계 바닥에 안착한다. 그리고 토끼를 계속 쫓아가려 했지만, 그는 벌써 사라진 것 같다. 앨리스는 여러 방이 보이는 복도를 지나 창문으로 정원이 내다보이는 작은 방 앞에 걸음을 멈춘다. 그런데 그곳의 문이 너무 작아 들어갈 수가 없다. 그 문을 통과할 방법이 없을까 하고 여기저기 살피는데 탁자 위에 있는 병을 하나 발견한다. 병에는 "나를 마시라"라는 글이 쓰여 있다. 혹시 독이 들어있을지 몰라 잠시 망설이다가 마셨더니 아니 이런 몸이 점점 작아지는 것이 아닌가? 이제 문을 통과하려니 정원으로 나가는 문 열쇠가 아까 그 탁자 위에 있지 않았던? 25㎝ 정도로 키가 작아진 앨리스는 탁자 위의 열쇠에 닿을 수가 없다. 그래

서 다시 키가 커지는 방법을 찾던 중 역시 "나를 먹어요"라고 큰 글
씨로 장식된 케이크를 발견하여 먹는다. 참으로 느낌이 이상하다.
몸이 너무 커지고 있었다. 2m 70㎝까지 자란다.

⊙ 앨리스는 갑자기 나타난 흰 토끼를 보자 쫓아가기 시작한다. 호
기심 혹은 지루함이 소녀를 움직이게 했을 것이다. 당신의 삶을
움직이게 하는 것은 무엇인가? 무엇을 볼 때에 당신은 움직이게
되는가?

⊙ 앨리스는 토끼굴을 통해 꿈의 이야기로 들어간다. 당신이 자주
꾸는 꿈은 어떠한가? 꿈에 어떤 장소나 시간의 이동이 있는가?
기억 나는대로 소그룹에서 나누어 보자.

무대와 잉여현실

토끼굴로 들어가는 앨리스의 모습은 연극배우가 무대 위로 올
라가는 장면을 연상시킨다. 복도와 창문이 있는 방, 음료와 케이
크, 그리고 드디어 열쇠로 열리는 세계는 이제 막 펼쳐지는 한 편
의 연극 무대를 둘러보게 한다. 그런데 혹자는 이 장면이 무대라
기보다는 꿈속에서 무의식의 저장창고를 열어 들어가는 행위로
보기도 한다. 프로이트의 고전적 정신분석학의 시각에서 『이상한
나라의 앨리스』을 이해할 때 그런 시각을 가질 수 있다. 정신분석

은 앨리스가 토끼굴 밑바닥으로 떨어지는 것은 '무의식'의 심연으로 들어가는 것이고, 꿈의 이야기가 펼쳐지며 나타나는 현실과 다른 이질적인 캐릭터들과의 만남과 이상한 이야기들은 앨리스의 무의식 가운데 존재하는 정리되지 않은 이미지들로 해석한다.(이남석, 2019, 전자도서 12장)

하지만 이 동화를 자세히 읽어가다 보면 이야기의 전개가 정신분석이 말하는 현실을 왜곡하여 표현하는 꿈의 세계가 아님을 알게 된다. 앨리스의 이상한 나라 경험이 환상적인 요소를 갖고 있으나 어린이들도 읽고 쉽게 이해할 수 있는 내용으로 계속 이어지며 있으며 프로이트가 말하는 꿈의 왜곡된 표현들, 즉 비논리적이거나 뒤죽박죽 난해하게 섞여 혼란스러운 장면들은 나타나지 않는다. 가끔 인용되는 시나 노래의 가사도 앨리스의 일상과 관련된 것으로 고도로 논리화된 유머까지 만들어 제공한다. 이 동화를 끝까지 읽으면 앨리스가 결국 자기 정체성을 찾아 그것을 성취하고, 의사표현능력과 세상을 대하는 역할이 확장되는 것을 볼 수 있다. 앨리스의 성장 과정이 일목요연하고 질서 있게 전개됨을 동화에서 확인하게 된다.

내용을 자세히 들여다보면 정신분석이 강조하는 요소들은 더욱 찾을 수 없다. 앨리스의 꿈에서 성적인 욕구가 억압되어 나타나고 있다거나 폭력적인 인간본능이 상징적으로 표현되고 있는 것도 찾을 수 없다. 등장인물들은 모두 동심으로 가득하다. 상호대화는 말 속에 '뼈'를 담고 있는 이면적인 교류를 보이지 않고, 단지 어린이들의 순진한 말들로만 이어진다. 신체의 움직임이 활발하고 구체적이며 그 의미를 직설적으로 표현하고 있어서 상징적인 의미 해석이 필요 없을 정도이다. 앨리스의 꿈을 무질서한 무의식의 내용물들을 자아가 방어하여 표현하는 이야기로 보기에는 주제가 간결하고 일목요연하게 전개되고 있다. 그리고 무엇보다 앨리스의 꿈은 무의식의 세계만을 다루기보다는 오히려 의식과 무의식이 공존하며 대화를 나누는 듯한 인상을 보인다.

『이상한 나라의 앨리스』의 이야기는 실제적인 현실의 세계에서 '메타-현실'의 세계로 뛰어든 것이라 보는 것이 옳을 것이다. 여기서, '현실'이란 문자적으로 말하자면 '현실 플러스'의 세계를 말한다. 즉, 의식을 잃어버린 무의식의 초현실의 세계가 아닌 현실을 넘어서되 현실을 떠나지 않고 연관성을 가지고 현실을 확장하는 세계를 그리는 것이다. 앨리스에게 언니가 읽어주는 책의 내용을 듣고 있는 것은 분명히 현실의 세계이다. 그리고 그 지루함을 피하려고 데이지 꽃을 보다가 흰 토끼를 쫓아 들어가 경험하는 세상은 현실을 뛰어넘는 '메타-현실'의 세계이다. 그곳은 이미지와 환타지가 펼쳐지는 '이상한' 세계이지만, 앨리스의 마음은 늘 현실 세계를 염두에 두고 있다. 낯선 곳에서 경험하는 일들은 놀랍고 새롭지만, 앨리스는 모든 것들을 자기의 현실 세계를 떠올리며 비교할 대상으로 삼는다. 집에 두고 온 고양이 '디나', 그리고 친구들과 가족들, 학교에서의 수업 상황들을 의식적으로 떠올리며 자기의 의식을 확장하며, 무의식보다는 초의식(the counscious beyond)의 세계를 경험하는 특색을 보인다.

앨리스가 토끼를 쫓아 토끼굴로 뛰어 들어가는 장면을 주목해 보자. 앨리스는 흰 토끼가 자기에게 나타난 이유를 알지 못한다. 갑자기 등장한 신기한 캐릭터라는 사실 외에는 흰 토끼가 누구인 지도 모른다. 하지만 토끼를 놓치지 않으려고 순간적으로 움직이며 자발적으로 따라간다. 누군가의 강요나 지시를 받고 하는 행동이 아니다. 자기 마음의 움직임에 따라 즉흥적으로 몸을 던진다. 뭔가 재미있는 일이 생길 것 같다는 생각이 스쳤을까? 아니면 뭐라도 지금의 지루한 상황보다는 나을 것이라는 마음이 들었는지, 어린 소녀는 토끼를 따라서 굴로 뛰어든다. 앨리스가 이 꿈의 당사자이니 앨리스는 자신의 내면세계 안으로 뛰어들고 있는 셈이다. "대나무를 그리려면 먼저 대나무가 내 속에서 자라나게 해야 한다"(R. Root-Berstein, 1999, p.272 재인용)라고 한 중국 시인 소동파의 말처럼 앨리스는 '이상한 나라' 안으로 기꺼이 들어가 현실을 확장하는 또 다른 현실의 경험을 시작하고 있는 것이다.

앨리스의 이러한 즉흥적이고 자발적인 움직임은 드라마치료의 창시자 야콥 모레노 부부(J.L. Moreno & Zelka Moreno)가 말하는 "잉여현실"로 접근하는 모습과 흡사하다. 제한적이고 답답한 현실을 넘어서서 그것을 뛰어넘어 확장하기 위한 몸짓! 자발성을 가지고 자기 이야기를 무대 위에 올려 새로운 이야기로 확장하는 드라마치료의 프로타고니스트(protagonist), 주인공의 모습이다. 모레노 부부는 잉여현실을 다음과 같이 소개한다.

"그곳은 우리가 아직 살지 않은 인생을 살아보게 하는 영역으로⋯ 과거에 대한 아쉬움을 해결하거나 미래에 대한 불안을 용기로 대처할 수 있는 곳이다. 또한, 우리의 소망이 담긴 곳이다. 우리가 알지 못하는 사이에 자연, 우주 더 나아가 영적인 세계와 연합할 수 있는 경험을 하는 세계가 되며⋯ 따라서 음악, 미술, 문학과 같은 예술의 세계는 물론 종교적 경험도 이에 해당된다⋯ 잉여현실을 통해 인간은 자신의 삶 속에서 아직 깨닫지 못하고 경험해보지 못한 삶의 의미와 목적을 발견하게 된다."(J.L. Moreno, 1975, p.16)

모레노는 "잉여현실"(surplus)의 개념을 처음 카를 마르크스 (Karl Marx)가 사용한 용어 '잉여자본'에서 착안하였다고 한다. 마르크스에 의하며 경제적인 기본자원을 잃어버리거나 빼앗긴 민중들은 마땅히 되돌려 받아야 할 자본이 있는데 그것은 부르주아가 소유하고 있는 잉여자본(surplus capital)이다. 모레노는 이 주장에 착안하여 우리 개개인 역시 "아직 살아보지 못한 삶"으로서 인생에 꼭 필요한 것이기에 경험되어야 하는 부분이 있는데 자기의 현실을 무대에 올려 그 현실 이상의 것을 경험하여 확장된 현실의 힘과 자원을 부여하는 것을 모레노는 잉여현실(surplus reality) 경험이라고 명했다.

잉여현실은 의식의 세계에서 객관적으로 인식되는 경험을 넘어서는 확장된 현실 경험이다. 음악과 미술, 문예와 종교가 제공하는 세계가 그 대표적인 예가 된다. 이러한 영역들이 제공하는 세계는 우리의 객관적인 시각의 한계를 넘어서서 주관적으로 느끼고 깨달으며 표현하게 하는 현실이다. 현실을 넘어선 '현실 플러스'의 경험이다. 앞서 말한 대로 무의식이나 착각의 경험이 아니다. 거기에는 오히려 의식의 확장이 일어난다. 예를 들어 사람들은 은연중에 잉여현실을 희구하여 음악을 틀거나, 회화를 감상하고, 연극 영화를 시청하며, 또한 종교에 심취하기도 한다. 그런데 이러한 경험들 속에서 의식의 활동이 사라지지 않는다. 오히려 더 확장된다.

사람들이 이런 잉여현실을 경험하기 원하는 까닭은 역시 현실 세계에서의 결핍을 넘어서려는 강한 의지 때문이다. 그래서 앨리스처럼 '이상한 나라'에 들어가도 늘 현실을 기억하여 비교하며 보완하려는 자세를 갖는다. 잉여현실의 세계에서 자아는 새로운 경험을 통해 감정의 정화와 통찰력을 얻는다. 세상을 향하여 그동안 경직된 모습으로 행하며 표현하지 못했던 자기의 감정과 소망을 드러내게 하여 감정의 해소와 새로운 마음의 구조를 향한 동기화를 가져온다. 또한, 이성의 판단을 넘어서서 새로운 감각으로 세상을 바라보는 여유를 찾는다. 밀폐된 자기 영역 만을 맴돌던 자아가 상대방의 관점에서 나를 바라보는 시각도 열린다. 이와 같은 작용은 자아가 이전에는 결코 접할 수 없었던 신비로운 세계이며 새로운 삶으로 거듭나게 하며 확장된 세계 잉여현실에서 얻은 유익을 가지고 실제 현실로 돌아오게 한다.

드라마치료는 이러한 잉여현실을 제공하는 가장 큰 도구이다. 드라마를 통해 우리가 일상에서 자의적으로 또는 타의로 포기해 버린 내 생각, 감정, 느낌을 다시 경험한다. 실제 현실에서는 드러날까 두려워하던 내용도 자유롭게 표현되어 감춰진 자기의 진실을 만날 수 있다. 이를 통해 얻는 감정정화와 새로운 힘과 용기는 건강한 자기로 펼쳐지는 진정한 삶의 희망을 살려낸다. 젤카 모레노의 말대로 잉여현실에서는 "주인공이 자신의 프시케(psyche 영혼, 전 존재)와 진정으로 만나는 경험"을 하는 셈이다.

『이상한 나라의 앨리스』에서 주인공은 자신의 꿈속으로 뛰어들어, 이와 같은 잉여현실로의 여정을 시작한다. 마치 지금까지 기다렸던 기회가 찾아와 이를 결코 놓칠 수 없다는 듯이 앨리스는 토끼를 보자마자 쫓아간다. 현실의 무료함을 벗어나고 싶은 동심의 즉각적인 발동이라 할 수 있지만, 드라마치료의 입장에서는 앨리스에게 자발성이 올라온 것이다. 이 자발성은 낯선 곳에 도착하여 느끼는 두려움을 극복하고 잉여현실의 여정을 계속해 나가려는 도전정신을 만들어 준다. 그리고 무엇보다 자기가 주인공인 이야기를 무대 위에서 펼치어 보겠다는 마음을 가늠해 보게 한다.

"토끼굴에는 괜히 들어왔나 봐. 하지만--, 하지만, 너무 궁금하잖아! 다음번엔 내게 또 무슨 일이 생길까! 동화책을 읽을 땐, 그런 이상한 일은 절대 실제로 일어날 수 없다고 생각했는데, 여긴 이상한 일투성이야! 내가 주인공인 동화책이 아니고서야 말이 안 돼! 나중에 좀 더 크면, 그런 책을 써야겠다.(원작 4장)

사실은 우리 모든 인간은 잉여현실의 경험에 큰 소망을 갖는 존재라 할 수 있다. 여행을 통해 현재의 삶을 잠시 잊고 여행의 신선함을 통해 새롭게 되어 현재의 삶으로 돌아오기를 희구하듯이 우리는 잉여현실을 찾아 떠난다. 놀이와 스포츠, 문학과 예술 그리고 종교 등에 심취하는 것도 같은 맥락이다. 삶이 힘들고 지칠 때는 더 하다. 현실의 한계와 굴레에서 벗어나 새로운 세계에서 돌파구를 찾아 힘을 얻고 현실로 돌아오려는 움직임이다. 잉여현실이라는 신비한 여행을 통해 우리의 일상을 넘어서서, 그 실체를 바라보고 새로운 시각과 통찰로 영혼을 돌보며 새로운 나를 창조해 내는 작업이 가능해진다.

쉬어가는 코너

'메타버스'

최근 큰 기대 속에 급격히 발전해 가고 있는 '메타버스(meta-verse)'의 세계가 이러한 잉여현실을 추구하는 인류의 마음을 대변한다. 메타는 뭔가를 '넘어서는' 것을 의미하며, 버스는 '유니버스'를 말하는데 메타버스를 문자적으로 번역하면, 우리가 사는 세상을 넘어서는 또 하나의 유니버스(우주)를 맛보고 거기서 살아가는 경험을 말한다. 우리는 이제 수도 없이 많은 메타버스를 찾아 방문하여 내가 원하는 삶, 필요한 삶, 아니 아직 살아보지 못한 삶이나 앞으로 살게 될 삶도 즉시 경험해보는 세상을 열어가고 있는 셈이다.

특별히 COVID-19 팬데믹으로 인해 재택근무가 많아지면서 사람들은 zoom 등의 화상회의 프로그램을 통해 만나고 소통하는 경험이 일상이 되었다. 단순한 일뿐 아니라 아파트 주부들의 수다방까지! 과거 우물가 빨래터가 채팅 장소이었는데, 이제는 인터넷 가상공간이 그 경험을 제공한다. 이러한 가상공간에서의 삶은 이제 돌이킬 수 없는 선택이 되어가고 있다고 한다. 직방이라는 부동산 회사는 아예 오프라인 일터를 폐쇄하고 메타폴리스라는 메타버스에서 업무를 시작했다. 직원들은 온라인으로 출퇴근을 한다. 빌딩 숲을 지나 회사 안으로 걸어 들어가 엘리베이터를 타고 4층에서 내려 자기 자리로 이동하여 오늘의 업무 파악을 하고 필요에 따라 옆 동료와 대화를 한다. 메타버스를 연구하는 김상균 강원대 산업공학과 교수는 요즘 많은 직장이 전에는 발견하지 못했던 업무의 효율성을 재택근무를 통해 창출해 내고 있으며, 따라서 전통적 근무 방식을 버리고 메타버스의 새로운 근무 환경을 선호한다고 한다.[19]

 모두의 움직임과 선택사항들이 가능하기 때문이다. 일상현실과 가상현실을 왕래하며 희망하는 곳에서 업무를 펼치고 원하는 삶을 살아가는 현대인의 모습이다. 메타버스에서 여러 사회활동, 경제활동, 심지어 종교활동도 흥왕할 것이라는 예상을 하고 있다. 그런데 그곳에서 빼놓을 수 없는 활동이 바로 심리적 경험이다. 현실에서 쉽게 경험할 수 없는 힐링을 경험하며, 또한 자기의 자원을 발견하고 능력을 개발하여 현실로 돌아올 수 있기를 사람들은 크게 소망하고 있다. 사람들은 어디서든 현실을 넘어서서 진실을 깨달으며 자유와 환희를 맛보고 잊혀진 소망을 펼칠 기회를 희구한다. 이처럼 잉여현실을 살아보고자 하는 것은 인간의 가장 자연스러운 희망으로 보인다.

무대와 미메시스

  인간의 잉여현실에 대한 지대한 염원은 드라마 이론의 기원이라 할 수 있는 아리스토텔레스의 미메시스 개념에서 발견된다. '미메시스'(mimesis)란 플라톤이 처음 언급한 것으로 문자적인 의미로만 살펴본다면 실재, 곧 삶의 본질을 '모방'(imitation) 하는 행위로 소개되었다. 하지만 아리스토텔레스에 이르러 미메시스는 전혀 새로운 의미로 소개된다. 미메시스는 삶의 본질에 대한 '모방'이기 보다는 삶을 '재연'(re-enactment)하는 것으로서 오히려 본질을 창조하는 행위가 된다. 플라톤은 이데아만이 본질적이며 그 외의 것은 미메시스라고 보았는데, 이러한 견해로는 미메시스란 본질을 복제하는 행위에 그친다. 하지만, 아리스토텔레스에게 미메시스란 삶의 본질을 복제하는 것이 아니라 오히려 본질을 '본질 되게' 하는 행위이다. 즉, 본질을 실현할 수 있는 길이 미메시스를 통해 열리게 된다는 것이다. 그는 삶의 본질을 추상적이거나 이 세상과 동떨어진 개념에 두기보다는, 바로 지금-여기에서 '미메시스'(재연)를 통해 드러나게 하여 실현될 수 있게 하여야 한다고 본 것이다.

  이런 의미에서 그리스의 비극(드라마)이 올려지던 무대는 인간 삶의 모습을 단순히 묘사해내는 곳이라기보다는 그 '실제'를 드러내어 완성하는 미메시스 욕구가 충족되던 곳이었다. 무대 위에서 배우가 보여 주는 연기는 인간 존재의 실제를 행동으로 재연하는 것이며, 관객들은 그런 행위를 통해 드러나는 삶의 실제를 보며, 삶의 본질을 제대로 경험하고 깨달았다. 그리고 미메시스를 통해 실제적 삶을 위한 가장 필요한 지혜와 유익들을 얻었다. 그 유익의 대표적인 것은 바로 감정의 정화(catharsis)라고 했다. 아리스토텔레스는 그리스의 비극(드라마)이야말로 삶의 이야기를 "정교하게 조직화하여 감정의 정화를 불러오는" 효과를 준다고 말했다.(M. Tierno, M. 2002, p.400)[20]

『이상한 나라의 앨리스』의 꿈 이야기 역시 인간 삶의 실제를 꿈속의 행위들로 재연함으로써 삶의 본질을 깨닫게 하는 '미메시스'의 전개 과정이라 할 수 있다. 19세기 영국 빅토리안 시대에 남녀차별의 부당한 대접을 받으며 순응적인 존재로만 자라나던 어린 소녀의 삶이 꿈의 미메시스로 재연된다. 그리고 이 미메시스의 행위는 어린 소녀 앨리스로 하여금 삶의 본질을 깨달으며 구현하게 한다. 자기가 속한 사회의 고정관념과 경직된 가치관을 넘어서서 견고한 자아정체성을 형성하여 현실에 가져오게 하는 것이다. 소녀 앨리스의 삶이 새롭게 창조되는 미메시스의 잉여현실 경험이라 할 수 있다.

웜업: 몸의 현상학

이제 『이상한 나라의 앨리스』 동화가 어떻게 잉여현실로 전개되는지 그 첫걸음을 살펴보자. 첫 장면은 앨리스가 강둑에 앉아 언니가 읽어주는 책을 듣고 있는 광경이다. 앨리스가 느꼈던 전체 분위기나 느낌은 어떠했을까? 저자는 첫 문장에서 앨리스가 "몹시 피곤해지기 시작했다"라고 묘사한다. 저자는 이 상태를 가리켜 정적이고 움직임이 없는 것으로 소개하는데 그 결과 앨리스가 지루해지기 시작한다고 한다. 앨리스는 한 두 번 언니가 읽어주는 책 안을 흘깃흘깃 들여다보았는데 그림이라고는 하나도 없고 빼곡히 글자만 있는 것을 본다. 그래서 더 피곤해지며 "대체 그림도 대화도 없는 책이 다 무슨 소용이람?"이라고 혼잣말로 불평한다. 앨리스는 따분해서 주변으로 눈을 돌려 연한 홍자색의 예쁜 데이지꽃을 발견하여 그것으로 목걸이를 만들려 하는데 갑자기 분홍색 눈을 가진 토끼가 근처에서 뛰어가고 있는 모습을 본다. 순간적으로 그 토끼를 따라간다. 그리고 굴로 들어가는 그를 따라 토끼굴 안으로 빠져들어 간다.

여기서 우리는 일상의 지루함을 벗어나게 하는 앨리스의 행동에 두 가지 요소가 들어있음을 알 수 있다. 첫째는 연분홍 데이지꽃과 분홍색 눈을 가진 토끼가 동시에 앨리스의 시각에 들어왔다는 사실이다. 둘째로는 그러한 색깔의 감각(시각)이 일어나자마자 앨리스는 몸을 움직여 토끼를 쫓아갔으며 토끼굴 안으로까지 뛰어 들어갔다는 사실이다. 앨리스는 일말의 망설임도 없이, 즉 생각보다는 감각이 작동하자 그것을 따라 즉각적으로 몸을 움직이었다.

이러한 앨리스의 모습은 앞으로 펼쳐질 내용의 전조적 성격을 띤 묘사로 드라마치료로 보면 이야기를 무대 위에 올리기 전 자발성을 키우는 웜업의 행위와도 같다. 앨리스의 드라마가 시작되기 위하여 '사고'의 작용에서 '감각'의 작용으로 옮겨가는 행위가 일어나고 있음을 본다. 드라마치료의 웜업은 '몸'과 관련하여 어떤 특징과 의미가 있는지 몸의 현상학을 빌어 자세히 이야기하자면 메를로-퐁티라는 철학자를 연관 지어 생각하게 된다. 앨리스가 굴속으로 떨어지면서 지각하는 '몸'의 활동을 펼치는 장면들은 사실, 현대 철학자 모리스 메를로-퐁티(Maurice Merleau-Ponty, 1908-1961)의 주장과 일치한다. 어쩌면 『이상한 나라의 앨리스』의 저자 루이스 캐럴(Lewis Carroll, 1832-1898, 본명(Charles L. Dodgson)이 메를로-퐁티가 태어나기 10년 전에 세상을 떠났으니 '감각'의 지각과 '몸'의 현상학을 주장한 메를로-퐁티 역시 캐럴의 동화 『이상한 나라의 앨리스』를 읽으면서 영향을 받았는지도 모른다. 어쨌든 『이상한 나라의 앨리스』 첫 장부터 감각의 작용이 화려하고 몸의 활동이 눈부신데 메를로-퐁티가 등장하기 거의 한 세기 전인 19세기 중반에 이미 루이스 캐럴은 앨리스의 꿈 이야기를 통해 '사고'가 아닌 '감각'의 중요성을 강조한 셈이다.

여기서 내친김에 메를로-퐁티의 현상학을 자세히 살펴보자. 도대체 어떤 내용에 있어서 메를로-퐁티의 사상과 앨리스의 행동이 일치한다는 것일까? 사고에 우선하는 몸의 감각 활동을 우선시

하는 점에서 그러하다 볼 수 있다. 메를로-퐁티와 앨리스의 꿈 이야기는 근대 이후 데카르트의 지배적인 영향력 아래 '사고 중심'의 논리를 따르던 세상에 함께 철퇴를 가하는 셈이다. 데카르트는 잘 알려진 대로 인간의 존재를 논함에 있어 사고(생각하는 존재)의 우선성을 주장하며 신체보다 정신의 우월성의 논리를 확립시켜온 철학자이다. 그로 인하여 서양철학은 칸트와 헤겔로 이어지는 '머리'의 관념론이 우세를 보여왔다. 하지만 메를로-퐁티는 이러한 관념론에 사로잡힌 철학 세계의 메인라인에 경종을 울린다. 그는 현상학직 칠학자로서 인간이 지식을 얻는 과정에 있어서 '사고'보다는 '감각'에 의하여 빚어지는 지각(perception)이 우선하며, 이러한 지각 활동은 감각에 관여하는 몸의 경험에서 파생되는 것이라고 주장하였다. 인간에게 '사고'는 감각의 신체 활동이 먼저 일어나야 가능할 뿐이라고 주장한 것이다.

메를로-퐁티의 입장은 토끼굴에 떨어지면서 새로운 세계를 접하는 앨리스의 지각 활동에서 이해할 수 있다. 앨리스는 토끼굴 안에서 어둠을 바라보는데 감각에 의하여 새로운 세계를 접하려는 모습이다. 그러나 아직 이 어둠의 세계가 어떤 세계인지 알지 못한다. 따라서 객관적 인식이란 아직 있지도 않다. 그래서 그것을 뭐라고 단정 지어 말을 하지 못한다. 앨리스는 어둠이라는 맥락 속에서 주변을 계속 보다가 결국 벽에 걸려 있는 물건들을 희미하게 알아차린다.(시각 활동) 그리고 그것들을 직접 만지며 느껴본다.(촉각 활동) 앨리스는 '이상한 나라'의 실제를 파악하기 위하여 감각을 통하여 사물에 접근하고 있으며, 이 감각의 작용은 '이상한 나라'가 무엇인지 생각하고 그것을 객관적으로 정의할 수 있는 작용(객관적인 사유)을 앞선다. 앨리스의 감각 활동은 '몸'의 기관들(눈, 코, 입, 귀, 손끝)을 활용하여 얻어지는 것이므로, '머리'의 생각(객관적 사유) 이전의 작용을 하는 셈이다. 곧, 사람의 인식은 '사유' 이전에 몸의 감각 활동을 통하여 지각된다는 메를로-퐁티의 주장과 일치한다.

메를로-퐁티는 당시 데카르트의 이분법적 사고 즉 인식의 주체와 대상의 구분, 정신과 신체, 사고와 감각을 대립적인 것으로 보고, 감각보다는 사고, 특별히 더 이상 의심될 수 없는 순수한 사고(정신)의 우위성을 두던 견해에 이처럼 반대했다. 사물과 같은 외부의 대상을 의식하는 이와 대상은 분리되어있는 것이고, 사고 활동이 깊어지면 객관적인 사고가 가능하여 모든 감각 활동을 넘어선다고 주장하는 동시대의 논리에 반대했다. 그에 의하면 우리 인식의 밖에 이미 대상이 분리되어 존재한다는 것과 그것에 대한 객관적인 인식은 부차적이다.[21]

우리가 감각으로 지각하기 전에 외부의 대상에 부여하는 '객관적'인 사고란 실제적이지 않다고 주장한다. 객관적 사고가 가능해진다고 하더라도, 이는 순차적으로 '감각'에 의한 지각 활동 이후에나 가능하다는 것이다. 여기에서 그는 인간이 자신의 경험에 의미를 부여할 때 '몸'(감각)이 '머리'(사고)보다 우선함을 주장한다. '몸'의 '감각'이 작동하여야 비로소 우리는 대상을 만나게 되며, 이를 통해 비로소 '의미'가 발생하게 된다. 따라서 대상에 대한 '의미' 부여 역시 '머리'의 작동 이전에 '몸'이 만들어 내는 것이 된다. '몸'이 주어진 대상을 경험할 때 어떠한 현상으로 의미를 부여하느냐에 따라 그 구조(형태)가 파악되고 만들어진다고 보았다. 물론 이 의미 부여의 과정에는 몸에 축적된 과거의 느낌들이 큰 역할을 하며 자원이 된다. 그래서 사람들은 주관적인 의미를 지향하는데, 이로 인하여 객관적 사고는 훨씬 나중에야 가능해지는 것이다. 바로 우리의 '몸'이 감각을 통하여 작동하여 뭔가를 찾아내고자 하는 작업이 시작되는 것은 객관적이라 할 수 없고 주관적이지만, 이 주관적인 작업이야말로 어떤 의미를 지향하는 작업이 된다는 것이다.

예를 들어, 게슈탈트 심리학에서 자주 보여 주는 그림 가운데 완성되지 않은 점선들로 이루어진 그림이 있다. 이러한 그림은 완성된 형태는 아니지만 우리의 시각이 점선들을 연결하여 연속적인 것을 지향하고, 전체를 하나의 삼각형 형태로 인식하게 한다. 현대 심리치료에서는 이렇게 개념보다는 그림으로 그리고, 사고 보다는 감각으로 얻어지는 지각을 중시하는 트렌드가 눈부시게 발전했다. 특히 심리검사의 세계에서 객관적이고 합리적인 판단기준으로 정신 이상 징후를 진단하고 해석하던 검사 도구들의 합리성에 반기를 들며, 주관적 투사검사들을 등장케 한 데 주목할 만하다. 이러한 주관적 투사검사들은 주로 그림이나 사진을 중심으로 하여 사고가 아닌 직관적으로 부여되는 의미들을 중시한다. 흥미롭게도 이들 검사가 수용하는 개념 가운데 '통각'(apperception)이라고 하는 영역이 있다. 주제통각검사(Thematic Apperception Test, TAT)라고 하는 심리검사가 대표적인데, 통각이란 새로운 감각 경험에 대한 인식을 말하며 과거 경험의 잔류물의 영향을 받아 변환되고, 새로운 인식의 의미가 시작된다고 말했다.(H. A. Murray, 1943)[22]

다시 말해서 통각이란 지각에 대한 해석을 말한다. 즉 객관적인 판단으로 할 수 없는 해석학의 경우에 개인의 주관적 해석이 들어가는 왜곡적 과정을 말한다. 앞에 놓인 사진을 보면서 내담자는 특정한 객관적 사고에 의하여 의미 부여를 하기보다는 지금까지 살아오면서 경험한 일들로 빚어진 자기만의 내적인 세계의 틀 안에서 자기의 느낌에 따라 직관적으로 의미를 부여한다. 한마디로 인간은 자기가 보고 싶은 대로 본다는 말이다. 그리고 이렇게 지각된 내용에 대하여 주관적으로 판단하는 내용이 사람의 생각 이전에 이루어지는 과정이라고 한다. 정리하자면 감각 → 지각 → 통각 → 사고 → 감정 → 성격의 순서로 이어진다는 것이다.(S. S. & E. J. Tomkins, 1947, p.1-20) 『이상한 나라의 앨리스』는 이러한 통각에 의하여 시작된다. 생각은 나중이다. 아니 토끼를 쫓아가기까지 앨리스는 생각할 겨를이 없다. 데이지 색깔의 꽃목걸이를 보다가 정신이 몽롱해지며 꿈으로 빠져들어 가고, 거기서 그것을 토끼로 보는 통각이 생기며, 그것에 따라 비로소 생각의 기능들이 따라오는 방식으로 이야기가 전개된다.

이 동화의 원작자 루이스 캐럴이 이러한 방식으로 글을 써 내려 갔다는 것은 놀라운 일이다. 왜냐하면, 그는 옥스퍼드 대학에서 가르치던 수학 교수였으니, 이 세상에서 인간의 감각 경험으로는 결코 만들 수 없는 수학의 공식들을 당연히 '선험적'으로 존재하는 것으로 인정받은 학자이다. 또한, 당시는 근대 데카르트 철학 이후 존재란 감각을 통해 알 수 있기보다는 생각할 수 있는 능력에 달려 있다는 것을 주장해온 터였기 때문이다. 즉, 오감에 의한 정보는 착각과 착시와 같은 현상으로 인해 그 진실성을 보장받지 못한다. 감각으로는 대상의 진정한 존재성을 인식하는 것이 충분하지 못하다고 본다. 따라서, 계속 질문하고 탐구하는 사고의 작용에 의하여만 사실을 확연히 알 수 있다는 데카르트의 명제 '나는 생각한다. 고로 존재한다'가 아직도 영향력을 행사하고 있을 때였다. 데카르트의 철학은 칸트와 헤겔로 이어지며 선험적인 순수이성과 절대정신이라는 것을 숭배하기에 이른다. 곧 이 세상에는 경험 이전에 이미 존재해는 그리고 감각으로 알 수 없는 온전히 객관적인 진리가 이미 존재한다는 것이다. 이러한 세상에서 감각으로 뭔가를 더듬어 찾아가는 앨리스를 동화 속에 그린다는 것은 어쩌면 무식하다는 소리를 들을 수 있던 때이다. 생각에서 생각으로 꼬리를 물고 탐구하는 방식 즉 그림 하나도 없이 멋지게 말과 말로만 이어지던 방식을 넘어서 새로운 방식을 보여 준다. 앨리스는 토끼굴에 떨어지면서 생각이 아닌 감각으로 새로운 미지의 세계를 더듬어 알아가고 있다.

이와 같은 몸의 현상학은 드라마치료에서 '머리'보다 '몸'을 더 사용하라는 제언을 한다. 드라마 집단을 활용한 심리치료에 있어서 '머리'에 의한 '언어' 사용보다는 '몸'에 의한 '감각'으로 웜업의 효과를 끌어 올리라는 주장이다.

실제로 언어는 몸이 움직인 이후에 영향을 주는 것으로 창조성과 즉시 연결되지 않는다. 강둑에 앉아 언니가 읽어주는 책 내용을 듣는 앨리스의 모습을 보라. 앨리스는 그림도 하나 없는 내용을 듣는데 피곤해진다. 그러다가 앨리스는 옆에 있는 연분홍색 데이지꽃에 시선을 돌리고 분홍 눈을 가진 토끼를 발견하고 움직인다. 생각할 겨를도 없이 앨리스는 자신의 감각을 따라 움직이게 된 것이다. 거기에는 앞으로 어떤 일이 펼쳐질지 무엇을 어떻게 준비하고 뛰어들어야 하는지에 대한 계산이나 준비하는 마음이 없다. 그냥 토끼굴로 뛰어 들어갈 뿐이다.

이렇게 감각에서 비롯되어 행동으로 옮기는 과정은 둘 사이에 자발성이 작용하고 있다는 이야기도 된다. 감각이 자극되어 행동으로 움직이게 하는 행위갈증의 자발성을 일으키고 있음을 알 수 있다. 여기서 메를로-퐁티(1945)의 입장을 다시 보게 되는데, 사고 보다는 감각을, 그리고 머리보다는 몸의 활동을 우선으로 할 때, 우리에게 새로운 경험이 찾아옴을 알려 준다. 놀랍게도 메를로-퐁티가 이러한 작용을 가리켜 "드라마"라는 단어로 표현하고 있다는 사실이다.

> "나는 인간의 몸을 체험하는 것 이외에, 즉 그 몸을 가로지르는 드라마를 내 것으로 취하고 내가 그 몸과 하나가 되는(섞이는, confondre) 것 이외에 인간의 몸을 인식할 수단을 갖고 있지 않다. 나는 나의 몸이다."(Merleau-Ponty, M. 1945, p.231)[23]

여기서 우리는 우리의 "몸과 하나로 섞이는" 새로운 경험에 주목하게 된다. 그것은 체화(enact)된 깨달음을 의미한다. 그리고 몸을 가로지르는 경험, 즉 드라마를 주목하게 된다.

모레노의 드라마치료 이론 역시 신체의 움직임을 통해 잉여현실의 경험을 할 수 있다고 강조한다. 잉여현실로 들어가기 위해서는 웜업의 과정이 필요한데 경직된 몸과 마음의 인간 존재를 풀어주고, 지금까지의 삶의 굴레 속에서 벗어나려는 심정, 즉 자발성을 촉진 시키는 활동이 필요하다. 그것을 위해 몸을 움직여 자발성을 불러오는 작업이 바로 웜업(warm up)에 의한 드라마 준비작업인 것이다.

앨리스는 굴속에서 처음에는 두려울 것 같았는데 점점 더 자유로움을 느끼는 자기의 신체를 알게 된다. 더 나아가 앨리스의 몸이 토끼굴에 있다는 인식을 넘어서서 토끼굴과 하나가 된 상태로 느낀다. 토끼굴은 이제 앨리스에게 더 이상 인식의 대상이 아니다. 앨리스가 토끼굴 안으로 들어가 그것과 하나가 된 셈이다. 토끼굴이라는 대상을 바라보는 자(앨리스)와 대상(토끼굴)이 이미 하나가 되어 함께 새로운 세상에 대한 경험을 펼치는 것이다. 마치 거울 앞에 섰을 때 보이는 이미지와 그 이미지를 바라보는 자가 하나가 되듯이 앨리스와 새로운 세상은 하나가 되기 시작했다. 앨리스는 이미 토끼굴과 하나 되어 버린 몸을 가지고 자기를 바라보는 세계로 들어가고 있다.

처음 드라마치료에 참여하는 일도 마찬가지이다. 처음에는 드라마와 무관한 사람으로 집단에 참여하지만, 어느새 집단과 하나가 된다. 디렉터의 지도에 따라 신체화 작업의 웜업에 참여하다 보면, 점차 두려움과 이질감은 사라지고 드라마치료의 일부분으로 움직이고 있는 참여자가 된다. 드라마에 대하여 머리로 조심해하며 경계하던 모습도 사라진다. 머리보다는 점차 몸의 활동이 커지면서 경직된 자세가 풀어지고, 어느샌가 동료의 손을 잡고, 자발적으로 집단의 행위에 따라 뛰어 들어가는 우리 자신을 보게 된다. 몸이 이끌어 주는 대로 잉여현실의 세계 안으로 들어가고 있다.

2. 텔레와 소시오메트리

웅덩이를 벗어나 둑에 모여 모인 무리는 온통 우스꽝스러운 모습이다. 새들의 깃은 젖어 축 처져 있고, 동물들의 털도 몸에 착 달라붙어 있다. 모두 물이 뚝뚝 떨어질 정도로 흠뻑 젖어 짜증스럽고 불편해한다.

이 상황에서 누구나 해결해야 할 첫 번째 과제는 당연히 어떻게 하면 빨리 몸을 말릴 것인가 하는 문제이다. 동물들은 서로 저마다 의견을 내는데, 그러다 보니 앨리스도 이 동물들과 평생 알고 지낸 것처럼 자연스럽게 끼어들어 이야기하게 된다.

⊙ 앨리스는 이상한 나라에서 혼자인 것 같아 눈물을 펑펑 흘린다. 그리고 그 눈물의 강에 빠져 흘러가다 자기처럼 강물에 흠뻑 젖은 여러 동물들을 만나 이야기를 나눈다. 곤경에 처할 때 당신은 어떤 사람들과 이야기를 하게 되는가?

⊙ 당신의 현재 삶 속에서 제일 마음에 끌리는(혹은 걸리는) 사람은 누구인가? 그에게 해주고 싶은 말은 무엇인가? 또한 당신에게 다가와 말을 걸고 싶어 하는 사람이 있는가? 그 사람은 무엇 때문에 당신과 이야기하고 싶어할까?

토끼굴에 몸을 던져 이상한 나라로 들어온 앨리스는 이제 익숙한 자기와의 결별을 시작하는 기분이다. 우선 몸이 여러 번 커졌다 작아졌다 하는 것에서부터 이상한 흰 토끼와의 만남까지 처음부터 너무 낯설고 당혹스러운 일들만 경험하고 있다. 이제 앞으로 어떻게 이 낯선 나라에 적응해야 나가야 할지 막막한 기분이다. 앨리스는 이곳에서 홀로 있는 것이 벌써 두렵고 지쳤다. 그래서 앨리스는 누군가가 토끼굴에 얼굴을 넣고 다시 올라오라고 해주기를 은근히 바라기도 한다. 뭔가 신기하여 생각 없이 즉흥적으로 토끼굴에 뛰어 들어왔는데, 상대할 사람이라곤 아무도 보이지 않는다. 유일한 대상 흰 토끼는 말도 걸지 않고 앨리스의 존재를 알아차리지도 못하고 있다. 인간은 역시 관계의 존재! 어디서나 누군가와 함께 어울려야 살만한 기분이 들 텐데 앨리스는 갑자기 외로움을 느낀다. 미지의 세계에서 혼자라는 생각이 들자 불안도 느낀다. 그래서 주저앉아 울기 시작한다. 그런데 너무 많이 울었나 보다. 폭포수 같은 눈물이 쏟아져 처음엔 웅덩이를 만들더니 이내 강물이 되어 급물살을 이룬다. 앨리스는 그 물에 미끄러져 흘러내려 가는데 가까이에서 자기처럼 물에 빠져 허우적거리며 떠내려 오는 생쥐가 보인다. 둘은 헤엄을 쳐 간신히 강둑으로 함께 올라간다. 거기에는 자기들처럼 강물에 빠졌던 동물들이 흠뻑 젖은 채 모여있었다.

'밀고 당기는' 에너지

모레노는 사람들이 각자 개인적 내면의 삶을 구축하며 살아간다고 할지라도 외부세계 사람들과 사회적 관계를 맺으며 현실을 직면하고 교류하며 성장하는 존재로 보았다.(Z.T. Moreno, 2005. p.191) 프로이트의 고전적 정신분석이 인간 유아의 내면에서 일어나는 생물학적 본능에 따른 정신 내적(intro-psychic) 작용들에 초점을 맞추었다면, 모레노는 인간이 외부세계와의 관계를 통해 정신 내적 자원들을 확보하며 자기역할을 구축해 나가는 관계적 측면을 중시했다. 물론, 프로이트의 고전적 정신분석을 계승한 자아심리학파의 주장처럼 모레노 역시 정신구조 중에 자아의 현실적응력을 강조했다. 하지만 프로이트의 이론처럼 자아가 현실을 직면할 때 생기는 불안을 떨치기 위해 억압이나 부인과 같은 방어기제를 통해 정신세계를 보존하려 한다는 소극적이고 피동적인 정신세계의 모습을 받아들이지는 않았다.[24]

자아는 오히려 외부환경을 향하여 능동적으로 대응하는 자발성을 가지고 자신의 선호도에 따라 '밀고 당기는' 에너지로 외부대상들과의 관계를 형성한다고 보았다. 그 관계망 속에서 자아는 현실에 맞는 역할을 만들어가 대응하는 적극적인 자세를 취한다는 것이다. 모레노는 사람들 사이에 흐르는 이러한 밀고 당기는 에너지를 가리켜 '텔레'(tele)라고 명하였다. 그리스어 어원에 따르면 '텔레'는 '거리'를 의미한다. 즉, 사람들 사이에서 가깝게 혹은 멀게 느껴지는 심리 정신적 거리를 말한다. 이 텔레는 사람이 태어날 때부터 정신 안에 담겨있는데 인간의 사회적 성향의 근원이 된다고 보았다. 그리고 텔레의 에너지는 생물학적 본능만큼이나 인간 존재를 움직이는 큰 힘이 된다. 프로이트가 리비도(libido), 곧 삶을 움직이는 힘을 성적인 욕동에서 찾았다면, 모레노는 텔레, 즉 사람들을 향한 사회적 성향과 관계를 지향하는 에너지에서 찾은 것이다. 그래서 텔레는 누군가를 향하는 에너지에서 시작되어 나타난다. 앨리스의 꿈 이야기 속에서도 주인공은 미지의 세계에 당도하여 누군가를 찾는다. 누군가를 끌어당기어 그와 함께하고 싶어 하는 텔레가 작동하고 있다.

"운다고 될 일이 아니잖아. 이제, 그만 울음을 그쳐." 앨리스는 스스로 단호하게 말했다. 앨리스는 자주 스스로 다그쳐 눈물을 그치게 했다. "이런 곳에 들어와 혼자 있으면서, 둘인 것처럼 행동하는 것은 소용없겠지. 그런데 왜 나는 자꾸 누군가와 대화를 하려는 건가? 나 한 사람으로는 충분하지 못한 건가?"

그러다가 앨리스는 자기처럼 강물에 빠져 흘러가는 생쥐를 만난다. 그에게 어떻게든 연결되었으면 하는 마음으로 다가간다. 사회적 관계의 밀고 당기는 에너지, 텔레가 작동한 것이다.

"이 생쥐랑 이야기하는 게 도움이 될까?" 앨리스는 생각했다. "여긴 모든 게 다 이상하니까, 생쥐도 말할 수 있을 거야. 어쨌든, 시도해서 나쁠 것은 없지." 그리고는 앨리스가 생쥐에게 말을 걸었다.

"오, 생쥐야. 이 웅덩이를 빠져나갈 길을 아니? 난 수영하느라 너무
힘들어."

기특하다, 앨리스! 물에 빠져 아까보다 더 어려운 상황에 부닥
치게 되었는데 포기하지 않는다. 누군가(생쥐)를 보았기 때문이
다. 앨리스는 삶을 헤쳐나가는 에너지를 가지고 생쥐에게 다가간
다. 텔레는 소녀를 자발적으로 움직이게 하는 힘이 있다.

프로이트에게 억압되는 에너지로서의 리비도와는 정반대로 모
레노에게 텔레의 에너지는 이처럼 사람을 적극적으로 움직이게
한다. 텔레는 이렇게 자발성에 따라 사람들을 관계 선상에서 움직
이게 하는 인간 삶의 기본적인 에너지라 할 수 있다.

혹자는 텔레가 프로이트의 전이 혹은 역전이와 같은 개념이 아
니냐고 물을지 모른다. 그러나 텔레와 전이/역전이가 꼭 일치하
지 않는다. 프로이트의 심리학에서 말하는 전이/역전이는 한 개
인이 다른 개인에게 느끼는 부정적인 마음의 상태를 말한다. 그리
고 전이와 역전이는 오직 치료자의 관점에서 환자를 분석하며 알
게 되는 '일방향적'인 인식이다. 내담자의 입장에서는 전이가 무
의식적으로 일어나는 정신작용이기에 스스로 알아차리지 못하며
오직 분석가만이 그것을 객관적으로 인식하고 분석하며 내담자
의 통찰을 도울 수 있다. 전이와 역전이는 이처럼 철저히 치료자
관점에서 분석되는 내용일 뿐이다.

하지만 텔레는 집단 내에서 사람들이 서로 상호관계적으로 느

끼는 관계의 힘이므로 치료자만이 경험하고 파악할 수 있는 개인적인 정신작용으로 볼 수 없다. 상담자와 내담자 사이, 더 나아가 집단 안에서 구성원들 사이에서 서로서로 만나 교류할 때 자연스럽게 나타나는 에너지이다.

물론 텔레 역시 의식 이전에 작동하는 에너지라고 볼 수 있다. 텔레는 세상에 태어난 유아가 외부대상을 붙잡거나 거부하는 밀당(밀고 당김)이 시작되는 순간부터 관찰되는데 이는 무의식 가운데서 비롯되는 자기의 선호도를 보이는 것이다. 그렇다고 텔레가 전적으로 무의식적으로만 일어나는 것으로도 볼 수는 없다. 유아가 나이가 들면서 의식적으로 자기가 선호하는 대상과 선호하지 않는 대상을 어느 정도 파악하면서 선택에 의하여 에너지가 작동해 나가기 때문이다. 따라서, 단지 순서를 따진다면 텔레에서도 무의식이 의식보다 먼저 작용한다고 할 수 있다. 그 한 증거로 사람들이 어떠한 자극에 대하여 알아차림(의식)이 있기도 전에 반응하는 신체의 느낌이나 반사적인 행동의 반응을 들 수 있다.

하지만 텔레는 보통 의식과 무의식이 동시에 작용하여 일어나는 에너지로 보는 것이 옳다. 집단 활동(상담)을 위해 사람들이 모여 신체의 감각을 활용한 웜업을 할 때나 혹은 신체를 활용한 역할극을 시연할 때 신체의 감각 활동에 따른 몸의 기억(의식)이 쉽게 올라와 텔레에 영향을 주기도 한다, 그렇게 되면 드라마에 참가하는 이들의 자발성은 더욱 높아진다. 이를 통해 자기를 더 적극적으로 표현(무의식)하는 일이 벌어지며 감정의 정화와 새로운 통찰(의식)이 가속화된다. 무의식과 의식이 모두 동시적으로 작동하는 것이다.

관계측정학

텔레는 본래의 의미대로 밀고 당기는 사람들 간에 마음의 거리이다. 사람들은 마음의 끌림에 따라 서로 선택하는 바가 달라지며, 또한 선택의 양상에 따라 사람들과의 관계도 달라질 수 있다. 따라시 사람들 간의 텔레가 작동하는 것을 전체적으로 살필 수 있다면, 한 그룹이나 집단의 관계성을 파악하여 개선하는데 큰 자원이 될 수 있다. 모레노는 이러한 텔레의 사회학을 중요시하여, 그것을 통해 사람들 간의 관계를 측정하고 개선하는 방안을 마련했다. 어느 집단이나 모임, 공동체에서든 참여자들 간에 흐르는 텔레를 측정하여 인간관계의 수준, 즉 상호친밀감과 거부감, 소통과 소외의 정도를 측정하여 더 나아가 보다 나은 사회적 인간관계를 세워나가려고 하였다. 바로 그것이 그가 창안한 사회측정학 소시오메트리(sociometry)이다.

모레노가 사회측정학을 창시한 이후에 인간관계에 대한 측정 및 개선의 노력은 두 가지 방향에서 그 의미를 갖게 되었다. 첫째는 인간 대 인간의 참 만남을 위하여 사회측정학을 활용하는 것이며, 둘째는 집단의 형성과 구조를 파악하기 위하여 사회측정학을

이해하는 것이다. 첫 번째에 해당하는 관점은 젤카 모레노 여사가
『사이코드라마와 잉여현실』(2005)에서 잘 소개해 준다. 그녀는
모레노의 사회측정학을 한마디로 "인간관계의 측정"이라고 정의
하면서 사람들 사이의 접촉과 상호작용의 모습을 살피되 특별히
서로가 서로에 대하여 어떠한 선택을 하는가를 중요시했다. 그녀
는 소시오메트리를 설명하기를 라틴어 socius(동반자)와 그리스
어 metron(측정)의 합성어임을 밝힌다. socius란 "동반자, 함께
하는 동료"라는 뜻으로, 지금-이 순간 뭔가를 같이 하기를 원하는
사람 (혹은 인생의 길을 같이 가기를 원하는 사람)을 의미한다. 더
하여 metron은 측정(measurement)을 말하는 것이니 소시오메
트리는 사람들이 지금-이 순간 뭔가를 같이할 동료를 어떻게 선택
하는지 파악하여 그것이 불러오는 상호작용을 이해하고 개선하
는 학문이라고 소개한다.(Z.T. Moreno, p.193-194) 여기서 중요
한 관찰은 사람들이 다른 사람들의 무엇을 보며 선택하고, 관계를
맺느냐 하는 점이다. 젤카는 그 관찰의 초점을 사람들이 맡은 역
할에서 찾는다.

"예를 들어 어떤 남편은 자기 아내를 자신에게 절대적인 존재로 선
택하고, 오직 그녀에게 충실합니다. 하지만 그는 아내에게는 결코
충분치 못할 수 있습니다. 그녀는 그에게서 아버지나 전에 사귄 애
인이 보여 준 동반자의 역할을 요구할 수 있지요. 그러므로 선택의
가능성과 그 선택을 유지하는 정도는 정말 엄청나게 다양하다고

볼 수 있습니다"(Z.T. Moreno, p. 196)

사람들은 상호작용을 위해 만날 때 역할로 만난다. 상대방을 대할 때 특정한 역할로 대하게 되며, 또한 상대방에 대하여도 그 맥락에 맞는 역할로 행동해 주기를 기대한다. 이에 따라 서로와 서로는 자기의 행동을 선택하고 또한 상대방의 역할에 따른 행동을 기대한다. 그러한 선택들이 서로 동반자적인 느낌을 줄 수 있을 때 인간관계는 깊이를 더 할 수 있다고 본다. 따라서 지금-현재의 소시오메트리 상태를 살핀다는 것은 어떤 역할들이 서로에게 긍정적으로 혹은 부정적으로 관계를 형성하고 있는지를 파악하는 것이며, 이를 통해 개선책을 마련하여 인간관계 치유의 길을 열 수 있게 된다.

두 번째 관점은 소시오메트리가 집단의 형성과 구조를 이해하고, 그 구성원들의 집단응집력을 높이는 데 활용된다는 점이다. 소시오메트리는 사람들 간의 텔레의 움직임을 살피며, 사람들의 선택이 어떠한 행동과 역할로 이어지고, 그 역할들이 결국 어떠한 집단의 구조와 특징을 이루어 가는지를 살피게 한다. 그리고 이러한 텔레와 역할에 따른 관계성의 측정은 그 집단의 인간관계를 개선하는 데 도움을 주며 집단의 응집력을 키우는 결과를 남긴다.

젤카는 남편이 1930년대 초반 모레노가 유럽에서 미국으로 이주해 오면서부터 소시오메트리를 실시했음을 밝히었다. 모레노는 1931년 뉴욕주에서 가장 커다란 교정기관인 싱싱 교도소(Sing

Sing Correctional Facility)에 초청을 받아 수용자들의 삶을 개선하기 위한 연구자로 일을 하게 되었다. 그는 수용소 내의 수용자들 간의 친밀성을 전수조사하여 서로 잘 어울리는 수용자들을 파악하고 그들에게 같은 방을 배치 해주었다. 이를 통해 서로 공감하며 돌보는 치료적 소그룹의 역할을 할 수 있게 하여 교도소 운영에 큰 도움을 주었다고 한다. 모레노는 여기서 얻은 경험을 토대로 1932년에는 뉴욕주의 허드슨 시의 한 소녀직업학교에서 같은 방법으로 학생들의 사회적 관계망을 파악하고 학교생활에 잘 적응할 방안을 제공하였다. 이 두 번의 공적인 사업은 소시오메트리가 집단이나 단체에서 아주 유용한 도구로 효과를 가져온다는 사실을 증명한 셈이다.

그렇다면 모레노가 이러한 공적인 기관들에서 활용한 방법은 구체적으로 어떤 것이었을까? 그것을 쉽게 설명하기 위하여 젤카 여사는 남편과 함께 자신이 소시오메트리를 가정에서 적용한 기억을 더듬어 소개했다. 당시 모레노 부부는 아들 유치원에 다니는 아들과 친구들의 관계를 알아보는 방법으로 소시오메트리를 적용한 것이다.(Z.T. Moreno, 195-196) 예를 들어, 조나단이 탑 쌓기 놀이를 할 때 같이 하고 싶은 친구, 소방서 놀이를 할 때 좋아하는 친구, 색칠할 때 같이 앉고 싶은 친구 등을 파악하여 조나단이 상황별로 어떠한 선택을 하는지를 알아보았다. 조나단을 포함한 유치원의 모든 아이를 대상으로 전수 조사를 함으로써 여러 가지로 복잡하게 얽힌 관계망 속에서 유치원 아이들의 상호작용 패턴을 찾았다. 이를 통해 당연히 유치원 내 어린이들의 관계개선을 돕는 좋은 대응책을 제시하게 되었고 이때 적용한 소시오메트리는 싱싱 교도소와 허드슨 여학교 기숙사에서와 사용한 원칙과 크게 다르지 않았다고 밝히었다.

그들은 이와 같은 사회측정학을 제시하면서 사람들 사이의 선택적 행동들 그리고 역할 활동들이 인간관계에 미치는 영향을 살피었고, 이에 더하여 개인이 집단의 구조와 결속력에 미치는 영향력, 그리고 집단이 개인에게 미치는 영향력도 함께 연구하여 사회심리학 발전에 큰 공헌을 하였다.(최헌진, 2020, p.436)

동화 속의 소시오메트리

『이상한 나라의 앨리스』 동화 속에서도 앨리스는 텔레에 의하여 누군가를 만나고자 했을 때 생쥐를 만나게 되었고, 그와 함께 더 많은 동물의 모임에 들어가게 되어 그들과 밀고 당기는 관계의 활동을 하게 된다. 그리고 그 모임에서 동료들이 자기에게 집중하여 결국 선물을 안겨주는 자로 자기를 선택하는 일을 경험한다. 모레노가 소시오메트리를 통하여 집단이 자발성이 높은 주인공을 자원하게 하여 무대에 올리는 모습을 연상시키는 장면이다. 앨리스가 만난 다양한 동물들과의 교류 모습은 어떠한 것이었을까? 앨리스는 자기처럼 물에 빠졌다가 밖으로 나와 햇볕에 몸을 말리고 있는 일련의 동물 무리를 만난다. 그 자리에 오리 한 마리, 도도새 한 마리, 잉꼬 한 마리, 어린 독수리 한 마리, 그리고 신기한 동물들 몇 마리가 있었다. 모두 동병상련! 물에 빠져 허우적거리는 경험을 같이한 무리다. 동화는 말한다. 앨리스는 이들을 보며 왠지 모를 힘이 났다고! 인간은 사회적 존재로서 행동할 때에야 비로소 온전한 인간으로서의 경험을 할 수 있다는 모레노의 시각이 이 장면에서 드러나고 있다. 서로에게 상처를 주기도 하지만, 서로를 통해 힘을 얻고, 다시 일어나게 되는 그러한 관계 선상에 있는 존재가 인간이다. 관계 형성의 시작은 일단 유사성에서 비롯된다. 이 장면 속의 캐릭터들은 모두 강물에서 올라온 경험을 공유하고 있다. 앨리스가 먼저 다가간다. 같은 처지에 있는 그들이 혹시 자기의 나아갈 길에 좀 도움이 되려나 싶어서이다. 아니 앨리스 혼자서는 너무 외로우므로 일단 이들을 만나보려 한다. 자발적으로 다가서는 앨리스의 모습이 대견해 보인다. 앨리스는 텔레에 따라 그리고 관계의 에너지 흐름에 따라 그와 같은 행동을 시도한 것이다. 하지만 거기에 있는 동물들 모두의 인상이 서로 가깝게만 느껴지지는 않는다. 강물에 빠져 생긴 물에 젖는 외형적 모습만으로는 서로의 관계가 어떠한지를 아직 판단할 수 없는 처지이다. 텔레가 통하려면 마음과 마음의 대화가 필요하다. 사실, 앨리스는 잉꼬와 말다툼을 하기도 한다. 잉꼬는 자기가 앨리스보다 나이가 많기에 세상을 더 잘 안다고 주장하면서 무시하는 듯한 태도를 보인다. 그래서 앨리스는 더 이상의 그와 대화하려 하지 않는다. 어쨌든 앨리스와 동물들이 함께 모였을 때 자연스레 이야기의 주제가 몸을 어떻게 말릴 것인가에 집중된다. 의견을 나누면서, 앨리스도 이 동물들과 평생 알고 지낸 '소시우스'(길을 같이 가고 싶은 동반자)처럼 느끼며 자연스럽게 그들과 어울리기 시작한다. 이야기의 결론은 모두 몸을 말릴 겸 경주를 하자는 것이었다. 대화를 주도하던 도도새는 원 비슷한 것을 그려 경주로를 만들어 동물들 모두를 뛰게 하였다. 도도새가 경주에 앞서 건네준 규칙이 이상하다. 경주 참여자들이 달리기할 때 꼭 정확한 원을 그리며 뛸 필요는 없다고 한다. 경주의 시작도 한 장소에서 출발하지 않고, 저마다 이곳저곳에 자리 잡아 자기 맘대로 달리면 된다. "준비, 출발"도 없고 각자 출발하고 싶을 때 출발하고 게임에서 나오고 싶을 때 나오면 된다. 당연히 언제 경주가 끝날지 짐작하기가 어렵다. 하지만, 어느 정도 달리니 도도새가 "경주 끝!"이라고 외쳤고 모두 멈춘다. 그즈음 되니 모두 몸이 꽤 말라 있었다.

　이 장면들은 사이코드라마의 자유롭고 편안한 웜업을 연상시킨다. 어느 누구도 억압되거나 강요되지 않은 상태에서 자유롭게 몸을 움직이며 서로 어우러지는 모습이 비슷하다. 하지만 이를 웜업으로만 보기에는 사회측정학의 요소가 더 강해 보인다. 집단 안에 모여 형성된 서로의 관계를 측정할 때, 서로가 선택하며 행동하는 것은 무엇인지 그리고 어떤 역할들을 하며 서로 어울리고 있는지를 살펴야 한다. 집단원들의 선택행위를 주목하는 것이 바로 사회측정학의 요체이기 때문이다. 경주로에 모인 동물들에게도 마찬가지이다. 그들은 모두 헐떡이면서 "그런데, 누가 이겼지?"하고 묻는다. 누구에게 승자의 역할을 부여할 것인가를 선택하자는 것이다. 도도새는 말한다. "모두가 이겼어. 그러니 모두 상을 받아야지." 모두 달리는 역할을 했고, 또한 열심히 행동으로 옮겼으니 모두가 승자의 역할을 할 수 있다는 것이다. 경주하면서 서로 친숙해진 동물들은 모두가 위너(승리자)라고 서로를 지지한다. 소시오메트리는 서로서로 상호작용을 통해 공유되는 것이 무엇인지에 더 집중한다. 사회적 동질성을 확인하여 그것을 통해 세로운 공동체로서 집단의 응집력을 키우기 위함이다. 앨리스와 동물들은 물에 빠진 경험을 통해 동질성을 찾았으며, 서로서로 수용해 주는 일을 위한 자발성도 확보하고 있음을 보인다.

그래서 달리기경주를 통해 모두가 "위너"(승자)가 되는 기이한 일이 벌어졌는데, "그러면 위너들 모두에게 누가 상을 주어야 하는가?"하고 서로 묻기 시작한다. "뭐, 당연히, 여기 이 아이가 줄 거야."하고 도도새는 앨리스를 손가락으로 가리켰다. 그러자 모든 동물이 너도나도 "상 줘! 상 줘!"하며 앨리스에게 몰려들었다. 사이코드라마에서 자발성이 오른 구성원 중에 주인공이 선택되는 모습과 같다. 집단원 모두가 앨리스를 향하고 있어, 텔레 즉, 관계 밀당의 에너지 신호를 앨리스가 받고 있음을 보여 주는 듯하다. 동물들에게서 드러나는 소시오메트리는 앨리스를 주인공으로 주목하여, 그 인생 이야기가 이제 무대 위에 본격적으로 표현될 수 있는 성찰의 기회를 마련하게 하는 것이었다.

3. 이중자아, '나'를 보다

어디선가 발자국 소리가 들려온다. 울다 멈추어 누가 다가오나 살펴보니 "아! 아까 그 흰 토끼가" 돌아오고 있는 것이 아닌가? 토끼는 꽤 멋을 부리며 옷을 입은 듯하다. 한 손엔 흰 장갑 한 쌍을 들고 다른 손엔 큰 부채를 들고 있다. 토끼는 깡충깡충 아주 급하게 다가오면서 중얼거린다. "아, 공작부인, 공작부인! 내가 그분을 더 기다리게 했다간 그녀가 나를 가만두지 않을 거야!" 흰 토끼는 바로 앞에 있는 앨리스를 알아보지 못하고 지나간다…앨리스는 길을 헤매는데 다시 흰 토끼를 만난다. 이번에는 그가 말을 건네는 것이 아닌가? 그런데 굉장히 권위주의적이다. 눈이 나쁜지 앨리스를 자기의 하녀 매리 앤으로 여기고 자기의 집에 들어가 공작부인을 위한 물건을 빨리 가지고 나오라고 한다. 앨리스는 아무 소리 못 하고 흰 토끼의 명령에 따라 그의 집에 들어가 심부름을 하는데 신체의 변화가 일어나 몸이 커져 집안에서 꼼짝달싹 못 하는 지경에 이른다. 흰 토끼는 집 밖에서 앨리스에게 무엇을 하고 있냐고 하며 잔소리가 아주 심하다. 앨리스의 키가 엄청나게 커서 감히 상대해서는 안 될 것 같은데도 자기에게 필요한 일을 하지 않고 있다고 화를 내며 한 수레의 자갈을 싣고 와서 앨리스를 겨냥하여 집안으로 던져 댄다.

⊙ 당신 주변에 토끼처럼 상황에 맞지 않는 말을 하거나 이치에 맞지 않는 일을 시킴으로 난처하게 만드는 사람이 있는가? 무엇 때문에 당신은 스트레스를 받는가?

⊙ 거울은 내가 볼 수 없는 나의 얼굴을 비추어 준다. 그래서 거울을 보면 나의 낯선 모습을 볼 수도 있다. 그런 경험이 있었는지 소그룹에서 함께 나누어 보자.

앨리스의 이상한 나라 체험은 흰 토끼와의 만남으로 시작된다. 이야기의 시작 부분부터 등장하여 앨리스를 끌어들인 그는 "회중 시계를 들고 있는 하얀 토끼"이다. 흰 토끼는 앨리스의 꿈에 한 두 번 등장하여 앨리스와 대화를 나누지만, 원작의 삽화 곳곳에서 볼 수 있듯이 공간의 구석에 숨어서 앨리스를 지켜보는 모습을 보인다. 왜 그는 동화 전체에 걸쳐서 앨리스를 지켜 보고 있을까? 그는 누구이며 무슨 역할을 하는 것일까?

우선, 흰 토끼의 행동거지를 보자면 그가 앨리스에게 꼭 친근하거나 좋은 안내자 같지는 않아 보인다. 앨리스는 이 토끼 때문에 늘 곤란에 처하기 때문이다. 그를 쫓아가다 굴에 빠지게 되었고 그에게 말을 걸어도 듣는 체도 하지 않는다. 그리고 그의 명령에 순종하여 엉뚱한 심부름을 하려고 그의 집에 들어왔는데 이제는 커진 몸이 그의 집안에 껴서 아주 큰 곤란을 겪고 있다. 앨리스는 처음에 그의 말대로 순종하다가 점차 자기가 불편해지는 것을 느끼게 되었다. 그래서 이제는 그의 명령조의 요구에 저항하는 마음이 일어난다. 놀랍게도 앨리스가 그렇게 점점 자기가 원하는 바를 하나하나 찾아가며 자기의 소망대로 대응하기 시작할 때 흰 토끼의 모습은 점점 사라진다. 아니 무대 외곽으로 밀려가는 듯한 인상을 준다.

앨리스에게 이 흰 토끼는 과연 누구일까? 그의 의복과 회중시계는 아주 '고려짝'(old fashion) 옛날 의복이며 그것을 입고 있는 모습도 요즘 말로 '라떼' 인상으로 우스꽝스럽기만 하다. 그리고 공작부인의 심기가 불편해 지면 어떻게 하나 하고 늘 걱정과 불안한 마음 가득하여 흰 장갑과 부채를 들고서 안절부절못하는 모습은 불쌍하게도 보인다. 그는 앨리스를 처음으로 눈과 눈으로 부딪히자 당황하여 손에 들고 있던 물건들을 떨어뜨리고 도망한다.

흰 토끼의 존재에 대하여 여러 다양한 의견들이 있겠지만 그가 앨리스의 내면의 모습을 보여 주는 앨리스의 '또 다른 자아'일 것이라는 견해에서 모두 일치한다. 먼저, 프로이트의 시작에서 보자면 흰 토끼는 앨리스의 내면의 세계, 곧 앨리스에게 도덕적인 삶을 요구하며 강요하여 마음을 누르는 자, 초자아를 의미한다. 앨리스가 당위성의 원칙에 쫓기며 늘 뭔가를 늘 잘 해내야 한다는 강박적 사고와 행동을 살게 하는 강요의 모습을 가지고 있다. 흰 토끼는 자기의 생각이나 원하는 바를 뒤로 한 채 주변 환경의 요구에 순응하는 어린 앨리스의 모습이다.

융의 시각을 빌리자면 흰 토끼는 앨리스가 내면에 숨기고 있는 자아의 그림자라 할 수 있다. 앨리스에게는 착한 소녀 콤플렉스가 있다. 착하고 예쁜 소녀라는 사회적 얼굴 페르소나 아래 감추어진 이 그림자는 고집불통 노인네이다! 이 흰 토끼는 앨리스가 현실에서는 결코 인정하고 싶지 않은 내면에 숨겨진 자기의 '경직된 자아' 모습이다. 융의 개념으로는 애니무스(여성의 무의식 안에 도사리고 있는 남성 이미지와 성향)인 셈이다. 앨리스는 사회가 요구하는 전형적인 착하고 순응 잘하는 소녀로 살아왔다. 하지만 그런 착한소녀의 페르소나가 타인에게 순응하는 역할에 치중하다 보니 자기의 진정한 정체성을 잊고 분명하게 자기의 주장을 하는 것을 막는다. 앨리스에게는 세상을 향하여 자기를 주장할 수 있는 야무진 모습을 찾을 수 없고 오히려 '애 늙은이' 같이 벌써 경직된 모습을 보인다. 물론 앨리스는 자신의 이런 모습을 보지 못한다. 그래서 꿈속에서 나타나는 것이다. 자기가 모르는 정반대의 모습,

그렇지만 끝까지 부인하고 싶은 자기의 진정한 모습이다.

아들러의 시각은 현실에서 만족스럽지 못한 자아의 부족하고 열등하며 이상적이지 못한 모습과 어리숙하게 형성되어온 삶의 양식이 꿈을 통해 확인되고 있음을 주목한다. 즉 흰 토끼의 경직된 이미지는 변화되어야 하는 현재 모습이다. 앨리스가 궁극적으로 성숙하여 힘이 있고 탁월한 인격으로 세워지려면, 흰 토끼를 통해 묘사되는 특징들은 극복해야 한다고 꿈이 말해주고 있다. 물론 꿈속에서 그것을 바라보는 기분이 편할 리 없다.

게슈탈트의 시각도 흰 토끼를 꿈속에 투영된 앨리스의 자아 상태로 본다. 흰 토끼는 배경 (background)에 있다가 최근에 전경 (foreground)으로 떠오른 게슈탈트(Gestalt, 완결되고자 하는 형태)이다. 흰 토끼는 앨리스의 자아로 통합되지 못한 상태였기에 지금까지 어두운 배경에 머물러 있었고 앨리스는 그것을 자기의 일부로 알아차린 적이 없다. 하지만 이제 흰 토끼가 배경에서 전경으로 떠올라 앨리스의 확립되지 못한 자아를 깨운다. 앨리스로 하여금 지금까지 통합하지 못하고 인지하지 못했던 자아의 모습을 깨달아 게슈탈트의 완성을 이루라는 목소리를 가진 앨리스의 자아 일부이다.

드라마치료의 시각은 어떠할까? 모레노의 심리극(사이코드라마) 입장에서 흰 토끼를 바라볼 때 위의 네 가지 (프로이트, 융, 아들러, 게슈탈트) 이론적 시각 모두가 수용된다. 흰 토끼는 앨리스의 내면 가운데 갈등하는 자아의 모습이다. 앨리스의 내면을 보여 주는 '이중자아' 혹은 '더블'(double)이다. 이중자아는 나를 보여 주는 또 하나의 나, 곧 마음의 쌍둥이다. 자기를 지지하는 분신인 동시에 또한 자기 안에서 다른 의견을 가지고 갈등하며 대립하는 경쟁자이기도 하다. 이러한 이중자아와의 대면은 앨리스의 내면 안에 극복해야 할 많은 과제가 있음을 보여 준다. 예를 들어, 앨리스는 어려운 일들을 회피하며 다른 사람에게 떠맡기고 책임을 전가하는 의존적인 소녀상을 탈피해야 한다. 그리고 남이 자신을 괴롭히고 귀찮게 할 때도 꾹 참고 아무 말 못 하는 '순둥이'의 모습도 넘어서야 한다. 또한, 다른 사람의 마음을 헤아리지 못하여 아무렇게나 말을 내뱉어 상처를 주는 일들도 사라져 한다. 꿈에서 이러한 다양한 이중자아들을 만나며 앨리스는 자신의 진정한 자아를 건강하게 확립해 가는 여행을 하는 것이다. 참된 자기의 역할을 발견하며 또한 역할의 확장을 위한 과정을 경험하는 것이라 할 수 있다.

이중자아(분신)와의 만남

이야기 속의 앨리스는 토끼굴에 떨어져 누구든 만나기를 간절히 소망한다. 미지의 세계를 향한 두려움과 그곳을 홀로 걸어가야 한다는 외로움이 몰려왔기 때문이다.

앨리스는 갑자기 울음을 터뜨렸다. "그냥 사람들이 구멍에 머리나 디밀어 줬으면! 여기 혼자 있어서 너무너무 지쳤어. 운다고 될 일이 아니잖아. 인제 그만 울음을 그쳐." 앨리스는 스스로에게 단호하게 말했다. 앨리스는 자주 자신에게 조언하거나 (그 말대로 실천하는 경우는 매우 드물었지만) 종종 스스로 다그쳐 눈물을 그치게 했다.

하지만 그곳에서 만날 수 있는 상대는 오직 자기 자신뿐이다. 인간이 외로울 때 자기 자신과 만나는 것이 가장 좋은 방법이라는 것을 야콥 모레노도 수많은 환자를 치료하면서 깨달았다.

> "만일 당신이 당신 자신과 이야기를 하게 되면 어떻게 될까요? 당신이 당신과 가장 가까운 그 사람, 그러니까 당신이 가장 잘 알고 있는 그 사람과 이야기하는 것이지요. 우리가 당신을 위하여 당신의 이중자아(double)를 만들어 드린다면, 당신은 그 사람과 더불어 비로소 이야기할 수 있게 되고, 그 사람과 더불어 행동할 수 있을 거예요. 그 이유는 당신과 그 사람이 서로에게 속해 있기 때문입니다."(J.L. Moreno, 1987, p.129-130)[25]

놀랍게도 루이스 캐럴은 모레노가 이러한 언급을 하기 반세기 이전에 흰 토끼를 앨리스의 꿈속에 등장시켜 자신의 한계를 극복하려고 소녀에게 다가와 이야기하는 상대로 그렸다. 외롭고 불안하기 짝이 없는 미지의 세계에 들어선 앨리스가 만나야 할 첫 번째 대상은 바로 자기 자신이었기 때문이다. 흰 토끼는 앨리스의 분신으로서 앨리스의 꿈 구석구석에 등장하며 앨리스와 함께 움직인다. 마치 드라마치료에서 이중자아가 주인공을 대신해서 말하고 주인공을 홀로 있지 않게 하듯이 말이다. 주인공을 지지하며 힘을 보태거나 도전을 하여 깨닫게 하는 존재의 모습을 보인다. 주인공으로 하여금 정신적 과제를 잘 수행하도록 자발성을 높이고 돕는 캐릭터이다.

　물론 무대 위에서 주인공이 만나는 이중자아도 완벽한 존재는 아니다. 아직 통합되지 않은 '나'의 일부분일 뿐이다. 그래서 이중자아 역시 '나'를 만나는 것을 어색해하고 '나'를 알아보지 못하는 듯이 행위를 할 수 있다. 흰 토끼가 앨리스를 못 알아보고 있는 것처럼 말이다. 때로는 '나'와 정반대 입장에 서서 '나'에게 갈등과 도전을 주기도 한다. 이중자아는 두려움을 주기까지 하는 존재가 된다. 그렇다. 자기 자신과 부딪히는 일 즉 진정한 만남을 갖는 것은 두려운 일이다. 특히 평소에 자기가 아니라고 부인하며 부끄러워하던 부분을 대면하며 수용하는 일은 결코, 쉬운 일이 아니다. 그래도 만나야 한다. 그리고 이중자아를 통해 아직 볼 수 없었던 나의 얼굴, 나의 모습을 보아야 한다. 그래야 나의 진면모가 드러나며 내가 진정으로 추구 해야 할 참된 '나'는 누구인지, 어디에 숨어있는지를 찾아 그것을 향해 달려갈 수 있다. 젤카 모레노는 이러한 이중자아와 만나는 일을 자기의 정체감을 세우기 위한 필수적인 과정으로 보았다.(Z. T. Moreno, p.141)

이중자아(분신, double)의 생성

그렇다면 이중자아는 언제부터 우리 마음 가운데 존재하게 된 것일까? 이중자아는 어떻게 생성되며 어떠한 방법으로 우리 내면의 세계에 거주하고 있을까? 모레노는 이중자아의 생성을 우리의 생명이 잉태된 시점에서부터 경험하는 세상으로 설명한다. 그에 의하면 이중자아는 인간의 "제1, 제2, 그리고 제3의 우주"와의 단계적 만남을 통해 형성되고 발현된다.[26]

그의 설명을 정리하자면 다음과 같다.

(1) 제1의 우주 경험 – "모체적 동일성"

우선 인간이 처음 경험하는 우주란 태아가 엄마의 뱃속에 머무르며 경험하는 세상을 말한다. 태아에게 엄마의 몸은 그가 만나고 느끼는 최초의 세상, 곧 우주이다. 엄마는 태아에게 "온 세상"이 되어 태아를 품으며 태아가 탄생하는데 필요한 힘과 에너지를 불어넣는다. 물론 이 엄마(우주)는 태아에게 있어서 구별되는 존재가 아니다. 나(태아)와 너(엄마)는 서로 하나의 존재로 떼려야 뗄 수 없는 "모체적 동일성"(matrix of identity)을 이룬다. 바로 태아가 엄마와 하나의 정체성으로 경험하는 우주 자체와의 만남이다. 모레노는 이를 가리켜 인간이 경험하는 최초의 우주, 즉 근원적인 제1 우주라고 명했고 이런 우주적 경험 안으로 인간의 생명이 탄생한다고 보았다.(J.L. Moreno, 1946b, p.62-63)

그런데 여기서 주목해야 할 것은 모체적 동일성으로 존재하는 태아와 엄마가 중요한 일(행위)을 함께하게 되는 데 태아의 탄생을 완성하는 공동 창조자로서의 역할이다. '나'(태아)는 '나'와 같은 '너'(엄마)에게서 기원 되고 생성되며 '나'(태아) 또한 나와 같은 '너'(엄마)와 함께 '나'의 탄생을 향해 달려간다. 따라서 '나'는 '너'와 함께 생명을 창조하는 행위의 주체가 된다. 제1 우주의 경험은 바로 이렇게 모체적 동일성을 통해 생명을 탄생할 수 있게 하는 공동 작업의 행위이다. 엄마와 아기는 드라마의 이중자아와 같이 서로 대화하고 함께 움직이며 하나가 되어 새로운 일을 만드는 공동 작업을 벌인다.

(2) 제2의 우주 경험 - 계속되는 모체적 동일성 희구

그렇다면 이제 태아가 탄생을 통해 세상에 나온 다음에는 어떻게 되는 것일까? 모레노는 탄생하여 세상에 나온 유아는 현실 세계를 직면하면서도 태아적 환상의 세계를 계속 경험한다고 보았다.[27]

물론 현실과 환상은 이전과 달리 점차 구별되고 분리되어 가는 과정에 처한다. 하지만 아직도 환상 세계의 영향력은 자못 크다. 그 이유는 유아의 내면세계에 아직도 태아적 경험한 제1 우주 경험, 즉 모체적 동일성이 남아있어 유아는 이를 계속 희구하기 때문이다. 현실에서 만난 사람이나 사물을 내면화할 때에도 이러한 모체적 동일시의 희구에 따라 정리를 할 정도이다. 하지만, 제1 우주에서의 완벽한 '온 세상'이었던 엄마와 현실의 대상들이 같을 수는 없다. 새롭게 접촉하며 내면화하는 외부의 이미지들은 여러 형태로 다르게 내면화되는데 현실에서는 이와 평행적으로 유아가 이들을 각기 다르게 상대하는 '역할'이 만들어진다. 예를 들어, 포근한 엄마에게는 응석 부리는 역할로, 엄한 느낌을 주는 아빠에게는 조심하는 역할로 그리고 내 옆에 있어 나를 바라보는 인형에게는 나를 주장하고 내 심정을 표현하는 역할을 만들 수 있다. 유아는 점차 자기 내부의 이미지들을 이러한 역할로 변환해 간다.(J.L. Moreno, 1946b, p.64-70) 제2 우주에서는 이렇게 현실과 환상의 구분이 이루어지면서 역할로 내면화된 외부의 경험들은 환상으로 대체하면서 내면의 다양한 자아의 특징들을 구성한다. 자아는 이 다양한 역할들을 통해 자기를 지탱해 주고 갈등, 해결해 가는 내면의 모습을 발견하게 되는데, 곧 이중자아를 발견하는 일이다.

(3) 제3의 우주 - 이중자아를 통한 모체적 동일시 재연

유아기에서만이 아니라 성장한 후에도 사람들은 실제적인 삶을 살아가면서도 비현실적이지만 총체적인 모체적 동일성의 경험을 계속 희구한다. 모체적 동일시, 즉 우주와 하나 되는 경험은 사람이 인생을 살아가는 데 있어 가장 큰 존재적 기반과 힘의 원천이기에 그것을 향한 지향성은 사라질 수 없다. 바로 잉여현실을 의미한다. 아직 살아보지 않은 삶을 경험함으로 인하여 현실을 이겨낼 수 있는 새롭고 확장된 역할을 얻으려 하는 것이다.

유아가 세상에서의 역할들을 만들어 갈 때 그 역할들은 점점 구체화 되고 다양해진다. 아직 자기만의 캐릭터를 이루기에는 하나로 통일되지 못한 모습이다. 가장 단순한 형태의 다양한 역할들의 예를 들자면 내가 잘하는 역할, 잘 못 하는 역할, 그리고 원하는 역할들을 꼽을 수 있는데 이 역할들 각자는 각기 다른 기분과 새로울 필요들을 자아낸다. 그 모습은 마치 내 안에 여러 개의 '나'가 존재하는 것처럼 느껴지는 상태와 같다. 하지만 어떠한 역할을 가지고 행동하며 느끼고 살아가더라도 '하나'가 되려는 소망이 강하게 작동한다. 자신의 모습이 총체적 하나로 정체성을 찾으며 참된 나로 확장되기를 원하는 것이다. 그리고 이를 위하여는 현재 파편화된 나를 넘어서는 작업 즉 내 안의 나와 대화를 하며 서로를 인정해 주고 상호보완하는 작업이 필요하다. 이것은 태아적 하나인 '나'(태아)와 '너'(엄마)가 함께 탄생을 이루어내려 했던 소망과 같은 것이다. 자기 파편화를 넘어서서 총체적인 '나'를 형성하려는 자발성이 꿈틀거리고 있는 것이다.

드라마치료는 바로 이 자발성을 끌어올려 그토록 원하는 모체적 동일성을 이루어 낼 수 있도록 돕는다. 주인공의 내면에 존재하는 여러 역할에 따른 이중자아들이 대화하며 하나를 이룰 수 있도록 이끄는 것이다. 주인공으로 하여금 다양한 역할의 수준과 상태를 넘어서서 진정한 '나'의 역할로 확장될 수 있도록 행위화를 통해 이끌어 준다. 이를 통해 종국적으로 체험하게 되는 것이 바로 제3의 우주 체험이다. 이중자아들의 만남을 통해 이루어가는 통합적 자기를 이루는 경험을 말한다. 이중자아들로 하여금 서로 대화를 나누며 하며 다양한 욕구를 표현하되 새롭고 건강한 관계를 위한 선택의 행위로 나아갈 수 있도록 돕는 작용을 해야 한다. 한마디로 말하면 잉여현실의 세계로 초대를 하는 것이다. 물론 이중자아들과의 만남과 교류는 연민과 공감, 지지와 갈등의 양면을 모두 경험하게 한다. 하지만 목표는 이중자들과의 총체적 동일성을 경험하여 진정한 '나'를 경험하게 하는 것이다.

예를 들어 앨리스가 이상한 나라에서 자신이 처한 현실이 두려워 울기 시작하며 마음속의 두 마음이 서로 대화를 나누는 장면은 드라마치료 가운데 행위화되는 이중자아와의 대화의 모습을 상상하도록 한다. 앨리스의 마음 가운데 있는 쌍둥이들이 서로 대립한다. "창피한 줄 알아야 해. 너 같이 큰 애가 징징대다니! 경고하는데, 당장 뚝 그쳐!" 눈물 흘릴 상황에 부닥친 앨리스를 공감하기보다는 나이에 맞게 행동하라는 '당위성'의 이중자아가 하는 말이다. 하지만 그러한 명령에도 눈물을 그치지 않고 더 많이 울어 결국에는 강물을 만드는 이중자아가 또한 존재한다. 자기감정을 주체 못 하고 어린아이처럼 감정을 표출하는 '천진난만한' 이중자아 앨리스이다. 앨리스의 꿈은 바로 이처럼 이중자아들이 만나 교류하는 잉여현실을 보여 주고 있다. 이중자아들은 서로 만나 교류하며 진정한 자기 자신으로 통합되어 가기 위한 행위로 진입해 간다. 이중자아 기법은 꿈과 잉여현실 드라마치료에서 필연적이고 유용한 도구가 된다.

자아접촉 경계 장애

이렇게 이중자아란 '더블', 즉 내 마음의 쌍둥이를 말한다. 내 안에 있는 나! 나와 구별되는 듯하면서도 그 구별을 넘어서 나를 이루고 있는 또 하나의 나이다.

> "운다고 될 일이 아니잖아. 인제 그만 울음을 그쳐." 앨리스는 스스로에게 단호하게 말했다. 앨리스는 자주 자신에게 조언하거나 (그 말대로 실천하는 경우는 매우 드물었지만) 종종 자신을 다그쳐 눈물을 그치게 했다.

이러한 '또 다른 나'는 여러 각도에서 나타나 다양한 모습으로 '나'를 들추어낸다. 그런데 내가 아직 하나의 진정한 '나'로 통합되지 않은 상태에 있을 때 이 다양한 목소리들은 나를 혼란스럽게 흔들어 댈 수 있다. 때로는 이러한 혼란의 상태가 너무 커서 참된 '나'를 만나지 못하게 하는 장애가 될 수도 있다.

앨리스의 이야기 속에서도 등장인물들이 무척 다양하지만, 그 가운데도 공통된 점들이 있다. 이들은 자기가 하는 이야기나 행동을 자기만 모른다는 사실이다. 흰 토끼가 가장 대표적인 캐릭터이다. 그의 모든 관심은 온통 외부로 쏠려 있어 자기가 지금-여기서 무엇을 하고 있는지 알지 못한다. 예를 들어서 그는 앨리스에게 다가와 지나가면서도 자기 앞에 있는 소녀가 눈에 들어오지 않는다. 그는 자기가 중얼거리는 말 속에 함몰되어 오직 공작부인이 필요로 하는 흰 장갑과 부채에 관한 관심뿐이다. 그래서 마침내 앨리스가 말을 걸자 화들짝 놀라 흰 장갑과 부채를 떨어뜨리고 도망친다. 참으로 안타까운 장면이다. 앨리스와 흰 토끼가 만나 대화 좀 한 번 제대로 해 보면 좋을 텐데 둘 사이의 대화는 늘 이렇게 엉뚱하게 끝나고 만다.

야콥 모레노의 영향을 받아 현대 게슈탈트 심리치료를 발전시킨 프리츠 펄즈(F. Pearls)는 인간의 삶 가운데 상호 진정한 만남(나와 나, 나와 너, 그리고 나와 환경의 만남)을 방해하는 정신세계의 작용을 주목하며 이것을 '접촉경계장애'(contact-boundary resistances)라고 명한 바 있다.

앨리스의 이상한 나라 체험에서 진정한 만남을 이루지 못하는 캐릭터들의 모습을 가만히 관찰하면 접촉 경계 장애의 모습이 잘 나타나고 있다.[28]

먼저 앨리스 앞에 다시 나타난 흰 토끼와 그를 대하는 앨리스의 모습을 보자. 흰 토끼는 앨리스를 보더니 '메리 앤'이라고 부른다. 그리고 명령조로 심부름을 시킨다. 하녀를 대하듯이 당장 자기 집에 가서 부채와 장갑을 가져오라고 한다.

토끼는 화난 목소리로 "어쩐 일이야? 메리 앤, 여기서 대체 뭐 하는
거지? 당장 집에 가서 부채와 장갑을 가져와. 빨리! 당장!"하고 소
리 질렀다. 앨리스는 겁이 나서 사람을 잘 못 보았다는 말을 할 겨
를도 없이 토끼가 가리키는 곳으로 뛰어갔다.

여기서 우리는 투사와 내사, 융합 등의 접촉경계장애를 볼 수 있다.

(1) **투사** : 사람은 누구나 자기 안에 있는 불안한 마음, 혹은 채우
지 못한 욕구나 해결되지 못한 감정을 자기의 것으로 받아들이기
를 불편해하는데 가장 쉬운 방법으로 그것을 자기 밖의 타인이나
사물에게로 돌림으로써 자신이 떠맡지 않으려는 행위를 한다. 흰
토끼는 겨우 공작부인의 눈치나 보는 존재이면서 자기보다 어리
고 약해 보이는 듯한 대상으로 앨리스를 보자 마치 하녀에게 하
듯 신경질적으로 명령한다. 여기서 도대체 무엇을 하고 있는 거
냐고. 어서 움직여서 똑바로 자기가 할 일이나 잘하라고. 토끼야
말로 공작부인의 비위 맞추는 일에 온 정신이 쏠려 있어서 자기가
해야 할 일을 하지 못하고 있는 존재인데 자기는 그 사실을 인정
하기 싫을 것이다. 그래서 자기보다 못한 어린 대상이 우물쭈물하
는 것을 못마땅하게 여긴다. "대체 너는 무엇을 하고 있는 거니?"
라고 하며 앨리스에게 신경질을 퍼붓는다.

(2) 내사 : 앨리스는 흰 토끼에게 들은 말에 반박하거나 되묻는 말을 못한 채 그의 명령대로 흰 토끼 집으로 뛰어 들어간다. 흰 토끼가 투사로 던지는 말을 앨리스는 그냥 그대로 받아들이고 있다. 내사는 이렇게 타인의 판단과 요구사항들을 자기의 의사와 상관없이 자기의 것으로 받아들이는 상태를 말한다. 앨리스가 받아들인 상태로 보면 '나는 대체 뭘 하는 사람인지 모르겠다'라는 식이 되고 만다. 펄스는 내사가 일어나는 상태를 가리켜 우리의 몸이 빵을 먹을 때 빵을 담고 있는 비닐봉지째 통째로 먹는 상태와 같다고 설명한 바 있다. 먹지 않아도 될 부분 특별히 해가 되는 부분을 받아먹음으로써 그것을 소화 시킬 수 없는 내 몸은 아플 수밖에 없다.

(3) **융합** : 내사가 일어나고 있음에도 불구하고 내사로 인한 고통과 불편함을 못 느낄 정도로 자기 자신에 대한 감각을 잃는 경우를 말한다. 이는 내사를 하는 '나'와 투사를 하는 '너'가 하나로 얽히어 더 이상 '나'는 없고 '너'에 희석되어 버린 나의 상태를 말한다. 우리가 다른 사람의 눈치를 보며 자기 의견을 주장 못 하거나, 자기의 감정은 알아차리지 못하고 남의 감정에 너무 쉽게 빠져들어 간다든지, 바르고 인정받는 아이가 되어야 한다는 외부의 가르침에 그 자체에 함몰되어 외부의 소망대로 살아가는 모습이 가장 대표적인 예가 된다. 이는 마치 나의 바운더리(경계선)가 깨져버린 상태와 같다. 물고기가 수영하는데 물과 자신 사이에 있는 피

부 혹은 비늘이 없어서 물이 자기 안으로 들어오고 나가는 것을 막을 수 없는 지경이 되어 버렸다고 하자. 이런 상태가 된 물고기는 이제 더는 물고기라 할 수가 없다. 물에 침범당하여 이미 썩어 들어가고 있을 것이다. '나'는 없어지고 외부에 함몰되어 버린 존재, 바로 융합이라는 장애를 앓고 있는 것이다.

(4) **편향** : 이는 개체가 현재 상황을 감당하기 어려워 접촉을 하지 않으려고 회피의 방법을 취하는 것을 말한다. 앨리스가 꿈의 초반부에 등장하는 캐릭터들의 도전적인 말이나 행동에 대하여 취하는 자세는 지극히 편향적이다. 낯설고 괴상한 일들이 자기에게 일어나자 그저 울어버림으로써 그 힘든 상황을 모면해 보려는 태도 그리고 집에 있었더라면 이런 일도 일어나지 않고 더 좋았을 것이라고 과거로 회귀하는 방법으로 스스로를 달래고 위안하는 자세가 바로 그것이다.

(5) **반전** : 스트레스를 받게 될 때 그 원인을 명확히 찾아 책임소재를 묻기보다는 그것을 부당하게도 자기에게로 돌려 스스로 고통을 택하는 모습이다. 앨리스가 이상한 나라에 처음 도착하여 당면하고 있는 스트레스는 자신의 신체가 커지고 작아지는 형태로 더 가중되는데 이로 인해 앨리스는 자기가 누구인지 모르겠다 하면서 낮은 자존감을 보인다. 신체의 변화로 인해 자기의 가치를

부인하고 있다. 앨리스의 이야기가 전개됨에 따라 앨리스가 나중에 자기 신체 크기를 조절해 가면서 신체로 인하여 자기를 비난하던 반전이 풀리고 오히려 신체를 조절하는 자기의 가치를 되찾는 건강한 모습을 회복함을 보게 된다. 반전을 극복한 예이다.

자기를 발견하는 데 방해가 되는 이러한 모습들이 앨리스에게만 나타나는 것은 아니다. 앨리스가 만나는 꿈속의 많은 캐릭터도 이처럼 접촉경계장애를 보이는데 이는 앨리스의 더블로서 이중자아들이 보여 주는 앨리스 자신의 모습이라 할 수 있다. 몇몇 캐릭터들의 모습을 살펴보자.

◎ 생쥐는 앨리스가 집에 두고 온 고양이 다이나를 이야기를 하자 기분이 안 좋아진다. "고양이는 모두 심술 궂고 상스럽고 천한 것들이야!"라고 외치며 자기의 불안과 두려움의 부정적인 마음 상태를 금방 다른 것에 전가하고 그 특징을 '모든 고양이'에게 쏟아붓는다. 자신의 감정을 애써 둔화시키고 회피하려는 노력에서 과잉일반화를 한다. 이 생쥐의 모습은 자기의 진정한 감정과 접촉할 여유가 없고 또한 책임감 있게 어려운 현실을 직면하지 못하는 앨리스의 현재 상태를 보여준다.(투사) 앨리스는 또한 강물에 떠내려가는 가련한 동물들의 모습들에 자신을 동일시하며 자기의 부끄러운 모습을 투사한다.

◎ 앨리스는 흰 토끼가 그렇게 잘 보이려고 신경 쓰는 공작부인을 드디어 만난다. 공작부인은 자신의 요리사가 던지는 물건을 맡

으면서도 한마디 말도 하지 못하는 모습을 보인다.**(내사)**

◎ 이야기 끝부분에 이르러 앨리스가 마주친 정원사들은 흰장미를 빨간색으로 칠을 하는 엉뚱한 일을 벌인다. 하트의 여왕이 시켜서 그렇게 할 뿐이라고 하면서 자기가 하는 일에 대하여 전혀 성찰하지 못한다.**(융합)**

◎ 앨리스는 키가 커지고 작아지는 변화로 인해 스트레스를 받자 자기가 도대체 누구인지 모르겠다며 애벌레에게 하소연한다. 자기를 낮추는 것이다. 외부에 있는 물질을 먹어서 그런 변화가 일어난 것인데 자기 자신이 누구인지 모르겠다니 이미 자기 자신의 가치를 깎아내림으로 사태를 희석하는 접촉경계장애이다.**(반전)**

◎ 가짜 교육에 대하여 슬픈 이야기를 노래하는 모조 바다거북은 제삼자에 대하여 말하는 식으로 의식을 다른 곳으로 돌린다. 자기 마음의 불편을 회피하고 넘어가려 한다.**(편향)**

이렇게 꿈의 곳곳에 등장하는 캐릭터들은 앨리스의 이중자아로서 앨리스가 현재 상황 속에서 자기와의 만남을 이루지 못하게 하는 접촉경계장애의 모습을 보인다. 물론 꿈은 이 앨리스가 이 모든 방해물을 한둘씩 극복해 가는 성숙과 변화의 과정을 보여 준다. 앨리스는 처음에 흰 토끼가 자기를 매리 앤이라고 불렀음에도 아무 말 못 하고 그것을 받아들이던 순둥이 소녀이었다. 하지만, 꿈의 끝에 이르러서는 부당한 일을 명령하는 여왕과 자기를 잡으려고 달려오는 병정들에게 용기 있게 부딪히며 "당신들은 고작 카드일 뿐이야"라고 외치는 힘을 보인다. 앨리스는 마침내 건강하게 자기를 확립하게 된다.

이중자아와 거울기법

작가 루이스 캐럴은 꿈 이야기 전반에 걸쳐 앨리스가 자신의 이중자아를 만나 한계점을 직면하고 그것을 어떻게 극복해 내는지 보여 준다. 이런 과정을 드라마치료의 이중자아 기법과 거울기법을 통해 살펴보자.

(1) 이중자아의 만남

우선, 앨리스와 흰 토끼가 만나 대화를 한다. 앨리스의 내면에 있는 두 마음이다. 첫째는 흰 토끼로 대변되는 권위에 굴종하는 마음이다. 공작부인의 눈치를 보고 자기 인생을 자기 소망대로 펼치며 살지 못하는 마음을 말한다. 둘째로는 흰 토끼의 명령에 불평하며 반항하는 마음이다. 하지만 반항하고 싶은 마음에는 아직 힘이 없어서 그래서 흰 토끼가 명령하는 대로 그의 집에 들어가 물건을 찾는다.

> 앨리스는 뛰면서 "날 하녀라고 생각한 거야?"하고 혼잣말을 했다. "내가 자기의 하녀가 아니라는 사실을 알게 되면 엄청나게 놀라겠지. 하지만 일단 부채와 장갑을 찾아 주어야 하겠지. 찾을 수 있다면 말이야." 이렇게 말하는 동안, 앨리스는 깔끔하게 지어진 작은

집에 도착했다. 대문에는 밝은 빛의 놋쇠로 만든 문패가 달려 있었는데, 거기에는 "흰 토끼"라고 새겨져 있었다. 앨리스는 부채와 장갑을 찾기도 전에 그 집 안사람들에게 쫓겨날까 봐 겁이 난 나머지 노크도 없이 들어가 서둘러 이 층으로 향했다. 그러면서도 앨리스는 계속 혼잣말을 했다.

게슈탈트 이론으로 보자면 토끼가 '상전'(top dog)이다, 그리고 앨리스는 남의 부탁을 명령으로 받아들이며 거절하지 못하는 '하인'(under dog) 노릇을 하는 셈이다. 하지만 점점 하인의 불평, 불만, 항거하고 싶어 하는 마음이 부글부글 끓어오른다. 토끼의 명령이 자극이 되기는 한 걸까? 앨리스는 처음에 흰 토끼가 무서워 벌벌 떨기만 하는 존재였으나 점차 자기를 무시하는 듯이 대하는 흰 토끼에게 반감을 느낀다. 그래서 토끼의 말에 반기를 들며 나름대로 도발적 발언과 행동을 취하여 토끼와 직면하기 시작한다.

앨리스: (속으로 말한다) 참 이상한 일이다. 내가 토끼의 심부름을
　　　　 하게 되다니.
토　 끼: 매리 앤! 매리 앤! 지금 당장 내 부채와 장갑을 가져와!
　　　　 (작게 통통거리는 발소리가 계단으로 이어진다)
앨리스: (토끼가 자신을 찾으러 왔다는 것을 알아 차린 듯 집이 흔
　　　　 들릴 만큼 무서워 몸을 떤다. 그리고는 독백으로)
　　　　 나는 토끼보다 수 천 배는 더 커졌는걸. 그래도 토끼의 말
　　　　 은 아직도 무섭게 들려오네!
토　 끼: 아무래도 집을 태워버려야겠어!

앨리스: (그 소리를 듣고 우렁찬 목소리로)

　　　　그랬다간 디나(나의 고양이)를 보낼 거야!

앨리스 내면의 두 자아가 대결하는 모습이 시작되었다. '권위'에 눌려있는 부끄러운 자아와 부당한 일에 '항거'하는 자아가 긴장 관계 속에서 서로에게 반대 의견을 주장하기 시작한다. 앨리스는 자기를 찾아가는 길에 들어서서 내면 안에서 갈등하는 두 가지 마음을 보게 된다. 이전에는 보지 못했던, 깨달아 알지 못했던 두 마음이다. 이제 이중자아들의 대화가 시작된 것이다. 이러한 이중자아들의 대화는 앨리스로 하여금 지금까지 살아보지 못한 삶, 즉 자기의 목소리를 내고 살아가는 새로운 삶을 꿈꾸게 한다. 잉여현실을 경험하는 것이다.

(2) 이중자아 기법

앨리스는 흰 토끼를 상대하면서 지금-여기서 자기가 진정으로 원하는 것을 행동으로 표현하게 된다. 물론 그 표현을 상대방이 알아차린다면 더 좋겠지만 아직 전달이 안 된다. 그래도 표현을 하고 나니 속이 시원해지는 느낌이다. 지금까지는 이런 행위를 하지 못했었는데 새로운 행동을 취하고 보니 자기를 표현할 줄 아는 새로운 역할에 대해 훈련을 하게 되고 점점 상황을 무서워하지 않는 효과도 보게 된다.

토　끼: (얼마 지나지 않아 밖은 다시 웅성거리기 시작함) 일단 한
　　　수레면 돼. 시작은 이렇게 하고 그러면 이 하녀(메리 앤)가
　　　내 말을 들을 거야. 매리앤 너 정신 좀 차리게 될 거야!
앨리스: (속으로 말한다) 뭐가 한 수레라는 거야? (그러나 작은 자
　　　갈들이 창문을 통해 쏟아져 앨리스의 얼굴을 때리자 그게
　　　무엇인지 알아차리고는 혼잣말로) 그만두게 해야겠어. (그
　　　리고는 밖을 향해 토끼에게 외친다) 다신 안 그러는 게 좋
　　　을걸!
토　끼: (조용히 듣는다)
앨리스: (바닥 여기저기에 널린 자갈들을 집어 들며) 아니 이거 모
　　　두 과자로 변하잖아!(갑자기 번뜩이는 생각이 머리를 스친
　　　듯 말한다) 내가 이 과자를 먹으면 분명 몸이 커지거나 작
　　　아지겠지? 아마 이보다 더 커지게 할 것 같지는 않아. 그러
　　　니까 작아지는 게 틀림없어.

　앨리스가 과자를 집어 먹자 자기의 몸이 줄어드는 것을 알아차
릴 수 있었다. 문을 열고 집 밖으로 나갈 수 있을 만큼 자기의 몸
을 조정하여 도망을 칠 수 있었다. 처음엔 자기의 얼굴을 따갑게
때리던 자갈이지만 가만히 관찰하니 이내 달콤한 과자로 변했고
더하여 자기의 몸을 현실에 맞게 적응시켜주는 아주 필요한 도구
가 되는 경험을 한 것이다. 자기를 표현하며 세상을 관찰하니 이
런 좋은 기회도 올 수 있음을 앨리스는 처음 체험했다. 흰 토끼를
이중자아로 만나면서 답답한 기분도 있었지만, 그것 때문에 자기

를 표현할 줄 알게 되었다. 앨리스는 자기 자신을 찾기 시작한다. 자기의 말을 할 수 있는 자아가 살아나기 시작한다.(이중자아 기법을 활용한 드라마치료의 적용 방법은 이 책의 3부 활동지 부분에 제시되어 있다.)

(3) 거울기법

앨리스와 흰 토끼가 집 안과 밖에서 서로 소리를 지르며 대결하는 모습을 하나의 조각으로 서로 바라보게 하면 앨리스 안에 담긴 자아의 대립적인 요소들을 발견할 수 있다. 더하여 상황을 객관적으로 보며 자기에 대한 통찰을 더 할 수 있어 내면의 통합과 자아의 진정한 확장이 가능해진다. 앨리스의 꿈에 나오는 흰 토끼와의 만남을 집단 내 구성원들이 조각 일부분들이 되어 표현하게 한다. 물론 앨리스 자리에 서 있는 참여자는 스스로 자원하여 주인공이 된 사람이며 다른 이들은 집단원 들 중에서 주인공이 선택하여 드라마에 참여하고 있는 사람들이다. 조각이 완성되면 잠시 정지 사진으로 멈추게 한 후 그 장면에서 앨리스를 대신할 누군가를 세워 주인공으로 그 자리에서 나오게 한다. 주인공은 서너 발자국 떨어진 위치에서 이 광경을 바라본다. 우선 자기의 모습을 보게 될 것이다. 그리고 자기를 만나고 있는 이중자아의 제스춰를 통해 무엇인가를 원하는 얼굴표정도 읽을 수 있게 된다.

자기 내면세계를 바라보게 하는 것이다. 자기 모습을 바라보는 앨리스는 지금 어떤 느낌이 들까? 우선 자기를 하녀 취급하여 명령을 내리고 자기를 이 지경에 이르도록 만든 흰 토끼가 밉게 보일 수 있다. 동시에 그 얄미운 흰 토끼에게 오히려 한마디 대꾸도 하지 못한 채 순응하다가 집안에 갇히게 된 자신의 모습이 부끄럽게 느껴질 수도 있다. 또는 몸이 커져 집 안에 꼼짝달싹 못하게 눌려있는 자기 모습에 더욱 주목할지도 모른다. 나는 왜 이러고 있는 것일까? 흰 토끼가 도대체 뭐길래 처음 본 순간부터 그의 명령에 무서워 벌벌 떨다가 이 지경에 이르게 된 것인가? 나는 누구에게 화가 나고 있나? 흰 토끼인가 아니면 앨리스인 '나' 자신인가?

드라마치료의 디렉터는 앨리스에게 이 장면을 충분히 느낄 기회를 주고 자신의 자리에 서 있는 앨리스에게 더 가까이 가게 간다. 지금 이 내 모습이 어떻게 보이세요? 어떠한 마음 상태인가요? 이렇게 바라볼 때 저 모습 속의 나는 누구에게 무슨 말을 하고 싶어 할까요? 그리고 지금 이 앞에 있는 자기 자신에게 해주고 싶은 말은 무엇인가요? 한 번 직접 말해주시지요. (거울기법을 활용한 자세한 드라마치료 방법도 이 책의 3부 활동지에서 참조하여 좀 더 활용할 수 있다.)

거울이란 참으로 묘한 도구이다. 세상에서 내가 결코 볼 수 없는 것을 보여 주는 작용을 한다. 바로 나의 얼굴이다. 나의 눈은 나의 외면 모든 것을 볼 수 있지만, 얼굴을 볼 수 있는 능력은 없다. 그래서 안타깝다. 거울은 다르다. 그토록 보고 싶은 나의 얼굴을 보여 준다. 그런데 참으로 묘하다. 나의 모습을 보는 순간 나의 모습에 묘한 연민을 느낀다. 만족스럽지 못한 나의 모습이 드러난다. 물론 나에게 좋은 점들도 있지만 만족스럽지 못한 부분들이 더 압도하며 거울 속 내 관심을 끈다.

무대 위의 드라마도 나의 거울 역할을 한다. 내가 지금까지 보지 못했던 나의 모습! 앨리스의 경우에는 흰 토끼를 통하여 그리고 그 흰 토끼를 대면하고 있는 나의 모습을 거울처럼 밖에서 바라보게 하며 의미를 찾게 한다.

『이상한 나라의 앨리스』는 꿈의 장면으로 이어지는 동화이다. 꿈이란 내가 주인공인 영화를 관객이 되어 바라본다고 했던가. 꿈은 거울의 기능을 한다. 지금 앨리스는 무대 위에 오른 자신의 모습을 보기 시작했다. 토끼를 통하여 투사된 나의 모습을 그리고 토끼의 말에 내사가 되어 이상하게 대응하고 있는 나의 모습을 본다.

마지막으로, 무대 위에서 드라마라는 거울이 사용하는 주된 자료는 참여자들의 신체, 곧 '몸'이라는 사실을 주목한다. 사람들의 몸이 취하고 있는 자세와 동작, 그리고 표정들 하나하나가 참여자 모두를 비추는 거울의 역할을 한다. 이 거울은 메를로(Merleau-ponty)의 말대로 보이는 것과 보이지 않는 것, 모두를 보여 주는 도구이다. 거울은 거울에 비친 대상을 보여 주지만 동시에 그것을 보고 있는 대상을 또한 보여 준다. 이처럼 무대 위의 드라마 역시 우리를 비추는 거울의 역할을 하여 지금-여기서 내가 보고 느끼는 것을 보여 주며 동시에 그것을 바라보는 나의 내면세계를 드러낸다. 드라마라는 거울을 통해 우리는 보이는 세계가 새롭게 만들어 가는 대로 우리 내면의 세계를 새롭게 창조해 가게 된다. 거울은 참으로 묘한 방법으로 인간을 비추며 변화하게 한다. 그래서 드라마치료는 거울기법을 중요한 방법론으로 삼는다.

4. 몸과 자발성

앨리스는 얼굴을 때리며 떨어지는 자갈들이 과자로 변하고 있음을 보고, 그것을 집어 먹고 작은 몸이 되어 흰 토끼의 집을 숲에 이르러 자기 몸과 비슷한 크기의 애벌레를 만난다. 그는 담배를 뻐끔뻐끔 피워대며 제법 생각해볼 만한 말을 한다. 그를 만난 후 비둘기와도 차례로 대화를 나눈다.

A. "넌 누구지?"하고 애벌레가 물었다. 앨리스는 수줍어하며 대답했다. "지금은 잘 모르겠어요. 오늘 아침에 일어났을 때는 적어도 내가 누군지 알았던 것 같은데, 그 이후로 여러 번 바뀐 것 같아

서요…. 보시다시피, 난 내가 아니거든요. 하루에도 몇 번씩 몸 크기가 변하니 너무 혼란스러워요."하고 대답했다. "이해가 안 되는군."하고 애벌레가 대꾸했다. "아마 아직 그런 일을 겪어보지 않아서 당신은 그렇게 생각할 수 있겠지요." 앨리스가 대답했다. "하지만 언젠가 번데기가 되고 나비로 변한다면, 좀 이상한 느낌이 들지 않겠어요?"

B. 비둘기는 계속해서 화난 목소리로 "제일 높은 나무를 골랐건만, 그래서 마침내 뱀 걱정에서 벗어났다고 생각했는데…. 여기서 뱀을 만나다니!"라고 말하자 앨리스는 대꾸했다. "하지만, 난 뱀이 아니야. 말했잖아!" 비둘기가 다그친다. "그럼 뭔데? 적당히 둘러 되려는 거잖아." 앨리스는 "난, 난 어린 소녀야."라고 대답했지만, 하루 동안 너무 자주 변해서 이게 맞는 말인지 자신할 수 없었다. 비둘기가 지적한다. "말도 안 되는 소리! 난 수많은 어린 소녀를 봤지만, 목이 너처럼 생긴 소녀는 처음 봐! 아냐, 아냐! 넌 뱀이야! 아니라고 해 봐야 소용없어! 알을 먹는 건 꿈도 꾸지 마!" "분명 알을 먹어 본 적은 있어." 참으로 정직한 어린이답게 앨리스는 사실대로 말했다. "하지만 알다시피 어린 소녀들도 뱀만큼 알을 먹는걸." 비둘기는 앨리스를 궁지에 몰아세운다. "그 말 못 믿겠어. 하지만, 정말 네 말이 옳다면, 내 입장에서는 어린 소녀들도 모두 뱀이야."

⊙ 앨리스는 이상한 나라에서 자꾸 신체가 변하니 마음이 혼란스럽다. 당신도 신체의 변화로 고민한 적이 있는가? 지금 당신이 원하는 외형은 어떠한 모습인가?

"거울아, 거울아! 이 세상에서 누가 제일 예쁘니?" 계모 왕비가 마법의 거울에게 묻는다. 그러자 거울이 대답한다. "공주님이요!" 동화 백설 공주에서 계모 왕비가 질투심이 극에 달아올라 백설 공주를 죽이고 말겠다고 마음 굳히는 대목이다. '거울'의 대답은 왕비가 원하는 바가 아니었다. 그래서 거울의 대답 한마디가 이후 이야기 전개에 엄청난 파장을 미친다. 어쨌든 동화 백설 공주의 작가는 천재적이다. 그가 사용하는 거울이라는 은유! 이 얼마나 인간의 마음을 요동치게 하고 흥분하게 하는 도구인가?

인간의 나르시시즘을 자극하는 것으로 거울만 한 것이 세상에 또 없을 것이다. 거울은 이 세상에서 '나'에게 가장 관심 있는 대상, '나'를 보여 주는 도구이기 때문이다. 거울을 통해 '나의 모습'을 관찰할 때면 왠지 예민해진다. 내 모습이 조금이라도 더 잘 보이길 원한다. 특별히 남들에게 보이는 부분, 오늘도 거울을 통해 그것을 잘 가꾸고 세상으로 향한다. 타인이라는 거울 속에 '나의 모습'이 또 비칠 것이기 때문이다.

신체의 지각

애벌레를 만나 "넌 누구냐?"라는 정체성의 질문을 받을 때 앨리스는 자기의 신체에 초점을 맞추어 대답한다. "잘 모르겠어요. 내가 누구인지!" 오늘 아침에 일어날 때만 해도 몸이 괜찮아 보였는데 지금 여기 이상한 나라에 와서 몸의 크기가 자꾸 바뀌고 있으니 난 "내가 누구인지" 말할 수
없을 지경이라고 한다. 어떤 때
는 몸이 너무 작아져서 하찮은
존재 같아 보이고 또 어떤 때는
너무 커져서 징그럽기도 하고
불편하다. 무엇보다 사람들은 나를 뭐라고 할 것인가 걱정도 된
다. 과연 그들이 과연 나를 어린 소녀라고 여기겠는가 생각하니
혼란스러워한다. "(당신도) 보시다시피, 난 (이렇게 작아져 있어
서) 난 내가 아니거든요!" 앨리스에게 있어서 신체의 변화와 이에
따른 기분은 자기 존재의 의미가 된다. 또한, 자기 존재의 의미를
결정하는 가장 큰 요인으로 작용한다.

앨리스는 지금 꿈을 꾸고 있다. 그뿐만 아니라 꿈속에서조차도
자기 신체의 변화에 민감하다. 신체 외형을 가지고 자기의 가치와
정체성을 확인하려 한다.

신체를 통한 알아차림을 중요시하는 게슈탈트 심리치료의 시
각으로 보면 앨리스가 신체의 변화에 민감한 것은 게슈탈트
(Gestalt)의 욕구가 올라오고 있는 것을 알아차리는 것이기에 긍
정적인 현상이다. 게슈탈트란 자기의 존재 형태를 완성하려는 통
합의 욕구가 올라오는 것인데, 앨리스의 경우에는 이전에는 깊이
생각할 수 없었던 자기 신체에 관련한 알아차림이 생기는 것이다.
신체로 자기 정체성 전부를 다 파악하고 확립할 수는 없겠지만,

신체에 대한 자각은 자기 존재에 대한 지각의 시작이 될 수 있다.

실제로, 게슈탈트 심리치료 이론은 신체의 감각이 살아나고 그것을 알아차릴 수 있을 때 비로소 다른 것들도 깨달아 알 수 있는 길이 열리며, 이를 통해 존재의 흐트러져있던 부분들이 통합의 길로 들어설 수 있다고 본다. 예를 들어, 우리 신체의 오 감각이 살아날 때 우리는 비로소 지금-여기에서의 삶을 진정 경험하고 있다고 할 수 있다. 우리가 어떤 생각에 붙잡혀 있거나 급한 일로 서둘러 움직일 때는 시각, 청각, 미각, 후각 그리고 촉각이 주는 혜택을 누리지 못한다. 뭔가를 하고 있는데 감각의 활동에서 오는 알아차림을 갖지 못한다. 슬픔 속에서 밥을 먹어도 맛이 느껴지지 않는다든지 너무 갑작스러운 일을 당하면 주변의 소리가 들리지 않을 수 있다. 너무 바삐 뛰어다니다 보면 우리가 숨도 쉬지 않고 서두르는 경우가 있다. 모두 신체의 감각을 잊고 내려놓고 있다. 지금-여기에서의 경험을 온전히 누리지 못하고 있다. 하지만 오감이 살아날 때 알아차림이 시작된다. 보고, 듣고, 냄새 맡고, 촉각, 미각으로 느껴볼 수 있을 때 즐길 수 있다. 지금-여기에서 나의 삶이 진정한 존재로서의 형태를 완성해 가는 길이 열린다. 이렇게 오감으로 시작되는 우리의 알아차림은 그동안 우리 존재의 배경에만 머물고 있던 소망이나 욕구가 전경화될 때이다. 그것을 알아차림으로써 욕구가 해소되고 소망이 성취될 수 있는 길이 열린다. 넘어야 할 장애물은 무엇이고, 어떻게 극복해 나아가야 할지 모색하는 기회가 찾아온다.

앨리스의 경우 자기의 신체의 변화를 통해 자기가 누구인지를 스스로 묻는 질문이 시작되었다. 자기 신체가 움직일 때 비로소 자기 정체성을 알아차리고 싶은 마음이 시작된다. 앞 장에서 언급한 철학자 모리스 메를로-퐁티의 몸의 감각에 의한 지각 활동이 의미가 있는 것이 바로 이 때문이다. 메를로퐁티는 신체(감각)를 통한 지각없이 우리가 깨달아 알아차릴 수 있는 것은 없다고 주장한다. 신체의 감각과 이를 통한 지각이야말로 우리의 사고에 영향을 주며 우리가 바라보는 세상과 우리 존재에 대하여 의미를 부여한다고 한다.

"우리가 우리의 몸에 의하여 세계에 존재하는 만큼 우리는 우리의 몸과 함께 세계를 지각한다. 몸과 세계는 일란성 쌍생아처럼 함께 태어난다."(김형효,1996:152, 재인용)

이런 의미에서 신체의 감각을 행사하는 몸에 대한 관찰은 필연적이다. 앨리스는 자기의 몸을 관찰하며 자기의 세계를 열어간다. 물론 급격한 신체의 변화를 자각하며 충격을 받고 있지만, 이 또한 자기 몸의 소중함을 알고 변화에 민감해 하는 모습이기도 하다. 몸에서 자기 정체성을 찾으려는 것은 몸을 진정한 자기 삶의 주체로 보려는 태도이며, 존재의 실상이라고 여기는 메를로-퐁티다운 앨리스의 고민이라 할 수 있겠다.

이러한 몸에 대한 앨리스의 관찰은 생각을 앞서는 과정이다. 몸에 대한 관찰과 몸의 지각이 사고의 작용을 시작하게 하고 몸을 통해서 머리가 작동하게 한다. 앨리스는 몸의 변화 경험을 통해 비로소 자기가 누구인지 질문을 하게 된다. 몸에서 시작하여 머리(생각)의 작용이 열리고 있다. 앨리스에게 신체의 변화가 없었다면 아마도 자기 정체성에 대한 질문은 역시 생기지도 않았을지 모른다.

이 몸의 지각은 비로소 자기의 소망(욕구)이 무엇인지를 알아차리게 한다. 애벌레가 "너는 누구냐"라고 물을 때에 자기는 신체의 변화를 경험하고 있어서 자기가 누구인지 모르겠다고 하는데 이 말은 동시에 "자기가 누구인지를 알고 싶다"라는 소망을 뜻하는 말이기도 하다. "오늘 아침에 일어날 때 만해도 알았는데 신체가 자꾸 바뀌어 헷갈려요. 내가 누구인지 잘 모르게 되었기에 이제는 정말 제가 누구인지 더 알고 싶어졌어요"라고 말하고 있다. 앨리스의 대답은 신체의 변화와 자기 정체성 확립에의 소망을 연결하려는 노력이라 볼 수 있다.

앨리스의 알아차림은 또한 신체와 정신을 따로 분리하지 않고 그것을 하나로 어우러지게 하는 어린 소녀의 당찬 노력이기도 하다. 그동안 생각하지 못했던 자기가 누구이냐는 '머리'의 질문은 '신체'의 변화를 통하여 알아차리게 되었다. 자기가 되어보고 싶은 사람의 모습을 생각하면서 자기의 '욕구'와 '소망'에 충실하여 자기를 회복하게 되는 전인적 치유와 성장의 과정을 시작하게 된 것이다.[29]

작가는 꿈 전체에 걸쳐 앨리스의 자기 정체성 확립의 과정을 보여 주되 몸의 지각을 자기성찰의 일차적 요소로 소개하고, 신체에 대한 자각을 통해 거울을 보듯 자기 모습을 서서히 들여다봄으로 깨달음의 주체를 세워가고 있다.

문화보존성 vs 자기 정체성

사람이 자기의 몸을 소중하게 여기고 간직하려는 것은 무엇보다 중요한 일이다. 그런데 자기의 '몸' 그 자체를 가치 있게 여기기보다 사회가 심어준 기준과 이미지로 자기의 몸을 평가하고, 그 기준에 미치지 못할 때 자기 자신을 깎아내리게 된다면 그것은 문제가 된다. 앨리스가 "나는 누구인지 모르겠다." 할 때 그 기준은 과연 어디에서 온 것일까? 앨리스 스스로가 가진 삶의 기준으로 자신의 존재에 대하여 평가하려는 말인가? 아니면 사회와 문화가 만들어 준 기준에 따라 자신을 평가하는 말인가?

쉬어가는 코너

유비의 비육지탄(肉之嘆)

우리가 어릴 때부터 동화처럼 많이 읽어온 중국 『삼국지』의 첫 부분에 비육지탄(肉之嘆)이라는 고사성어의 유래가 된 유비의 이야기가 나오는데, 신체 변화를 놓고 불평하는 앨리스의 이야기와 대조가 된다. 유비가 아직 난세의 영웅으로 등장하기 전 여러 권력가의 수하에서 신세를 지던 시절이 있었는데, 한 번은 형주 태수 유포의 수하에서 식객의 노릇을 하던 때의 에피소드이다. 어느 날 유포는 자기와 성씨가 같은 유비를 우대하면서 위로의 술자리를 베풀었다. 그날 유비는 술을 너무 많이 마셔 변소로 향했고, 거기서 그는 문득 자신의 엉덩이와 허벅지가 살이 몰라볼 정도로 포동포동 쪄 있는 것이 아닌가? 술자리로 돌아온 유비는 울며 말한다. "나는 원래 평생을 말 안장 위에서 보낸 사람입니다. 전장을 누비며 다녔기에 허벅지에 살이 붙을 시간이 없었습니다. 그런데 오늘 문득 허벅지를 보니 비곗살이 올라와 출렁거리는 것이 꼭 돼지와 같습니다. 제 나이 50에 이룬 것 하나 없고 시간을 중히 여기지 않았으니 어찌 대장부라 할 수 있겠습니까?" (김길빈, 2003, p.14)

신체의 변화를 놓고 앨리스와 유비 둘 다 한탄을 하고 있지만, 유비는 자기의 이상을 실현하지 못하고 살이 쪄오른 모습을 한탄하는 것이고, 앨리스는 사회의 기준에 따른 예쁜 소녀의 이미지를 간직할 수 없는 신체의 변화에 불평하고 있다. 두 이야기의 대조점은 자기 외모에 대한 성찰 기준을 어디에 두느냐의 문제로 볼 수 있다. 앨리스는 사회의 기준과 남들의 시선 안에 자기 자신을 맡겨버린 '내사'의 상태를 보인다.

엄마 뱃속에서 갓 태어난 유아는 자기 존재에 대한 남들의 평가에 의존하지 않는다. 그저 자신의 신체가 필요로 하는 것을 붙잡아 끌어당겨 먹고 배설해 내보내는 자발적인 행위로 자신의 신체에 충실할 뿐이다. 하지만 자라면서 타인들로부터 자신의 신체 욕구와 상관없는 생각이나 감정, 또는 규칙을 받아들이게 된다. 외부세계의 가치관이 자기 평가와 관리의 기준이 되는 것이다. 이로 인해 태어날 때부터 가지고 태어난 자발성은 줄어들고 외부세계의 요구와 기준에 부응하는 인생으로 자라게 된다. 이 경우에 자기만의 독특한 이상과 가치를 세워나가는 것을 기대할 수는 없다.

모레노는 이처럼 사람들이 외부 사회와 문화가 만들어 놓은 기준과 관습 속에 자기 자신을 맞추어 살며 그것에 따른 경직된 역할로 삶을 살아가는 방식을 가리켜 '문화보존성'(culture conserve)이라고 하였다.(모레노, 1946, p.233) 물론, 문화보존성 역시 사회 문화가 이전세대의 수많은 지식과 경험의 축적을 통해 만든 것이기에 현존하는 최선의 가치라고도 말 할 수 있다. 하지만 과거의 열매는 지금-여기에서의 삶을 통해 새롭게 창조되고 진화할 필요가 있다. 만일 사람들이 과거의 성공만을 고집하고, 그 이상의 것을 추구하지 않는다면 인생은 지금-여기를 살기보다는 과거를 살아가는 깃이 되고 현실에 충실하지 못한 시간을 경험할 수 있다.

앨리스가 신체의 변화에 충격을 받아 몸이 작아졌다고 슬퍼하거나 커졌다고 해서 수치스러워하는 것도 문화보존성에 이미 길들여진 모습이다. 자기 나이 또래의 여자아이는 키가 어느 정도 되어야 정상적(normal)이고, 그것과 다른 것은 '이상한'(abnormal) 것이라는 사회의 가르침 아래 내사된 가치 기준을 받아들이고, 자기를 평가하고 있음을 보여 주는 것이다. 이렇게 문화보존성에 위배 되는 '이상한' 존재로서 자기 자신을 보게 될 때 앨리스는 마음이 혼란스럽고 불안하다고 표현한다.

모레노는 이러한 문화보존성에 영향을 받은 개개인은 꽁꽁 얼어붙은 경직된 삶을 살면서 새로움을 향해 달려가게 하는 자발성(spontaneity)에 손상을 입는다고 한다. 자발성이란 인간의 삶을 창조적으로 이끌어가기 위한 촉발적인 요소로서 창조적인 발상을 가능하게 하며, 그 발상을 형상화하고 구체화 시키는 힘이라고 하였다.(J.L. Moreno, 1946b, p.36-37) 더하여 모레노는 자발성이야말로 본래부터 인간을 움직이는 에너지로 보았다. 이는 프로이트에 의한 정신분석이론과 정반대 입장이 된다. 프로이트는 인간을 기계적으로 이해(human mechanism)하고 인간의 삶을 움직이는 힘을 리비도(libido)라는 생물학적인 본능, 특별히 성적인 욕구에서 찾았는데 이는 강력한 도덕적 원칙인 초자아의 압력에 굴복한 자아에 의하여 방어되고 억압되는 정신내적 내용물이 되고 만다. 따라서 리비도는 삶의 에너지이지만 환영받지 못하고 회피되는 부정적인 성격의 것이 되고 자아는 이를 방어하는 기능의 수동적인 정신 활동이 되고 만다.(J.L. Moreno, 1946b, p.102)

하지만, 모레노에 의하면 자아의 기능은 삶의 에너지를 억압하기보다는 살려내는 데 있다. 현실에 직면하는 자아는 수동적이지 않다. 현실에 맞는 대응을 하기 위하여 오히려 삶의 에너지를 움직여 대처해 나가는 능동적인 성격의 활동을 한다. 모레노는 자아의 이러한 능동적인 활동성향이 고양되는 것을 가리켜 자발성(spontaneity)이라고 주장한다. 자발성은 사람을 움직이게 하여 결국 새로운 것을 창조하는 능력의 원천이 된다.

모레노는 이러한 자발성은 인간이 본성으로 지니고 태어나는 것으로 보았다. 그는 그것을 한 인간이 태고적부터 가진 성향으로 본다. 즉 한 생명이 수정된 때부터 작동하여 신체적 탄생을 준비하는 과정에서도 나타난다고 보는데 바로 태아가 엄마의 뱃속에서 10개월을 기거하는 동안 꿈틀거리는 움직임에 대하여 인간이 보이는 가장 첫 자발적 행위라고 한다. 태아의 이 작은 몸짓은 결코 누가 시켜서 하는 것이 아니다. 순전히 스스로의 움직임에 의한 것인데 자기의 탄생을 향해 나아가려는 움직임이다. 이러한 자발성의 움직임이 탄생으로 이어진 이후에도 인간을 움직이는 자발성은 멈추지 않는다. 자발성은 인간으로 하여금 세상을 정복하고 다스리는 존재로 성장하도록 작동한다. 비록 인간은 생후에 나타나는 신체적 기능들이 다른 동물들에 비해 열등하며 환경에 적응하는데 많은 시간을 필요로 하지만, 이는 앞으로의 생애에 있어서 창조적 능력을 충분히 발휘하기 위한 준비시간으로 필연적이다. 성장기에도 자발성이라고 하는 능동적 삶의 자세는 사실 아주 적극적으로 나타난다. 유아는 미지의 세계를 향하여 손을 뻗치고, 그 무엇인가 손가락에 닿노라면 그것을 붙잡아 입에 넣어 자기에게 맞춘다. 자발적 행동으로 세상을 향해 적극적인 성향으로 다가가며 진취적으로 자기 성장을 이루어가려 한다.

물론 인간 역시 사회적 기준과 요구사항들에 의하여 영향을 받는다. 프로이트의 시각에서 보듯이 생물학적 욕구가 억압을 받아 정신내적으로 눌리는 차원이 아니라 사회적 관계의 차원에서 교류할 삶의 에너지를 양보하게 되는 일이 일어난다. 유아는 자라면서 어른들의 요구와 기대 그리고 더 나아가 사회문화가 제시하는 가치관을 수용하는 과정을 거친다. 이때 자발적인 본성은 진취적인 태도를 양보하고 수동적인 자세로 세상을 받아들이는 방식을 취한다. 모레노는 이를 가리켜 인간이 문화적 보존(cultural conserve)의 과정에 젖어 들어가는 것으로 보았고 이는 결국 자발성의 후퇴와 함께 창조적 삶이 지연되는 어려움을 갖게 한다. 따라서 자아의 인생 과제는 이러한 문화보존성 아래 양보된 자발성을 회복하는 것이다. 참된 자기를 실현하기 위한 소망의 존재로 적극적으로 세상을 상대하며 나아가게 하는 것이다. 앨리스와 애벌레의 만남을 통해 배우는 것은 문화적 보존을 넘어서는 데 필요한 것은 자아의 자발성 회복이라는 점이다. 앨리스는 가치관과 판단기준을 넘어설 수 있어야 했다. 이를 위해서는 자신을 새롭게 바라보고 삶을 능동적으로 이끌어 갈 수 있는 에너지를 얻는 경험이 필요했다.

신체의 변화로 인해 혼란스러워하는 앨리스에게 애벌레는 단호하게 말한다. 어린 소녀 앨리스가 보고 있는 것을 자기는 보고 있지 않다고 말이다. 즉 앨리스는 신체를 중요시하는 세상의 기준을 받아들여 자신을 보는 것이고, 애벌레는 지금 앨리스와 같은 크기의 신체를 가졌지만, 앨리스와 생각이 다르다고 말한다. 애벌레의 말을 아직 이해하지 못하는 앨리스는 다시 하소연한다. "어쨌든 나는 하루에도 몇 번씩 몸의 크기가 변하니 너무 혼란스러워요."

신체가 커졌다 작아졌다 해서 자기에 대하여 뭐라고 말할 일관성이 없게 되었으니, 자신을 누구라고 정확히 정할 수 없다는 말이다. 이 말에 애벌레는 다시 반박한다. "이해가 안 되는군. 너라고하는 존재는 신체의 크기 변화와 상관없이 너 자신일 뿐인데." 인간은 신체의 변화와 상관없이 그 존재는 동일하다는 말이다. 게다가 애벌레의 이 말에는 앨리스가 정말로 자기의 존재를 중요하게여기고 있는지 묻는 뉘앙스도 풍긴다. 신체 크기가 중요한 게 아니라, 그것과 상관없이 자신의 존재를 발견하고 그것을 진정으로소중히 여기는 자세가 더 의미가 있다고 가르쳐주고 있다.

자기 정체성에 관한 이와 같은 애벌레의 의견은 에릭 에릭슨의발달심리학적 입장에서 잘 소개되고 있는 바이다. 이동희(2010)는 어린 소녀 앨리스의 정체성 혼란에 대하여 『이상한 나라의 앨리스』를 다룬 영화들을 분석하며, 에릭 에릭슨의 시각에서 다음과 같이 밝힌다.

주체가 뚜렷하고 자아가 확립되는 지점을 발달심리학에서는 자아정체성이라고 한다. 에릭슨은 자아정체성을 '내가 누구인지' 아는것이며, 시간이 변하고 환경이 바뀌어도 지속하는 나의 독특성을인지하여 자기 나름의 인생관을 확립하는 것이라고 했다. 또한, 자신의 존재와 자기가 추구해 나아갈 가치에 대한 확신이 서지 않을때, 자아정체감의 혼란으로 인해 부적응을 경험하게 된다고 했다.자아정체성은 '내가 누구인지' 아는 것이며 시간이 변하고 환경이바뀌어도 지속하는 나의 독립성을 확립하고 인지하며 자기 나름의

인생관을 확립하는 시기라고 했다.(이동희, 2010, p.53-54)

그렇다 '내가 누구인가'하는 질문에 대한 대답은 에릭슨의 말대로 외부의 현실이 내게 주는 기준이 아닌 나만의 독립된 시각으로 나를 바라볼 때 가능하다. 자아정체성은 외부의 기준에도 흔들리지 않는 일관된 자기만의 특징을 찾는 데서 확립된다. 그렇다면 외부가 원하는 것이 아닌 나만의 독립된 시각이란 무엇일까? 이동희는 그것이 "세상의 법칙"이 아닌 "자기의 소망"을 찾아 발견하고, 그 소망을 계속 일관되게 추구하는 데서 나타날 수 있다고 본다.(이동희, p.40, 52) 왜냐하면 자기가 소망하는 것이 무엇인지를 알고, 그것을 이루어가는 과정이 자기의 독특성을 결정하는 가장 중요한 요소가 되어 '나는 누구인가'라는 질문에도 가장 좋은 답안을 줄 수 있기 때문이라고 한다.[30]

모레노의 시각에서 이해하자면 자아정체성은 자기의 소망대로 자기의 존재를 찾아가도록 자아를 움직이게 하는 인간의 본성, 자발성을 의미한다.

선택으로 찾는 나

애벌레는 노련한 교사와도 같다. 그는 앨리스의 자기정체성을 키워 주려는 방법으로 자기 소망을 선택적 행동을 통해 발견하는 선물을 준다. 앨리스에게 버섯을 주며 "네가 그렇게 신체의 변화로 인하여 혼란스러워하니 이것을 가지고 한번 네가 원하는 대로

신체를 조절해보라"라고 한다.[31]

앨리스는 버섯을 취하여 두리번거리다 먹는데, 이때 양을 조절하는 선택적 행위를 한다. 자신의 신체 크기를 커지게도 하고 작아지게도 하는 조절을 할 수 있게 된다. 그러자 앨리스는 이제 더는 신체의 변화로 인해 두려워하지 않게 된다. 이제는 신체의 크기와 상관없이 자기 자신은 변함없는 존재임을 확인하게 되었기 때문이다.

이제 앨리스의 마음이 아주 여유로워진다. 버섯의 양을 조절하는 일이 서툴러서 한 번은 목만 아주 길어지는 일이 생겼다. 그때 비둘기가 나타나 자기를 뱀 취급히며 자기를 아주 당황스럽게 몰아세웠다. 앨리스는 흔들림 없이 강력히 주장한다. "난 뱀이 아니야!" 하지만 비둘기가 다그친다. "그럼 뭔데?" 앨리스는 "난, 난 어린 소녀야."라고 자기 정체성을 주장한다, 그래도 비둘기는 지적한다. "말도 안 되는 소리! 난 수많은 어린 소녀를 봤지만, 목이 너처럼 생긴 소녀는 처음 봐! 아냐, 아냐! 넌 뱀이야! 아니라고 해 봐야 소용없어! 알을 먹는 건 꿈도 꾸지 마!" 앨리스는 아주 여유롭게 응대한다 "나도 분명 알을 먹어 본 적은 있어." 참으로 정직하게도 말하며 힘있게 설명한다. "하지만 알다시피 어린 소녀들도 뱀만큼 알을 먹는다는 걸 알기 바래! 알을 먹는다고 뱀은 아니지!" 앨리스는 버섯을 가지고 자기의 모습을 스스로 선택하면서 자기 신체에 대한 주도권을 확보한 듯하다. 더는 신체의 크기에 의해 영향을 받지 않고 오히려 그것을 조절할 줄 아는 자신을 더 자랑스럽게 여긴다. 이 선택의 경험을 통해 앨리스는 이제 더는 외부의 기준에 의하여 자기의 존재를 깎아내리거나 의심하는 태도를 보이지 않는다. 외부의 기준이 더는 자기를 조정하는 힘이 될 수 없음을 알게 된 것이다.

앨리스는 선택의 행위를 통해 자기가 신체의 변화보다 더 큰 인물임을 알게 되었다. 자기는 스스로 소망하는 바를 선택할 수 있는 존재이고, 자기가 원하는 것이 무엇인지 찾을 수 있는 존재가 되었다. 심지어 평소 자신이 소망했던 '작가'로서의 포부도 드러낸다. 자신이 크면 책 한 권은 꼭 쓰겠다는 바람을 나타내며, 미래에 그 소망을 이루고 싶다고까지 피력한다. 물론 자기의 이런 생각은 가능성이 없고 현실적이지 못하다고 하면서 아직도 자기의 등장을 잠재우려는 태도를 보인다. 이는 앨리스가 앞으로 나아갈 길을 위해 경험하며 깨달아야 할 많은 학습 과정이 필요함을 알려주는 것이기도 하다. 어쨌든 앨리스는 바로 이러한 자기 정체성을 찾기 위한 욕구들이 하나둘씩 배경에서 전경으로 나타나며, 그것이 형태를 갖추어 발전해 가는 과정을 꿈으로 경험하고 있다.

앨리스의 꿈은 자기의 소망을 찾아 나선 어린 소녀의 모험이다. 언니가 읽어주는 책에 그림도 대화도 없어서 싫증을 느끼던 앨리스가 흰 토끼를 따라 굴속에 뛰어드는 장면은, 뭔가 자신이 진정으로 원하는 것을 찾기 위해 첫걸음을 내딛는 모습이라 볼 수 있다. 이상하고 낯설지만, 뭔가 자기와 연관된 일들을 경험하면서 점차 자기의 소망을 구체화하고 표현하는 사람이 된다. 자신의 '욕구'를 발견하고 구체화하는 과정을 통해 적절한 자기역할을 학습하며 자기정체성을 명확하게 만들어 간다. 앨리스의 꿈은 거울처럼 자기의 모습을 비춰준다. 그동안 가려졌던 자기의 욕구와 소망을 발견하고 표현하게 하여 참된 자기로 살아갈 수 있도록 만들어 준다.

5. 감정의 구성

앨리스는 후추 향이 아주 심한 공작부인의 주방에 들어간다. 거기에는 아기를 품에 안고 있는 공작부인과 그녀의 요리사가 이상한 광경을 자아내고 있다. 요리사가 접시며 냄비를 마구 집어 던지는데 공작부인은 한 대 얻어맞을 때까지 모르는 척할 것 같다. 그 와중에 아기는 벌써 맞았는지 정신 못 차릴 정도로 울어댄다. 공작부인은 아기를 얼러준다고 하늘을 향해 사납게 던졌다 받았다 하며 노래를 부르는데 노래의 가사가 가히 폭력적인 수준의 내용이다. "아기가 재채기하면 때려 줄 거야. 네가 즐길 수 있게 하려는데, 아가야 후추 줄까?" 도무지 이해가 안 되는 상황! 그러다가 공작부인이 갑자기 자기는 여왕의 부름에 응답하러 가야 한다고 허겁지겁 서둘러서 앨리스에게 아기를 던지듯이 맡기고 길을 나선다. 앨리스는 당황스럽지만, 아기가 불쌍하여 받고서 아기의 얼굴을 보니 흉하기가 꼭 불가사리 같고 숨소리는 거칠기가 꼭 증기기관차 같다. 징그럽지만 아기를 안고 밖으로 나오면서 아기 얼굴을 다시 보니 아니 이번엔 돼지가 아닌가. 돼지를 데리고 집으로 갈 수는 없다고 혼잣말을 하는데 아기는 이미 돼지가 되어 숲속으로 도망쳐 버린다. 품을 떠난 아기(돼지)를 바라보며 앨리스는 오히려 한숨을 쉬면서 바라본다.

⊙ 당신이 불편을 느끼는 사람들을 대할 때 어떠한 자세를 취하는
가? 어떤 감정이 당신을 사로 잡는가?

⊙ 지금 현재 나의 정서(감정 상태)의 맥락을 생각할 때 그것에 관
련된 사람들은 누구인가? 그들과의 마음의 거리를 측정해 보라,
가장 가까이에 있는 사람은 누구이며, 가장 멀리에 위치하고 있
는 사람은 누구인가?

인기 방송 작가인 김수현(2005)은 자신이 TV 드라마를 만들 때
가장 중요하게 여기는 작업이 "캐릭터를 만드는 일"이라고 한다.
이때 주인공뿐 아니라, 극 중에 등장하는 인물을 잘 선별하는 일
이 중요한데 실제로 연속극에서 이들이 맡는 역할은 단순히 재미
를 더하는 것 이상의 의미가 있다고 한다. 캐릭터들은 다양한 모
습과 성격으로 등장하여 자연스럽게 인간 삶을 보여 주며 드라마
를 구성한다. 이들로 인해 주인공의 이야기는 아주 심도 있게 다
루어진다고 한다.(p.29)

연극을 포함한 모든 드라마에서 주인공 한 사람만으로 극을 진
행하는 것은 어려운 일이다. 물론 독백이 있어 주인공이 자기의
심정이나 생각을 표현하는 드라마도 있지만, 그것만으로 연극 전
체를 구성하기란 어려운 일이다. 왜냐하면, 연극은 인간 삶의 구
체적인 이야기를 담고 있는 것이어야 하며, 그 삶의 이야기는 사
회적 관계성을 떠나서 생각할 수 없기 때문이다. 드라마에서는 당

연히 주인공의 삶을 함께 구성하고 있는 여러 다양한 캐릭터들이 포함되며 그들과 교류하는 주인공의 역할이 드라마 시연의 주 내용이 된다.

꿈도 마찬가지이다. 주인공 한 사람만 등장하는 꿈은 너무 추상적이다. 설사 주인공 하나만 등장한다고 하더라도 주인공은 동물이나 식물 또는 사물들을 포함한 관계선상에서 꿈의 이야기를 전개하기 마련이다. 따라서 꿈속에 주인공이 자기와 함께 등장하는 캐릭터들과 전달하는 에피소드를 잘 살펴보는 것이 중요한데, 그곳에는 언제나 감정적 연결 고리들이 들어가 있음을 알게 된다. 꿈은 주인공과 다른 인물들 사이에 아직 풀리지 않은 채 얽힌 감정들을 담아내며 꿈속의 주인공은 이 감정의 실타래를 풀어가며 감정정화를 경험하기를 원한다. 드라마치료는 참여자들이 자기를 찾아 완성해 가는 과정이다. 자기의 정체성을 찾고 자기에게 개발되지 못했던 역할을 찾아 표현하고 훈련하게 된다. 그런데 이 과정 가운데 중요한 과제 중의 하나는 바로 주인공 안에 있는 감정 덩어리를 다루어 감정정화를 경험하는 일이다. 드라마치료는 과연 이 과제를 어떠한 방법으로 이루어 나가는 것일까?

사회원자

감정의 카타르시스를 이해하려면 개인의 정신세계 안에 머무는 감정의 덩어리들과 그것을 형성시킨 사회적 관계와 경험들을 연결하여 살펴보아야 한다. 인간 정신의 주요 작용 중 하나로써 감정은 늘 우리의 모습과 행동의 동기를 부여하는데 감정의 배후에는 늘 인간관계의 경험과 기억이 있기 마련이다. 감정은 우리가 깨어있는 일상의 삶에서뿐 아니라 잠자고 있는 동안 꿈속에서도 나타난다. 꿈의 에피소드는 감정을 수반하며, 그 감정에는 인간관계의 측면들이 동반된다. 따라서 꿈의 감정에 관한 내용에 접근하기 위한 가장 큰 단서는 주인공이 주변 인물들과 어떠한 사회적 관계를 맺고 있는지 살피는 것이 필수적이다. 모레노는 우리 개개인의 감정 덩어리 안에 담겨있는 근원적인 사회적 관계를 살필 것을 주문하였다. 그는 감정 안에서 발견되는 인간관계의 핵을 구성하는 가장 기본적인 사회적 단위들을 '사회원자'(social atom)라고 명하였다.

> "사회원자란 한 개인의 탄생 시부터 시작되는 인간 상호관계들 사이에 흐르는 아주 독특한 패턴을 말한다. 처음에는 아기와 엄마 사이의 관계로 시작하여, 시간이 지남에 따라 삶의 반경 안에서 만나는 인물들이 추가되며 형성된다. 물론 이 들 중에는 아기에게 기분이 좋게 느껴지는 사람들이 있는가 하면 나쁘게 느껴지는 사람들이 있으며 아기 역시 그들에게 좋은 혹은 안 좋은 느낌을 줄 수 있다. 좋은 느낌이나 나쁜 느낌, 어느 것도 주지 않는 사람들은 사람들 개개인의 사회원자 안으로 들어가지 못한다. 그저 일생에 알고 지나간 사람들로 스쳐 갈 뿐이다. 하지만 좋고 싫은 느낌으로 연결된 두 명 혹은 그 이상의 사람들과의 상호관계성이 바로 텔레이며,

사회원자는 한 개인이 느끼는 텔레들이 얽히고설키어, 그 개인 안에 만들어 내는 감정의 덩어리와도 같은 것이다. 긍정적인 느낌이던 부정적인 느낌이던 그것은 한 개인의 사회원자에 깊은 인상을 심어주며 생애가 계속되는 동안 여러 많은 사람이 그 인상 안으로 들어와 사회원자를 유지해 간다. 따라서 사회원자는 평생 계속 변화하면서도 꾸준히 내면에 남아 독특한 형태의 덩어리로 존재하는 것을 말한다."(Moreno, 1939, p.3).

사회원자는 인간의 삶이 시작되는 초기부터 작동한다. 갓 태어난 유아에게는 엄마와 아빠와 경험하는 감정적 교류가 가장 기본적인 사회원자이다. 유아를 향해 부모가 내뿜는 감정은 유아가 이 세상에서 처음으로 느끼고 받아들이는 사회적 교류의 감정이요 인상으로 남는다. 유아의 사회원자는 유아가 자라면서 가족체계 안에서의 경험, 친구 관계와 학교생활 그리고 다양한 사람들과의 인간관계 경험으로 구성되며 끊임없이 지속된다. 성인이 되어서도 바로 지금-여기(직장생활, 이웃과의 관계, 공동체 소속)에서 경험하는 인간관계로 인해 생기는 감정의 경험이 현재의 사회원자를 구성하는 것이다. 즉, 전 생애에 걸쳐서 유사한 관계 형성의 인상들은 감정 덩어리로 남게 되고 유아기 적부터 시작된 비슷한 감정을 유발하는 사회원자가 지금-여기에서도 경험된다는 사실이다.

《사회원자의 예》

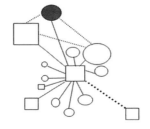

남자 ☐	친밀한 관계	———————
여자 ○	소원한 관계	·················
사물 △	기타	사망(배부짙은색) 텔레(선의 길이로 표현)

모레노는 바로 지금-여기에서 발견할 수 있는 사회원자에 주목하였다. 한 개인의 과거 사회원자 구성은 어느누구도 정확하게 짚어서 다룰 수 없다. 하지만 주인공이 지금-현재 느끼는 사회원자의 모습을 제대로 파악할 수 있다면, 자신을 둘러싸고 있는 환경 속의 인물들에 대한 자기의 역할을 창조적으로 개선해 나갈 수 있도록 도울 수 있다. 이를 통해 과거의 감정과 그것에 얽혀있던 사회원자들도 제대로 다룰 수 있는 길이 열린다고 그는 확신하였다. 또한, 과거만이 아닌 미래의 삶 속에서 펼쳐지기 원하는 감정에 대해서도 새로운 역할훈련을 통해 나아갈 수 있다고 보았다.

그래서 모레노는 자신의 사회원자를 분석하고 통찰하여 그 얽힌 부분을 해결하고 싶어 하는 사람들에게 주인공이 되게 하였다. 무대 위에서 주인공이 되어 드라마를 시연하며 진정한 자신을 찾도록 했다. 사람들 속에서 새로운 역할로 상호교류할 수 있도록 행위갈증을 촉진하여 심리극을 펼치게 하였다. 물론 주인공의 삶을 구성하는 사회원자와 그 안에서 발견되는 주인공과 주변 사람들과의 상호관계는 아주 역동적이다. 대체로 감정이 얽혀있어 상호 간에 서로를 꼼짝달싹 못 하게 하는 역기능적인 모습을 보이는데, 가족체계이론에서 말하는 '미분화된 가족 내 자아감정덩어리'(undifferentiated family ego-mass)와 같은 것이다. 하지만 드라마치료는 주인공에게 드라마 시연을 통하여 자기의 감정을 드러내고 욕구를 분명히 표현하도록 돕는다. 점차 자기의 소망을 찾아 표현하는 역할을 훈련하여 자기정체성을 견고하게 세우도록 돕는다. 그렇게 할 때 주인공의 사회원자 가운데에는 드러나는 관계적 어려움과 감정이 있는데, 이로 인한 영향으로 주인공이 다른 사람들에게 휘둘리어 힘들어지는 일이 사라진다. 주인공은 현재 자기의 감정에 충실한 하나의 진정성 있는 존재가 된다. 자기를 둘러싸고 있는 사람들을 더 웅어리진 감정적 사회원자가 아닌 지금-여기에서의 삶에 적합하고 긍정적인, 새로운 사회원자로 대할 수 있어 변화를 경험하게 된다.

앨리스의 꿈 이야기에도 사회원자를 보여 주는 요소들이 곳곳에 나온다. 눈물의 웅덩이를 벗어나서 만난 동물들이 앨리스의 텔레와 관계성을 측정했다면, 공작부인의 집 주방에서 펼쳐진 만남의 광경은 앨리스 내면세계의 사회원자들이 현재 어떻게 구성되어 있는지를 보여 준다.

공작부인의 주방에서 드러나는 앨리스의 사회원자는 감정의 고리를 풀지 못하는 얽힌 인간관계의 모습이다. 인물들이 특이하다 못해 괴이하여 이성적이거나 합리적인 대화가 어렵게 느껴진다.

꿈과 사회원자 도해

꿈에 대해 프로이트와 융의 이론은 근본적으로 꿈꾸는 이의 정신내적(intro-psychic) 역동에 초점을 맞춘다. 프로이트는 심리성적 이론에 따라 개인의 욕구불만이나 억압된 욕구들이 상징적으로 꿈에 나타난 것으로 보며, 융 역시 꿈의 등장인물들은 무의식의 그림자들이거나 의식과 무의식의 대화를 위해 상징적으로 현현된 원형의 메시지로 본다. 따라서 꿈의 내용은 실제로 일어나지 않은 이야기일 수도 있으며, 사회적 관계성에 대한 해석은 이차적인 요소가 된다. 아들러의 경우에는 꿈속에 개인의 이상과 목적이 담겨있다고 보며, 이를 달성하려는 의지의 표현이 드러나며 등장인물과의 사회적 관계성을 통해 꿈꾸는 이의 사회적 건강의 정도를 짚어볼 수 있다고 본다. 물론 가족과의 관계, 특별히 출생순위를 중요시한다. 이러한 짐에 있어서 꿈의 내용에 나타나는 사회성 특별히 기족 관계를 살펴볼 필요가 있으나 모레노의 사회원자 이론은 가족도해를 이해하는 데 있어 근원적인 자원이 되었던 것처럼 꿈속에도 가족 관계에 따른 얽히고설킨 감정의 덩어리를 이해하는 데 사회원자는 큰 도구가 될 수 있다. 우리는 언제나 우리 삶의 일부분을 이루는 감정의 영향을 받는데, 우리의 마음을 사회원자로 분해해 보면 유아기 적부터 지금까지 계속되고 있는 감정의 구성형태를 파악할 수 있다.

요리사가 엄청나게 커다란 단지를 들어 던지자 앨리스는 무서워하며 "맙소사, 무얼 하는 거예요? 귀여운 아기 코에 맞겠어요!" 하고 소리쳤다. 말도 안 되는 짓을 하고 있다는 지적이다. 그런데 요리사의 이런 무지막지한 행동에 대한 공작부인의 말은 더 이해할 수가 없다. 공작부인은 이에 대하여 화나 있으면서도 "누구나 자기 할 일을 하는 것뿐이야. 그래야 세상은 보다 빨리 돌아가기 마련이지."하고 말한다. 요리사가 이렇게 행동하는 것이 자기가 해야 할 일을 하는 것이라고? 그리고 그래야 세상이 빨리 돌아간다고.? 앨리스는 이러한 상황 속에서 자기 나름대로 공작 부인에게 응수하며 따진다. "세상이 빨리 돌아가야 한다고요? 그건 이치에 맞지 않는 소리예요. 그럴 수 없어요. 밤과 낮이 어떻게 생기는지 생각해 봐요. 지구는 자전축을 중심으로 24시간마다 한 바퀴씩 돌고 있을 뿐이에요." 세상을 현재보다 빠르게 돌게 할 수는 없다는 말이다. 그런데 분위기가 이상해진다. 앨리스는 감정보다는 이성에 기대어 공작부인의 말을 하나씩 반박하는데 말이 좀 꼬이는 기분이다. 공작부인이 더는 듣고 싶지 않은지, "아, 지겨워. 그런 얘기는 못 참겠어. 더 못 듣겠어." 하며 다시 아기를 돌보려고 어르기 시작한다. 이상한 자장가를 부르며 한 소절이 끝날 때마다 거칠게 아기를 흔들어댄다. "귀여운 아기에게 고함쳐. 재채기하면 때려줘. 아기는 귀찮아할 뿐이야. 장난인 걸 아니까" 그러자 요리사와 아기가 모두 함께 공작부인의 노래에 합류하여 같이 노래를 부른다.

이 얼마나 어이없고 이해할 수 없는 광경인가? 합리적인 행동이나 대응법은 전혀 없고, 모두 자기 기분에 취해 불만스러운 감정 가득한 행동을 이어 간다. 요리사는 아름답고 맛있는 음식을 만드는 도구들로 사람을 공격하고 있으며, 공작부인은 지체 높은 신분에도 불구하고 요리사의 행동에 선을 긋지 못한다. 경계를 상실한 채 삶의 질서가 무너진 모습이다. 공작부인 품 안의 아기는 정말 돌봄의 대상이 맞는가? 공작부인의 협박 어린 그 무서운 노래를 들으며 아기는 주방장과 함께 오히려 그 노래에 합창으로 참여한다.

이상한 나라에서의 일들은 정말 괴이하기까지 하다. 만나는 사람마다 말도 안 되는 일들을 벌이고 있어서 이들을 어떻게 상대해 나가야 할지 난감하기만 하다. 하지만 분명한 사실은 이 엄청난 광경이 다른 사람이 아닌 주인공 앨리스가 꿈속에서 경험하는 장면이다. 그 꿈에서 앨리스의 사회원자들 즉 요리사와 같이 무지막지하거나 공작부인처럼 삶의 경계가 무너진 사람, 그리고 연약한 존재로 돌봄을 요구하지만 징그럽기도한 사람들이 앨리스 내면의 감정을 구성하고 있다. 그리고 이 구성원들이 앨리스의 실제 삶 속에서 맺고 있는 사회적 관계를 반영하고 있을 것을 짐작하게 한다.

보조자아

드라마치료에서 주인공은 자신의 감정 덩어리를 풀어갈 자원으로 자신의 주변을 둘러싸고 있는 인물들을 생각해 낸다. 이들은 자기의 응어리진 감정이나 수수께끼처럼 풀리지 않는 인간관계에 연루되어있는 사람들이다, 가족의 구성원들이나 직장 상사, 혹은 동료들과 같이 자기 주변을 둘러싸고 있는 "중요한 타자들"(significant others)이다. 주인공은 이런 중요한 타자들을 집단 참여자들(청중) 가운데서 선택하여 무대 위에 오르게 한다. 텔레를 통해 사회적 관계에서 밀당(밀고 당기는)의 에너지를 강하게 느끼는 사람들을 무대 위에 세운다. 이들이 실제 인물의 외모와 똑같아 보일 필요는 없다. 성별의 차이가 있어도 괜찮다. 중요한 것은 주인공이 주관적으로 느끼는 텔레 이다. 주인공은 텔레를 통해 선택한 사람들을 무대에 올려 자신의 감정 덩어리(사회원자)를 구성하는 인물들과 만나 대화한다. 이렇게 자기의 이야기를 드라마로 시연함으로써 새로운 경험을 하게 된다.

모레노는 이처럼 주인공의 내적인 세계에 거하는 중요한 타자들로서 주인공의 이야기에 참여하고자 무대에 오르는 이들을 가리켜 보조자아(auxiliary ego)라 명했다.(Moreno, 1946/1964, p.XVII) 이 보조자아들은 주인공의 이야기 속에서 주인공으로 하여금 상호관계에서 오는 주관적 느낌이 살아나게 한다. 또한, 보조자아들은 표현을 강화하고, 이를 통해 통찰의 경험을 갖게 하며, 또한 상호관계를 바라보는 시각이 열릴 수 있도록 돕는 인물들이 된다. 물론 이를 위해 보조자아들이 능수능란한 연기력으로 주인공을 상대하면 좋겠지만, 대부분은 이들은 많은 대사 없이 주인공의 말에 응수하는 정도로 주인공의 내면에 형성되어있는 사회원자의 모습을 보일 뿐이다.

그런데 엄밀한 의미에서 이런 보조자아는 주인공이 자신의 사회원자에 따라 선택한 인물들이지만 오히려 드라마치료의 디렉터를 돕는 공동치료자 역할을 한다고 볼 수 있다. 보조자아들은 드라마치료가 진행될 때 주인공을 안내하는 상담자 중의 하나로서 기능한다. 일반 상담에서는 상담사가 질문을 통하여 대화를 이끌고 내담자의 마음을 열고 자신의 이야기를 할 수 있도록 돕는다. 하지만, 드라마치료에서는 디렉터가 보조자아를 활용하여 주인공이 1인칭으로 말할 수 있도록 돕는다. 이로써 삶의 실제 그리고 인간관계를 구체적인 행동으로 표현할 수 있도록 기회를 준다. 결국, 드라마치료에서는 모두가 참여자가 되어 주인공의 이야기를 아주 실감 나게 재연하고 공감하며, 더 나아가 감정의 정화와 통찰을 함께 경험할 수 있게 된다. 이중자아가 주인공의 분신(double)이라면 주인공이 상대하는 보조자아는 디렉터의 진행을 돕기 위한 디렉터의 더블이라고도 할 수 있다. 따라서 보조자아들은 주인공의 이야기를 생생하게 보여 줄 수 있도록 존재하지만, 디렉터의 지시나 전달 사항에 맞추어 행위할 뿐이다. 디렉터와 하나 되어 주인공의 통찰과 치유를 끌어내는 것이다.

앨리스의 꿈에서 지금까지 흰 토끼와의 만남과 갈등이 앨리스가 자기 자신과의 갈등을 경험하는 이중자아(더블)와의 대화였다면, 공작부인의 집에서 만나는 캐릭터들은 앨리스의 삶을 둘러싸고 있는 사회원자 들과의 만남이다. 공작부인과 요리사, 그리고 괴이한 아기와 함께 펼쳐지는 앨리스의 이야기는 앨리스의 마음에 감정 덩어리를 이루고 있는 사회원자의 모습이다. 앨리스는 이 구체적인 인물들을 보조자아로 만나 직면의 역할을 시도하면서 자신의 대인관계 갈등을 표현하고 그것을 풀어갈 길을 얻는다.

여기서 모레노가 공동치료자로서 보조자아에 부여하는 의미들을 정리해보면 다음과 같다.

첫째, 보조자아는 주인공의 주관적 세계에 존재하는 중요한 타자들을 드러내고 보여 주는 역할을 한다. 주인공의 주관적인 마음 속에는 실제로 일어났던 사건이든 아니든, 아니면 기억으로 구성되어 있거나 혹은 상상으로 다가오는 내용이 모두 포함된다. 무엇보다 이들은 주인공의 마음에 지금-여기에서의 삶의 중요한 타자로서 인상(impression)을 형성하는데, 이들이 보조자아가 되어 주인공과 함께 연기한다. 앨리스 꿈 가운데 등장하는 인물들도 앨리스가 꿈을 꾸고 있는 현시점에서 중요한 인상을 주는 앨리스의 주관적 세계에 남아있는 보조자아들인 셈이다. 앨리스가 공작부인의 집에서 겪는 에피소드가 앨리스의 실제 삶을 얼마나 반영하고 있는지 알 수 없으나, 무언가 앨리스의 현재 주관적 세계와 연관되어 보인다. 저자 루이스 캐럴은 앨리스의 지금-여기에서의 상황을 직접 관찰하면서 앨리스의 주관적 세계의 인상들을 파악했다. 그는 옥스퍼드대학교 크라이스트 대학의 수학과 신학의 강사로서 리들 학장의 집안과 가까이했다. 그래서 그 집안의 소녀 앨리스를 만나 여러 차례 소풍도 가고 대화도 많이 나누면서 앨리스의 마음에 담긴 이야기를 펼쳤다. 앨리스 마음의 인상을 담는 인물들로 공작부인, 요리사, 아기라는 캐릭터들이 포함되었는데 이들은 앨리스의 현실에서의 갈등을 주관적으로 담아내는 보조자아들이다. 드라마치료의 시각에서 볼 때 앨리스의 꿈 드라마는 이러한 사회원자들을 보조자아로 만나는 것이라 할 수 있다.

혹자는 이런 인물들이 앨리스 주변에 실제로는 존재하지 않았을 것이 아니냐고 반문할 수도 있다. 그럴 수 있다. 하지만 그것이 드라마치료의 관점에선 문제가 되지 않는다. 앞서 언급한 대로 주인공의 주관적인 세계가 반영하는 사회원자는 집단가운에서 텔레로 선택되기에 누구나 보조자아가 될 수 있다. 예를 들어 심리극에 참여한 내담자가 어릴 적에 돌아가신 아버지를 만나 이야기하고 싶어 할 때 집단에 참여한 이들 가운데 아버지 역할을 할 보조자아를 골라 무대에 세운다. 그리고 주인공은 보조자아를 대상으로 역할극을 펼치며 자기가 소망해 온 일을 경험하거나 자기의 극복을 위해서 넘어야 할 장애물을 통과하는 경험을 입체적으로 표현한다. 이를 통해 새로운 통찰이 일어난다. 공작부인, 요리사, 아기는 앨리스의 꿈 드라마의 보조자아로서 앨리스의 주관적인 세계에서 감정의 덩어리를 형성하며, 주인공 앨리스의 변화를 요구하는 역할을 담당하고 있음을 보여 준다. 드라마치료는 이 각자 인물들을 통해 주인공이 표현하고 싶은 것에 더 집중한다.

둘째, 보조자아는 주인공의 사회성을 탐색하여 제시하는 사회성연구 기능을 한다. 보조자아들이 무대에 오를 때 본 극에 참여하는 이들과 자리에 앉아 지켜보는 이들 모두 주인공의 주관적 세계에 더욱 깊이 공감할 수 있다. 하지만 보조자아의 역할은 그런 감정적 공감 제공에 멈추지 않는다. 그 이상의 것을 드러내는 기능을 한다. 특별히 주인공의 인간관계 경험에서 나타나는 사회성 즉 상호교류에 연관된 요소들을 심도 깊이 드러낸다. 보조자아들은 주인공이 무대에서 자기 자신의 모습을 투사하는 자원이다. 또한, 사회원자들과의 상호교류를 재연하여 통찰력을 얻고 자신의 경험을 새로운 이야기로 재구성하도록 돕는 자원이다. 이처럼 보조자아는 사회과학의 참여관찰자 이상의 역할을 제공한다. 마치 동물 연구자가 침팬지의 교감능력을 조사하기 위하여 침팬지 집단에 직접 들어가 침팬지와 같이 생활하고 삶의 교류까지 나누면서 침팬지의 행동을 조사하는 연구와 유사하다. 물론 침팬지와의 진정한 만남을 위해서는 관찰 이상의 상호 사회적 교감이 더 필요하다. 모레노는 이렇게 보조자아가 무대에서 행하는 사회성에 관한 연구를 결코 자연과학적 방법론으로는 행할 수 없는 영역이라고 주장했다. 왜냐하면, 별이나 행성을 연구하는 자연과학자가 자신의 연구대상을 객관화하여 탐구할 수는 있지만, 자신이 그 연구

대상인 별 자체가 되어 별들의 주관적인 세계를 경험할 수는 없기 때문이라고 하였다.(J.L. Moreno, 1946b, p.259-260)

드라마치료에 있어서 보조자아는 주인공의 감정이 텔레에 의하여 드러나고 역할에 의하여 전달될 때 그를 상대하는 캐릭터들이다. 보조자는 무대 위에서 주인공을 공감할 뿐 아니라 주인공의 투사와 역동적인 행위 그리고 상호작용을 한다. 주인공의 주변 인물들이 되어 주인공의 주관적인 세계에 담긴 사회성을 드러내는 행위를 나타내준다. 이러한 사회성탐구는 드라마치료의 진행을 원활하게 하여 결국 주인공이 통찰력을 얻게 된다. 보조자아들과의 관계를 극복하고 새로운 관계 경험을 가져온다. 즉 자신을 둘러싼 주변 인물들과 진정한 '나와 너'의 관계, 참 만남의 계기를 가져온다. 주인공은 이러한 보조자아들을 통해 자기의 주관적인 세계를 바라보게 된다.

역할교대의 통찰

보조자아가 드라마에 공헌하는 세 번째 기능은 주인공이 자신의 역할을 확장하는 역할교대(role reversal)를 가능케 함에 있다. 주인공이 보조자아들을 선택하여 무대로 올릴 때는 자신의 사회원자의 형태에 따라 미해결된 감정을 표현하고자 하는 동기가 강해진다. 보조자아들을 대상으로 자신의 심경을 적나라하게 표현하고 싶은 행위갈등이 높아지기 때문이다. 게슈탈트 식으로 보자면 주인공의 미해결된 감정이 올라와 전경화된 과정이 펼쳐지는 것이다.

그런데 이러한 감정의 표출과 욕구(소망)의 표현만으로 드라마가 끝난다면 그것은 새로운 자기 창조의 완성이라 할 수 없다. 주인공의 감정과 욕구는 분출되어 해소될지라도 주인공의 주관적인 세계에 구성된 사회원자들의 인상이 계속될 것이기 때문이다. 즉 사회적 관계에 대한 인상과 시각은 어떠한 재구성의 변화 없이는 이전과 여전히 같은 형태가 될 것이다. 주인공에게는 사회원자들을 다르게 다룰 수 있는 변화가 필요해진다.

여기서 잠시, 모레노 이전에 프로이트가 정신분석적 심리치료를 통해 내담자의 마음, 즉 정신내적으로 불편한 요소들을 도왔던 방법을 살펴보자. 프로이트는 '자유연상'이라는 기법을 통해 환자의 신경증을 완화 시키는 방법을 찾았다. 환자를 카우치에 눕게 하고 마음에 떠오르는 단어들을 자유롭게 말하게 하였다. 이 단어들은 논리적일 필요도 없고 하나의 이야기로 구성되지 않아도 좋다. 분석가는 이러한 단어들을 분석하여 그 안에 억압된 무의식의 내용을 밝히고 해석을 하여 내담자들에게 통찰력을 주는 방법을 사용했다. 놀라운 것은 자유연상의 방법이 내담자들의 감정을 해소하고 신경증을 풀어주는 데 큰 도움이 되었다는 사실이다. 안나 O를 만나 분석했던 프로이트의 초창기 치료는 프로이트로 하여금 자유연상이 무의식에 억눌린 내용을 표출하게 하며, 이를 통해 환자들의 신경증을 완화할 수 있다고 확신하게 했다.

하지만 정신분석계에 프로이트의 자유연상법의 효과가 정말 만족할 만한 수준의 것인지에 대한 논란은 항상 있어왔다. 특별히, 자유연상이 개인의 무의식을 드러나게 한다고 할지라도 개인을 둘러싸고 있는 사회적 관계망 속에서의 문제는 해결할 수 없는 한계가 있다. 프로이트 역시 그것을 부정하지 않았다.(Forrester, J., & Cameron, L. 1999, p. 929-942) 개인의 무의식이 중요하긴 하지만 그것이 다른 사람의 무의식과 만날 때에 어떤 일들이 일어나는지 밝히지 못했다. 인간의 치유를 상호 관계작용으로까지 확장하지 못한 것이 프로이트의 한계이었다.

모레노는 이런 사회적 상호성에 바탕을 둔 심리치료를 원하였던 까닭에 프로이트와 노선을 달리하여 집단정신치료(Group Psychotherapy)의 영역을 개척했다. 사람들이 집단에서 만나 사회원자를 드러내게 하며 감정에 연루된 사회원자들과의 관계망 속에서 감정이 정화될 기회를 준다. 더 나아가 상대방의 관점에서 자기를 바라보게 하여 상호주관적 시각의 변화를 통한 심리치료의 길을 열었다.

프로이트의 방식인 자유연상법을 통해 개인의 무의식 방출에 심리치료가 멈춘다면 그것은 그 개인의 실제적인 삶(사회적 관계)에서 비롯된 감정의 실타래를 해결할 기회를 놓치게 된다. 개인으로 하여금 자신의 정신내적(intro- psychic) 경계선을 넘어서서 다른 사람과의 상호적 정신 (inter-psychic) 교류를 하게 해야 한다. 이를 통해 상대방의 시각에서 자기의 주관적 시각을 넘어서는 통찰이 가능해지며 비로소 관계적 맥락에서 발생한 상처들의 진정한 회복을 가져올 수 있다고 보았다.

모레노는 이를 위해 '역할교대'의 기법을 사용하였다. 무대 위에서 주인공이 자신의 내적 혹은 외적 갈등의 요소들을 보조자아와 함께 다루며 자신의 감정과 소망들을 충분히 표현한다. 이후에, 주인공은 상대방(보조자아)의 역할로 들어가 자신을 바라보며 그 보조자아의 입장에서 자기에게 하고 싶은 말이나 감정을 표현하게 한다. 이때 주인공은 자기를 바라보는 상대방의 마음이 어떠한지, 상대방은 어떠한 심정으로 자기를 향하여 그런 행동을 하는지, 그리고 상처를 주는 행위에 자기는 어떤 역할로 일조하는지를 깨닫게 된다. 드라마치료의 역할교대 기법은 자신의 모습을 거울처럼 바라보게 함은 물론 상대방의 입장에 서서 사태를 바라보며 상호주관적 공감의 지평을 열게 하는 계기가 된다.(Moreno, 1959/1975, p.57-58)

놀라운 것은 모레노의 이 역할교대의 기법 역시 앨리스의 꿈 이야기 안에 담겨있다는 사실이다. 앨리스는 공작부인의 집에서 황당한 일을 겪고 있는데 공작부인이 갑자기 앨리스에게 아기를 던져주며 "이젠 네가 돌보렴."하고 여왕이 불러 나가 버린다. 앨리스가 갑자기 공작부인의 역할을 맡게 된 것이다. 그래서 앨리스는 억지로 아기를 받아든다. 그리고 아기의 팔다리를 살펴보는데, 그 모습이 정말 기괴하다. "불가사리 같이 생겼네."라는 말이 앨리스의 입에서 튀어나온다. 기괴한 모습에 더하여 아기는 숨을 거칠게 내쉬고 있었는데, 마치 증기기관차의 폭죽 소리처럼 들린다. 앨리스는 처음엔 불쌍한 마음으로 아기를 받아 안았으나 점차 마음이 불편해진다. 그리고 공작부인의 심경이 이해가 되기 시작한다. 아까 공작부인이 이 아기에게 험악한 노래를 불렀던 까닭도 이해가 될 정도다. 이제 자기에게 주어진 아기를 돌보는 일을 맡아야 할 과제도 주어졌다. 그런데 아기가 완전히 돼지로 변하고 이제 꿀꿀거리고 있다. 앨리스는 아기에게 말한다. "네가 돼지가 돼 버린 거니? 맙소사! 이제 내가 널 데리고 있을 이유가 정말 없구나!" 그래서 앨리스는 이제 더는 아기를 돌보지 않기로 한다. 그리고 돼지를 숲속으로 달려가게 내버려 둔다.

앨리스는 아까 공작부인처럼 아기를 아무렇게나 다루는 심정의 사람이 되어 버린 것인가? 분명 심정으로 말하자면 그러하다. 공작부인의 입장이 이해되기 때문이다. 그런데 앨리스는 여기서 더 커다란 자기 모습을 발견한다.

앨리스는 지금까지 자기가 원치 않는 것을 억지로 맡던 사람이었다. 하지만 이제는 원치 않는 일들에 대하여 어떻게 대응해야 할지 깨닫게 된다. 앨리스는 평소에 자신이 알고 있던 다른 아이들을 떠 올리며 "그 아이들도 꼭 돼지 같았어." 내가 그때 그들을 돼지로 바꾸어 인식하는 방법을 알기라도 했다면 그들로 인해 더는 연연해야 하거나 힘들어하지 않고 놓아 버릴 수 있었을 것으로 생각한다. "돼지 같은 그 녀석들, 이제는 놓아 보낸다. 나가 놀아라." 드라마치료의 역할교대 기법의 효과로 아주 큰 통찰을 하는 주인공의 모습이다.

사회원자들에 대한 자아의 역할

자아가 자신의 삶 가운데 존재하는 사회원자들을 상대하며 맡게 되는 역할들에 대하여 모레노의 입장을 살펴보자.

첫째로, 인간은 기본적으로 역할놀이자(role-player)라는 입장이다. 프로이트의 고전적 심리학은 현실을 직면하는 자아가 '불안'을 경험하며 이를 방어하기 위한 심리내적 정신체계를 형성한다고 보았다. 자아방어기제가 그 대표적인 작용인데, 이는 현실을 대하는 인간의 정신작용이 얼마나 무력하고 수동적인지를 주장한 셈이다. 하지만 모레노는 적극적이고 능동적인 자아의 모습을 주장한다. 자아는 현실을 접하며, 그것에 대응하는 방법으로 일련의 행동들을 실행하는데, 그것이 바로 인간관계의 여러 양상을 형성하는 역할(roles)들이다. 인간은 자발적인 존재로서 태어나면서부터 현실을 직면하는 이러한 역할을 창조하는데 이러한 역할을 통해 삶이 움직여 나가고 삶의 양태가 만들어지는 것이다.

다만 자아의 역할은 인간이 가진 자원과 능력의 한계, 그리고 개인을 둘러싸고 있는 대상들의 정신건강 정도에 따라 다양한 형태로 변화된다. 자아가 느끼기에 잘하는 역할이 있을 수 있으며, 때로는 잘하지 못하는 역할도 있다. 하지만 언제라도 자아는 하고 싶어 하는 역할을 통해 자발성이 살아나 결국에는 잘하지 못하는 역할을 변형시켜 새로운 역할을 창조할 수 있다. 이렇게 자아가 현실을 직면하며 구성하는 역할들은 변화와 생성, 확장과 창조로 전 생애를 통해 지속되는 경험이 된다. 따라서 인간은 역할의 존재, 곧 역할놀이자(role-player)인 셈이다. 모레노는 모든 개개인이 자신의 행동을 좌우하는 역할들의 범주와 역할에 따라 지금-여기에서의 모습을 드러낸다고 보았다.

그런데 인간의 역할을 구성하게 하는 요소로 현실과의 직면 상황만이 아니다. 인간 정신의 주관적인 영역에는 현실에서의 실제적 경험 이전에 환상적인 요소가 있으니 그것은 태아가 엄마의 자궁에서부터 경험하는 모체적 동일성(matrix of identity)이며 태아가 세상에 나온 이후에도 계속되어 정신의 주관적인 영역 가운데 남아있다. 본래 세상에 태어난 유아는 아직 현실과 환상의 구분이 없다. 아직도 모체적 동일성의 환상 가운데 있다. 하지만 점차 유아는 현실과 환상을 분리해가는 과정을 겪는다. 유아가 정신과 신체가 자라라는 과정 가운데서 점차 의존적인 모습을 넘어서서 자율적인 역할로 나아가는 것이 그 분리의 수준을 나타내준다. 그리고 부모는 물론 다른 타자들과의 사회적 만남을 통해 자아는 점차 다양한 관계에 맞는 역할들을 창조해 가며 세상을 접한다. 이때 인간 정신의 주관적 세계는 태아적부터 가지고 온 환상과 현실에서 경험한 내용이 한데 어우러져 개인만의 특유한 주관적 세계를 구성해 간다. 그리고 그 주관적 요소들은 역시 다양한 역할의 구성과 발전에 관여하는 토양이 된다. 역할의 발전은 인간 삶의 본성과도 같은 것이다.(J.L. Moreno, 1946b, p.56-64)

둘째로, 이러한 역할의 토양 위에서 인간은 누구나 (1) 정신신체적 역할 (2) 사회적역할 (3) 사이코드라마적 역할의 순서로 역할을 진행하며 발전시킨다.

모레노는 현실을 직면하는 자아의 기능과 특색으로서 역할들이 일련의 발전과정을 거친다고 보았다.(J.L. Moreno, 1946b, p.157-160) 도해로 살필 수 있는데, 중앙의 작은 동심원이 가장 먼저 발달하는 정신신체적 역할이고 그 위에 덧입혀지는 또 다른 두 동심원 들이 바로 사회적 역할과 사이코드라마적 역할이다.

(1) 정신신체적 역할은 유아기부터 시작되는 음식을 먹는 역할, 배설하는 역할, 그리고 잠자는 역할들과 같은 인간의 기본적인 신체적 기능과 관련된 것으로 개개인의 삶에 출현한 역할 중에 가장

오래된 것이다. 물론 성인이 되어서도 사라지지 않고 계속 남아 행해지는데, 주로 신체 활동으로 관찰된다. 이 역할의 발달과 함께 정신작용의 발달도 함께 연관된다는 프로이트의 이론을 모레노도 부인하지 않는다.

(2) 사회적 역할은 보통 우리가 인식하는 대로 사회적 관계 속에서의 맡게 되는 역할을 말한다. 유아가 부모에게 자식의 역할을 하게 되는 것, 또래 그룹에서의 친구의 역할, 그리고 학교에서 학생의 역할 등을 포함하여 사회생활을 통해 맡게 되는 수많은 역할이 여기에 해당된다.

(3) 사이코드라마적 역할은 정신신체적 역할과 사회적 역할을 모두 둘러싸는 가장 큰 동심원과 같다. 이 커다란 동심원은 정신신체적 발달과 사회적 관계 경험을 통해 쌓아온 신체와 정신 그리고 사회적 관계 모두에 관련된 역할들을 포함하기 때문이다. 사회적 역할과 사이코드라마적 역할의 경계는 흐릿할 수 있다. 사회적 역할과 사이코드라마 역할은 상호침투적으로 경계를 넘나들 수 있어 둘 사이가 구분이 명확하지 않게 작용할 수도 있다. 하지만 주목할 것은 사회적 역할의 공간이 사이코드라마적 역할에 비하여 크기가 작다는 점이다. 이는 개개인이 사회적 관계 때문에 규명되는 외부 현실에 대하여 갖게 되는 주관적 세계가 객관적 관찰을 넘어설 수 있음을 의미한다. 개인의 주관적 세계에는 모체적 동일성에서부터 갖게 된 환상과 이미지, 그리고 이후 생기게 된

수많은 기억과 이야기들이 가득하여 사회에 대한 단순한 객관적 관찰을 뛰어넘는 큰 영역을 이루고 있음을 알 수 있다.

　동화로 돌아가, 공작부인의 주방에서 보조자아들을 만나며 주인공 앨리스의 심경에 동요가 일어나 세상을 대하는 반응방법이 변화되는 것을 보게 된다. 앨리스는 이전에 흰 토끼의 집에서 일방적으로 순응하며 당하던 모습을 조금 탈피하여 이제는 자기에게 힘든 것을 조금은 내려놓을 수 있는 역할을 배웠다. 앨리스의 행동을 모레노가 제시한 세 가지 종류의 역할들로 분해해 보자. 우선 앨리스의 꿈 첫머리에 앨리스가 병 속의 물과 케이크를 먹으면서 몸이 작아지고 커지는 변화는 앨리스로 하여금 신체와 관련하여 세상에 적응해 가는 정신신체적 역할을 보여 준다. 앨리스가 만나는 수많은 인물은 앨리스의 사회적 관계가 펼쳐지는 다양한 상황에서 상대에게 대응하기 위하여 만들어 가는 사회적 역할들이다.(공작 부인에게는 일방적으로 당하는 역할, 요리사에게는 대항하는 역할, 아기에게는 돌보는 역할에서 싫은 것을 거부하는 역할 등) 그리고 앨리스가 이러한 사회원자들을 상대하면서 자신의 감정을 표출하고, 욕구를 발견하며, 새로운 통찰력을 얻어가는 과정이 새롭게 전개되는데 자발성이 살아나 자기를 드러내는 역할이 돋보인다. 이것은 사이코드라적 역할이다. 게슈탈트치료의 용어를 빌리자면 앨리스의 자아가 이전에 보였던 접촉경계장애들(투사, 내사, 편향, 반전 등)을 넘어서서 자발성을 가지고 대응하며 자기를 발견하여야만 자기의 정체성을 견고하게 세워가는 역할이다. 자발성이 살아나 창조적인 삶의 드라마를 펼치는 역할이라 할 수 있다. 앨리스는 이러한 여러 역할의 발달과정을 통해 마침내 자기를 발견하며 자기가 원하는 바를 당당하게 주장한다. 현실을 직면하는 자아가 확장되고 건강한 역할들이 확립되어 진정한 자기정체성을 확립하는, 꿈을 이루는 드라마의 경험이 펼쳐진다.

6. 디렉터 "다시 꿈꾸게 하는 자"

조금 떨어진 나무 위에 체셔 고양이가 앉아있다. 고양이는 앨리스를 바라보며 웃기만 한다. 앨리스는 고양이가 왠지 착해 보여 좋은 관계가 될 것 같은 마음이 든다. "여기서 나가는 길을 알려주면 좋겠어." "그것은 네가 어디로 가고 싶은지에 달렸지." "나는 어디든 출구만 있으면 좋겠어"하고 앨리스가 말하자, 고양이는 "그럼 어느 방향으로 가든 상관없잖아."하고 대답한다. 앨리스는 "멀리 떨어진 곳으로 갔으면 좋겠어."하고 덧붙였다. 아직 이곳이 낯설어 먼 곳으로 피하고 싶은 앨리스에게 고양이는 "그거야 갈 수 있을 만큼 멀리 걸으면 되는걸."하고 대답한다. 앨리스는 부정할 수 없어서 다른 질문을 한다. "여긴 어떤 사람들이 살지?" 고양이는 오른발을 긁으며 말한다. "그쪽엔 모자 장수가 살아. 저쪽엔 3월 토끼가 살고. 어디든 찾아가면 좋지. 모두 제정신이 아니니까(mad)" "하지만 난 제 정신이 아닌 사람들 있는 곳은 가기 싫은데." "소용없어. 여긴 모두 제정신이 아니니까. 너도 그렇고 나도 그래." "내가 제정신이 아닌지 어떻게 아는데?" "틀림없어. 제 정신이라면 여기 없을 테니까."

⊙ 앨리스가 길을 잃었듯이 당신도 길을 잃고 방황하던 때는 언제인가? 그때, 누구에게 도움을 받았는가? 도움을 받지 못했다면 당신은 어떻게 그 시간을 견디었는가?

공작부인의 집에서 나온 앨리스는 나무 위에서 자기를 반기듯이 웃고 있는 체셔 고양이를 만난다. 정신분석적 입장에서 『이상한 나라의 앨리스』를 이해하는 이들은 이 체셔 고양이야말로 앨리스의 초자아라고 해석할지 모른다. 왜냐하면, 저자 루이스 캐럴이 체셔 출신이었고 그가 영국 국교회(성공회) 목회자의 집안에서 자라면서 받은 엄격한 종교교육을 이유로 체셔 고양이를 윤리 선생과 같은 캐릭터로 보기 쉽다.

하지만 이야기 속 분위기와 체셔 고양이가 말하는 투를 잘 살펴보면 그가 앨리스에게 초자아의 특징인 도덕적 가치관 등을 강요하거나 주장하는 캐릭터가 아니라는 사실을 쉽게 알 수 있다. 체셔 고양이는 오히려 동양의 선문답을 하는 현자처럼 앨리스와 대화를 나눈다. 앨리스에게 가르치려 하기보다는 스스로 답을 찾도록 유도하며 스스로 방향을 결정하도록 돕는다. 앨리스에게 선택권을 주며 자유롭게 행하도록 격려한다.

드라마치료 측면에서 보자면 체셔 고양이가 맡은 역할은 디렉터이다. 드라마치료의 참여자들로 하여금 잉여현실로 인도하는 자이다. 모레노가 자기 일을 가리켜 말한 "꿈을 다시 꾸게 하는 자"이다. 앨리스에게 새로운 경험을 하도록 격려하고 자발적으로 행동해 나가도록 인도해주는 역할이 그러하다.

사실, 모레노가 드라마치료에서 디렉터의 역할을 포함한 것은 프로이트의 초자아 개념을 의식한 듯이 보인다. 기능과 태도 면에서 볼 때 도덕적 강조성을 띠는 초자아와 자발성을 일깨우는 드라마치료의 디렉터는 둘 다 자아에 영향을 주는 공통적인 기능을 하기 때문이다. 하지만 젤카 여사가 관찰한 대로 모레노의 '초자아'는 "사람들이 우러러보는 영웅과도 같은 존재"를 의미하여 프로이트의 '초자아'와는 반대의 이미지를 보인다. 그녀는 말하기를 남편 모레노가 초자아를 올림포스산에서 "인간들의 세상을 내려다보는 신과 같은 존재"들에게서 그 이미지를 찾았다고 한다. 드라마치료의 디렉터들도 "인간 이상의 초인적 특성"을 갖는 느낌을 풍긴다.(젤카, p.65-66) 왜냐하면 디렉터들은 주인공이 자기 자신을 자발적으로 표현할 수 있도록 도우며 드라마를 이끌어 가는 과정에서도 신뢰하고 따를 만한 위엄과 지혜를 보여 주는 존재가 되어 주기 때문이다.

모레노에 의하면 디렉터는 (1) 촉진자 (2) 제작자 (3)치료자의 세 가지 역할을 한다.(J.L. Moreno, 1946b, p.155-160) 체서 고양이의 모습이 이 역할들과 연결되는 특징들은 다음과 같다.

(1) 촉진자: 주인공으로 하여금 자발적으로 무대 위에 올라갈 수 있도록 도우며 그곳에서 자기의 삶을 재연하고 통찰할 수 있도록 자극과 동기화를 하는 역할이다. 체서 고양이는 앨리스와의 대화 가운데 이 작은 소녀에게 자신의 내면의 소리를 듣고 그것을 소중히 여기며 거기에 맞추어 당당하게 자기의 길을 걷도록 이끌어 준다. 즉, 자기를 찾도록 도움을 주고 있다.

쉬어가는 코너

바위를 패는 조각가

어느 소년이 길을 가다가 채석장에서 바위를 패며 열심히 손질하고 있는 한 조각가를 보았다. 관심이 생겨 매일 그곳을 찾아 조각가의 일을 지켜보던 소년은 어느 날 울퉁불퉁했던 바위가 사라지고 멋있는 사자상이 채석장에 서 있는 것을 발견한다. 소년은 조각가에게 가서 물었다. "아니 아저씨는 어떻게 그 바위 안에 사자가 있는 것을 알았어요?" 조각가는 껄껄 웃으며 말한다. "그래 네 말이 맞다. 나는 그 바위 안에 사자가 들어있다는 사실을 알고 있었지. 그래서 사자를 찾아 울퉁불퉁한 것들, 즉 사자가 아닌 것들을 깎아내 버렸단다. 그랬더니 이렇게 훌륭한 사자가 나오게 되어 참 기쁘구나!" 이 이야기를 드라마치료에 적용해 본다. 바위를 패는 조각가는 드라마치료의 주인공이다. 그는 무대 위로 울퉁불퉁한 바위와도 같은 자기의 인생 이야기를 올려놓고 그 안에 숨어있는 진정한 자기의 모습을 찾아가는 작업을 시작한다. 먼저 '자기'가 아닌 다른 부분들을 쪼개고 패 내는 작업을 한다. 이때 바위를 쪼갤 강력한 도구가 필요하다. 바로 드라마치료의 디렉터이다. 디렉터는 주인공의 자발성을 불러일으켜 주인공이 자기를 발견하고 또한 견고한 존재로 만들어질 수 있도록 자극을 주고 움직이게 한다. 또한, 예리한 판단과 지적으로 주인공이 자기의 이야기를 두들기고 다듬어서 아름다운 자기 모습으로 드러나게 돕는다.

디렉터가 해야 할 첫 번째의 임무는 주인공이 자발적으로 자기 자신을 찾아 무대 위에 오르도록 하는 일이다. 물론 어떤 인물이 그날의 드라마 주인공이 될지는 디렉터도 알 수 없다. 디렉터는 참여자들 전체가 모인 집단에서 웜업(준비작업)을 통해 누구나 주인공이 될 수 있는 토양을 마련해 준다. 이때의 웜업은 단순한 아이스브레이킹이 아니다. 참여자들의 경직 되어있는 몸과 마음을 풀어주어 자발성이 올라오도록 하는 데 목적이 있다. 보통은 부담이 없고 편안한 신체의 움직임으로 시작한다. 이를 통해 참여자들은 신체의 감각과 움직임이 살아나는 것을 느끼며 몸과 마음이 분리되지 않은, 전인적인 존재로 집단 활동에 뛰어들 수 있게 된다. 신체의 이완과 활성화가 이루어진 후에 디렉터는 참여자들이 텔레, 즉 상호관계 속에서 느끼는 밀고 당기는 에너지의 흐름을 느끼며 이를 통해 신뢰의 대화와 선택을 할 수 있도록 한다. 웜업의 가장 큰 작업은 역시 집단원들의 자발성이 크게 올라오도록 이끌어 주는 것인데 이를 통해 어떠한 형태의 집단 활동이라도 충분히 가능할 수 있도록 집단의 응집력을 촉진 시키는 일을 한다.

이러한 집단응집력은 소시오메트리(사회측정학)를 통하여 더욱 구체적이고 효율성 있게 촉진된다. 디렉터는 텔레가 통하는 사람들끼리 서로서로 선택하여 모둠을 형성할 수 있도록 도우며 모둠 안에서 참여자들이 자연스럽게 자기의 사회원자 구성을 나눈다. 이때 디렉터는 모둠별로 그것을 드라마 안으로 던져 표현하고 싶은 행위갈증이 일어나도록 이야기의 주제 등을 선정하고 제공하여 소그룹 활동을 돕는다. 촉진자로서의 디렉터의 주된 목표는 집단의 자발성과 응집력을 촉진함으로써 드라마치료 참여자들이 무대를 선택해서 올라가고 또한 자유롭게 자기의 마음을 드러내어 감정정화와 자기 소망의 표현에 이르도록 힘을 북돋는 일에 있다.

본문의 체셔 고양이가 보여 주는 촉진자의 역할을 살펴보자. 체셔 고양이는 주인공을 환영하고 편안하게 대화를 이끌어 앞으로 자발성을 가지고 능동적인 입장에서 길을 갈 수 있도록 돕는다. 앨리스는 체셔 고양이에게 묻는다. 여기서 '나가는 길'이 어디냐고. 그러자 체셔 고양이는 "네가 가고 싶어 하는 곳이 바로 네가 '나아갈 방향'이라고 알려준다. 좀 엉뚱한 대답 같지만, 이 말에 주인공 앨리스는 마음이 움직였는지 이상한 나라를 향하여 용기를 내어 나아간다. 앨리스가 자기의 소망을 찾아 그 소망을 귀하게 여기며 그것으로 자기가 나아갈 방향을 분명히 세워나가도록 돕는 것이다. 체셔 고양이는 강요하지 않는다. 앨리스에게 스스로 이 길을 가는 주체가 되도록 동기화하고 자기의 길을 선택하는 사람이 되도록 이끌어 주고 있다.

촉진자로서 디렉터가 이렇게 주인공에게 주는 도움이 신뢰할만할 때 주인공은 무대 위에서 디렉터에 대한 의존감이 커질 수 있다. 주인공은 디렉터의 존재가 자기에게 안전한 버팀목이 되어주기를 바라며 자신의 문제를 디렉터가 직접 함께 풀어주기를 바란다. 그래서 앨리스도 체셔 고양이가 휙 하고 사라지지 않기를 당부한다. 자기를 홀로 놓아두지 말라는 것이다. 그래서인지 체셔 고양이는 이번엔 천천히 사라진다. 너무 우스운 것은 가장 마지막으로 미소가 사라질 때까지 신체들이 하나둘씩 없어지는데 나중에는 얼굴도 사라지고 미소만 남는다. 체셔 고양이의 유머 감각이 나타나는 대목이다. 드라마치료의 디렉터들도 마찬가지이다. 주인공을 도와 드라마를 이끌어 갈 때 여유와 자신감이 필요하다. 유머 감각은 주인공은 물론 집단을 이끌어 가는데 무척 효과적이다. 웃음은 사람들을 움직이며 누구든지 자기가 주인공인 즉흥적인 드라마에도 뛰어들어 내면을 드러낼 수 있게 하는 힘이 된다.

주인공은 이러한 디렉터의 촉진에 힘입어 자기 내면에 담겨있는 자기 이미지를 찾아 무대 위에서의 작업을 시작한다. 그리고 그 이미지를 찾아내기 위하여 연장으로 바위를 패기 시작한다. 그 이미지가 확연히 드러날 수 있도록 스스로 그 작업에 충실하게 된다.

마침내 작품이 완성되었을 때 주인공은 그 이미지 자체로 변한다. 디렉터는 이 일이 일어나도록 곁에서 버팀목처럼 그 자리를 지켜 주는 존재이다.

두 번째로 드라마치료의 디렉터가 맡는 역할은 제작자(producer)로서의 역할이다. 드라마치료 역시 제작의 과정에 의하여 이루어짐을 부인할 수 없다. 제작자는 어떠한 방법과 형식, 그리고 기법으로 개인과 집단이 자신의 욕구를 담아 행위로 옮기어 드라마로 표현할 수 있도록 기획한다. 앞서 언급한 촉진자로서의 역할이 참여자들로 하여금 행위갈증을 느끼고 그 충족을 위해 자발성을 가지고 드라마에 참여하도록 촉진하는 일에 있다면 제작자의 역할은 그 행위욕구가 제대로 표현될 수 있도록 그 방법을 기획하여 제공하는 일이다.

그날의 주인공을 위한 드라마를 기획하기 위하여는 주인공으로 자원한 사람이 무대 위에 오르기 전 그와 인터뷰를 한다. 주인공이 자신의 행동을 표출해야 할 장소는 어디인가? 주인공이 말한 에피소드를 살피어 무대를 세팅한다. 그리고 그 에피소드 속의 배경들을 무대 위에 그려 보며 주인공이 서서히 보조자아들을 선택하고 배치하여 무대를 꾸밀 수 있도록 기회를 마련해 간다. 그러면서 무대 위의 모든 이들이 맡을 역할들과 움직임도 주도해 간다.

본문에서 체서 고양이는 앨리스의 "여기는 어떤 사람들이 살고 있나요?"라는 질문에 "여기는 모두 미쳐 있다"라고 말한다. 그런데 "미쳤다"라는 말은 번역상 원뜻과 조금 차이가 있다. 영어 원본에는 여기 인물들이 모두 다 'mad'라 하는데, 이 말의 뜻은 사람들이 뭔가 정상적이지 않게 이상하게 행동하는 상태를 말한다. 즉, 현실 지각 능력을 상실한 조현병자들의 '미친' 그런 상태를 말하는 것은 아니다. 다만 사람들이 평범하게 반응하고 행동하지 않는다는 뜻이다. 우리가 흔히 쓰는 말로 '똘 아이들'이 가득한 곳이라고 말할 수도 있다. 그런데 이러한 '이상한' 곳에서의 경험이 꼭 나쁜 일들만을 초래하지는 않는다. 현실을 넘어서는 뭔가가 일어나고 있긴 한데 그것이 그렇게 나쁘게만 보이지는 않는다. 뭔가 현실에서는 경험할 수 없는 신비스러운 경험이 가능한 곳이며 이전에 생각해보지 못했던 것들을 아주 특이한 방식으로 알게 하는 희한한 세상이라는 느낌이다. 체서 고양이는 앨리스가 바로 그러한 곳에 와있다고 짚어주고 있다. 잉여현실을 말하는 것이다. 아직 살아보지 못한 세계를 살아보고 경험해 볼 기회! 평범한 일상에서는 결코 시도해 볼 수 없었던, 한계를 넘어서서 자기를 확장할 수 있는 기회이다. 체서 고양이는 앨리스가 이 경험을 통해 새로운 통찰을 얻으며 자기 자신을 찾고 삶에 도움이 되는 확장된 자기역할을 경험할 수 있도록 방향을 제시하고 있다.

체서 고양이는 드라마치료의 무대를 기획하고 준비한 제작자처럼 앨리스를 다음 장면으로 이끈다. 앨리스에게 3월의 토끼의 집, 정원사와의 만남, 이상한 크로켓 경기를 차례로 경험할 수 있도록 길을 가게 한다. 물론 체셔 고양이가 앨리스에게 뭔가를 가르치려 하거나 강요하지도 않는다. "내가 어디로 가야 할지 알고 싶어요"라는 앨리스의 말에 "그건 네가 어디로 가고 싶은지에 달려 있다"라고 알려준다. 그렇다. 인간을 움직이는 것은 자기의 소망이다. 소망이 분명해지면 행동으로 이어진다. 체셔 고양이는 길을 묻는 앨리스에게 오히려 자기의 소망이 어디에 있는지를 생각하게 하며 그것을 가지고 앞으로 나아가도록 격려해 주고 있다. 그러한 방법으로 앨리스가 성장할 기회를 마련해주고 있다.

세 번째 디렉터의 역할은 역시 "치료자"이다. 역할 행위와 역할 전환의 카타르시스, 그리고 역할연습을 통하여 주인공이 감정정화 및 통찰, 그리고 현실을 직면하고 초월할 수 있도록 주인공의 마음을 회복하고 역량을 강화해 주는 디렉터의 역할이다.

디렉터는 참여하고 있는 집단원들이 보이는, 아직 응집력 없이 파편들처럼 흩어져 있는 마음들을 모아 서로 신뢰하는 상호작용을 하게 하고 자발적으로 이야기를 나눌 수 있도록 돕는다. 이를 통해 지금-여기에서 해소하고 싶은 감정의 이야기를 찾아내 주며 참여자 전체가 그 이야기의 한 부분이 될 수 있게 하여 주는 것이다. 그리고 주인공으로 자원하여 무대에 오른 이의 삶을 통해 주인공뿐만 아니라 집단원들 모두가 함께 치유의 현장을 경험할 수 있도록 이끌어 주는 계기를 만든다.

드라마 작가 김수현(2005)은 드라마의 치유과정을 가리켜 드라마의 이야기를 "입체적으로 만들어" 제공하는 작업이라고 말한다. 즉 드라마 속의 등장인물의 성격과 성장 과정, 환경, 목표 등을 잘 살려서 "저절로 이야기가 술술 나오게" 하며 등장인물들이 "각자 알아서 뛰게"하는 작업이라고 한다. 이를 위해 중요한 것은 등장인물들이 드라마 속에 각자 살아온 자신의 그늘과 양지, 슬픔과 기쁨, 좌절과 성공, 시련과 배반도 표현하게 하는 것이다. 그렇게 할 때 치유의 효과를 낼 수 있다고 한다.(김수현, 2005, p. 23-24)

체서 고양이 역시 드라마치료의 디렉터처럼 앨리스가 이상한 나라에서 만난 캐릭터들을 조명하여 볼 수 있게 한다. 그들을 가리켜 'mad' 하다고 한다. 직면해야 할 그들의 '이상한' 모습을 가리키며 하는 말이다. 그리고 앨리스가 그들을 보조자아로 직면하고 어울릴 수 있도록 길을 제시한다. 이를 통해 앨리스의 삶을 구성하고 있는 부분들이 등장하는데 앨리스는 이들에게 드디어 자기의 소리를 내어 대화하기 시작한다. 이제 무르익은 열매처럼 드라마의 주인공으로서 자기의 감정과 소망을 드디어 표현하게 된다. 그리고 체서 고양이는 마지막으로 앨리스의 마음을 반영해주며 끝까지 그 마음 한편에서 그녀를 지켜주려 한다. 몸부터 사라지되 미소를 끝까지 남기는 모습으로 앨리스에게 지지자로 남아 있음을 보이며 앨리스가 용기를 내어 자기성찰의 길을 갈 수 있도록 이끌어 준다. 체서 고양이는 앨리스의 내면이 드러나도록 돕는 작업의 도구, 디렉터가 되고 있다.

7. 시간과 선택

여기 앨리스의 꿈나라에는 정말 "이상한(mad, 어처구니 없는) 사람들"이 가득하다는 체셔 고양이의 말을 마음에 두고 앨리스는 3월 토끼의 집을 찾아 방문한다. 아니나 다를까 정말 어처구니없는 '똘 아이들'을 만나게 된다. 이들은 앨리스를 환대하기는커녕 자리가 없다고 빈정거리는데 앨리스의 마음이 정말 돌 것(mad) 같다. 하지만 앨리스는 그들의 말에 아랑곳하지 않고 식탁의 빈자리를 찾아 앉는다. 앨리스에게 이제 주도성이 생겼나 보다. 전에는 남의 말이라면 비판 없이 수용하고 따라갔었는데 이제는 아주 당당하게 자기가 원하는 대로 그곳의 찻잔 대화에 뛰어든다. 하지만, 이들은 역시 계속 이상한 태도를 보인다. 모자 장수는 예의도 없이 앨리스에게 함부로 머리를 깎으라고 명령식의 말을 해대고, 3월 토끼는 궤변을 늘어놓으면서 앨리스의 자존심을 깎아내린다. 그 가운데서 불쌍하게도 이들의 팔꿈치에 눌린 채 졸고 있는 겨울잠쥐가 가끔 내뱉는 말은 또 무엇인지 정말 알 수가 없다. 이들이 주거니 받거니 하는 말들은 애매모호 하기만 한데 자기들은 마치 무슨 대단한 지식을 나누는 것처럼 뻐기는 자세가 가관이다. 특별히, 시간에 대하여 철학자들처럼 이야기하다가 자기들은 시간으로부터 자유로운 존재라고 하는데 가만히 이야기를 들어보면 정반대의 모습이다. 이들은 오히려 시간에 갇혀있는 인물들이다. 무슨 이야기를 하든 결국엔 앨리스의 마음을 긁어놓으려는 심보만 보인다. 하지만 앨리스는 결코 휘둘리지 않는다. 자기의 입장과 생각을 당당히 밝힌다. 그리고 이들과 더는 말이 통하지 않아 상대할 필요가 없다고 생각이 들자 다른 곳으로 가기로 결단을 하고 그 자리를 일어선다.

⊙ 당신에게는 요즘 시간이 빨리 가는가 아니면 느리게 가는가? 그렇게 느껴지는 까닭은 무엇일까? 그 시간의 속도가 혹시 사람들과 관련이 있는가? 있다면 누가 어떻게 영향을 주는가?

얼어붙은 시간

앨리스는 말도 안 되는 이야기를 늘어놓는 3월의 토끼, 모자 장수, 그리고 겨울잠쥐에게 자신이 여기에서 시간을 낭비하고 있다고 한다. 그런데 앨리스의 이 말에 모자 장수는 자신의 아픈 마음을 표현한다. 누구에게나 이야기가 있고 아픔은 있기 마련! 이 엉뚱한 '똘 아이'(mad) 같은 캐릭터들에게도 아픔이 있다고 한다.

그래서 앨리스는 그 이야기를 들어보기로 한다. 모자 장수가 말한다. "네가 나만큼 시간을 잘 알고 있다면, 지금 시간을 버리고 있다고 하면 안 돼. 시간은 물건이 아니라 사람이니까." 이게 도대체 무슨 말일까? 또 다른 궤변 같다. 앨리스는 묻는다. "도대체 무슨 말을 하는 건지 모르겠네요." 모자 장수가 대답한다. "난 하트 여왕이 개최한 커다란 공연에서 노래를 부른 적이 있었어. 그런데 내가 간신히 수정) 1절을 다 불렀을 때, 여왕은 내가 시간을 죽이고 있다고(Murdening the time) 화를 내며 내 목을 치라고 했어." 그 말에 앨리스가 소스라치게 놀랐다. "아휴, 끔찍해라!" 모자 장수는 풀이 죽은 모습으로 "그 뒤론 내가 아무리 뭐라 해도 시간은 내 말을 안 들어. 이젠 언제나 여섯 시야."하고 말했다. 하트 여왕이 던진 말이 모자 장수에게 트라우마가 되어 그의 시간은 그렇게 멈추어 버렸고 더는 자기에게 아무런 반응도 하지 않는다는 말이다.

그러자 이 궤변이 가득한 테이블에 갑자기 심오한 바람이 불어온 기분이 든다. 지금-여기의 대화가 뒤죽박죽 돌아가는 것 같은데도 그래도 뭔가가 있는듯하다. 그것은 무엇일까? 우리는 여기서 체서 고양이가 앨리스에게 아까 전해 준 말 "여기는 온통 어처구니없는(mad) 상태"라고 한 말을 되새겨 볼 필요가 있다. 영미권에서 일상적으로 사용하는 말(mad)란 사람이 현실감각을 완전히 잃어버린 정신증적 상태를 의미한다기보다는 '제정신이 아니다' 혹은 '어처구니가 없다'라는 말에 가깝다. 즉 평상과는 다른 감정이나 이상한 행동을 할 때 사용하는 말이다. 그런데 앨리스가 지금까지의 꿈을 통해 경험해와서 알듯이 여기의 '이상한 나라'가 꼭 나쁘게만 보이지는 않는다. 오히려 현실의 한계를 뛰어넘는 경험을 하게 하고 지금까지 살아보지 못한 삶을 살아볼 수(경험할 수) 있게 하고 있기 때문이다. 예전에는 깨닫지 못했던 것을 알아차리게 하는 기회도 준다. 지금-여기서 만나는 모자장수가 분명히 이상한 사람이긴 하지만 자기가 여왕으로부터 받은 마음의 상처에 관해 말할 때는 나름대로 진솔하다. 그래서 앨리스는 "시간이 자기에게 아무런 반응을 하지 않고 얼어붙어 있는 상태"라는 말에는 뭔가 중요한 것이 담겨 있음을 느낀다.

실제로, 모자 장수가 말하는 시간에 대한 느낌은 드라마치료가 잉여현실의 기법을 통해 자주 다루는 내용이다. 모레노 부부는 드라마치료의 무대에서 제공하는 시간이야말로 지금-여기에서 '영원'을 경험하는 것이라고 말한 바 있는데, 그렇다면 모자 장수의 "얼어붙은 시간"이야말로 잉여현실을 통하여 새롭게 경험되고 치유되어야 할 시간을 말할지 모른다.

드라마치료의 무대 위에서 구현되는 시간의 경험을 설명하자면 그것은 단지 하나의 시간 차원, 즉 "지금-여기"를 인식하는 것이다. 무대 위에 올려진 이야기가 최근은 물론 과거의 이야기이든 아니면 미래에 관한 것이든 간에 그것을 마치 지금-여기에서 일어나는 것처럼 묘사한다. 그리고 실제로 그것을 지금-여기에서 새롭게 경험하도록 이끌어 준다. 과거나 미래의 구분이 없다. 지금 현재를 충실하게 살고 경험하도록 돕는다. 물론, 드라마치료에서 참여자들은 시간의 어느 지점이든 그것을 무대에 올릴 수 있다. 그것에 따라 배우가 무대 위에서 과거로 돌아가 젊어지거나 미래로 찾아가 늙은 모습을 보일 수도 있다. 하지만 잉여현실은 시간의 한계를 넘어서서 지금-여기에서 자신의 경험을 재건하는 경험이 된다. 과거의 사건도, 미래에 대한 상상도 모두 지금-여기에서 새롭게 경험한다. 이를 통해 과거의 굴레와 속박, 미래의 불안과 불확실성 모두를 넘어서는 진정한 지금-여기에서의 영원을 맛보게 한다. 지금까지 살아보지 못한, 아니 앞으로도 살아보지 못할 시간을, 지금-여기에서 살아보게 하는 경험이다. 드라마치료의 무대는 "영원한 지금"(eternal now)을 경험하게 하는 잉여현실의 기회가 된다.[32)]

모레노 부부는 시간을 과거, 현재, 그리고 미래로 구분한 단위로 측정하는 것은 오직 인간만이 하는 일로 여긴다.(Z. Moreno, p.40) 동물들의 세계에서는 시간의 구분이 없다. 온 우주와 하나가 되어 그저 함께 흘러가는 행위만 있을 뿐이다. 인간도 선사시대에는 동물과 다름없이 그렇게 온 우주와 하나 된 흐름을 안고 살았다. 마치 우리가 유아기에 시간의 구분이나 측정 없이 살았던 것처럼 말이다. 하지만, 인류가 역사 가운데 어떤 필요성에 의하여 시간을 나누고 쪼개어 측정하는 단위를 만들기 시작하면서 '영원'은 '시간'이라고 하는 단위로 부서지고 쪼개지고 말았다. 그래서 시간을 가지고 사는 우리의 세계는 영원의 세계가 아닌 와해되고 흐트러진 인생을 살게 하는 곳이 되었다. 이제 더는 우리가 자연스럽게 우주와 하나 되어 흘러가는 경험을 하지 못한다. 부서지고 흩어진 파편들 가운데 어느 특정한 시간에 머무르거나 갇혀 살아갈 뿐이다.

모자 장수가 여왕이 자신에게 선고한 끔찍한 사형선고를 받은 이후 자기에게는 시간이 더 이상 반응하지 않고 있다는 말은 바로 위와 같은 맥락의 말이다. 여왕은 먼저 모자 장수가 자기의 시간을 죽이고 즉 잃어버리게 하고 있다고 하며 그런 명령을 내렸다. 모자 장수처럼 그녀 역시 흘러가는 시간을 놓치고 산다는 말이다. 지금-여기에서 영원을 경험하지 못하고 "얼어붙은 시간"을 사는 것은 모자 장수나 여왕이나 마찬가지인 셈이다.

젤카 모레노는 이렇게 얼어붙은 시간을 경험하는 사람들이야말로 잉여현실의 경험을 간절히 필요로 하는 사람들로 보았다. 그들은 자신을 둘러싼 문화보존성(the cultural conserve)에 얽매여 진정한 자유의 삶을 살지 못하는 이들이다. 그래서 그들에게 시간은 얼어붙은 것처럼 경험된다. 하지만 동시에 문화보존성은 잉여현실을 필요로 하는 상태이기에 이들이 일단 잉여현실의 무대 안으로 발을 들여놓기만 한다면 얼어붙은 시간이 풀려가는 경험을 시작할 수도 있다.

> "사이코드라마 무대 위에서는 시간의 구분이란 전혀 존재하지 않는다. 잉여현실이란 알려지거나, 알려지지 않은 많은 상이한 실제들 사이의 교차점이라고 정의할 수 있는데 이는 자아의 조정과 구별하는 능력이 멈추는 곳을 의미한다. 이러한 상태는 무아경(ecstasy)을 결정하는데, 어원적으로는 '개인이 개성의 한계를 떠나는 것'으로 이해할 수 있다. 이러한 상태는 한 사람이 세상을 경험할 때 일상적으로 경험해 오던 방식에서 벗어나 다른 생소한 관점에서 바라보게 되는 경지를 말한다. 이 관점은 우리 자신의 알려지지 않은 부분, 혹은 다른 사람의 알려지거나 알려지지 않은 부분, 그래서 인간의 외적인 힘에 속한 영역이라 할 수 있다."(Z.T. Moreno, p.68)

그런데 얼어붙은 시간을 살고있는 사람은 모자 장수처럼 트라우마를 경험한 사람만 경험하는 것이 아니다. 동화 속의 앨리스 역시 트라우마의 차원은 아닐지라도 문화보존성 아래 사회와 문화 구조 안에 갇혀 그 세계 이상의 것을 보지 못하며, 지금-여기에서 살아 움직이지 않는 '얼어붙은 시간'을 벗어나지 못하는 소녀이다. 하지만, 동화가 전개되면서 앨리스가 계속해서 잉여현실을 경험해 갈 때 이 얼어붙은 경직된 시간을 넘어서는 기회를 얻게 된다.

잉여현실에의 선택

3월 토끼의 집 테이블에서 '얼어붙은 시간'을 경험하고 있는 모두들 가운데서 유독 앨리스의 행동이 돋보인다. 여왕에게 상처를 당했다는 모자 장수도, 늘 비아냥거리기만 하는 3월 토끼도 그리고 다른 사람에게 머리가 눌려 답답한 겨울잠쥐도 모두 현실을 직면하지 못하고 얼어붙은 시간을 벗어나지 못하는 캐릭터들이다. 하지만 앨리스는 지금-여기에서 얼어붙은 시간을 직면한다.

사실, 3월 토끼와 모자 장수 그리고 겨울잠쥐 모두 앨리스를 무시하는 듯한 태도로 불쾌감을 주고 있는 이들이다. 아픔을 가진 사람이 또한 다른 이에게 아픔을 준다는 말이 맞는가 보다. 얼어붙은 시간을 살아가는 이들은 문화보존성에 갇혀있는 인물들이기에 경직되어 있다. 남의 존재에 대한 인식이 없고 더구나 남을 헤아리는 마음은 더더욱 없다. 그래서 그들은 늘 엉뚱한 말을 늘어놓으면서도 자기들만이 옳다고 주장한다. 앨리스에게는 무시하는 투로 일관된다. 자기의 잣대로 남을 함부로 판단하면서 낯선 사람들과는 어떠한 관계도 허용하지 않겠다는 낮은 수준의 사회성을 보인다.

하지만 앨리스는 그들을 향하여 다가가서는 당당하게 자기 존재의 자리를 확보한다. 대화 중에도 꿀리지 않고 자기 생각을 분명히 주장하며 그들이 엉뚱한 말로 심기를 건드리고 흔들 때도 자기가 표현하고 싶은 말들을 분명히 표현하다. 앨리스는 이들을 피하지 않고 직면하고 있다. 그래서 앨리스에 대하여 저들도 이제는 어찌할 수 없어 한다.

'선택'의 서바이벌 게임

많은 미디어가 2021년 전 세계 넷플릭스 흥행 1위를 기록한 〈오징어 게임〉의 소식을 전하며 서바이벌 게임을 소재로 한 이전의 수많은 영화와 비교한다. 그러면서 질문하기를 서바이벌 게임을 같은 주제로 다룬 이전의 수많은 드라마는 왜 〈오징어 게임〉처럼 흥행하지 못했을까 질문하다. 답은 '선택'이라는 문제에 있다고 한다. 〈오징어 게임〉은 〈배틀로얄〉과 같은 다른 생존게임 드라마와는 달리, 그 처절한 게임들에 참여한 극 중 인물들이 게임에 대한 선택권이 있다. 즉, 이 잔인한 포기할 것인가 아니면 계속할 것인가 하는 선택의 기회가 있어서 사람들은 더더욱 그렇게 열광을 한다는 것이다. 그렇다. 인간은 선택할 수 있을 때 관심을 가지고 주목하게 된다. 선택의 여지가 없는 곳에 갈 이유가 없다. 선택이란 곧 내가 원하는 것을 펼칠 기회를 줄 수 있기 때문이다.

'이상한'(mad) 이들이 모인 이 이상한 곳에서 앨리스는 마음의 동요를 받지 않는다. 아니 동요 받지 않으려고 오히려 자기가 행동을 스스로 선택한다. 흰 토끼의 명령에 아무 말도 못 하고 그대로 순응하던 이전 모습이 아니다. '이상한'(mad) 상황을 피하지 않고 직면한다. 현실을 직면하며 당당히 자기를 주장함으로써 자기의 모습을 바꾸기로 선택한 것이다. 체셔 고양이에게서 들은 '네가 선택하는 길이 네가 가야 할 길이다'라는 말로 깨달은 바를 실천하려는 듯하다.

어떻게 앨리스에게 이러한 감정조절이 가능할 수 있을까? 앨리스의 내면 변화를 좀 더 살펴보자 앨리스는 이제 남들이 자극하는 말들에 대하여 동요 없는 평정심을 보이는데 이는 자기의 감정을 알아차리고 남의 감정을 공감하며 상황을 객관화하여 바라볼 수 있는 사람에게서 나타나는 모습이다.(유동수, 2017, 80-82) 앨리스에게 이런 능력이 갑자기 생기지는 않았다. 앨리스는 이상한 나라에 들어온 이후 이미 여러 과정을 거치면서 그러한 마음의 여유를 키울 수 있는 경험을 해 왔다. 앨리스가 그동안 거쳐온 잉여현실의 과정을 돌아보자. 그것은 자기의 인생길을 스스로 선택해 나가는 법을 배우는 과정이었다고 할 수 있다.

(1) 소시오메트리의 경험

우선 앨리스는 이상한 나라에 들어와 불안에 떨면서 눈물을 흘리는데 이로 인하여 눈물이 강물이 되고 그곳에 빠져 자기처럼 허덕이며 헤엄치는 동물들을 만난다. 어수룩하고 불안한 마음을 이들과의 대화를 통해서 앨리스는 동병상련의 정을 느낀다. 그 효과로 불안감이 줄어들고 안도하는 마음을 느끼며 이들의 행위(달리기)에 참여하기도 한다. 하지만 아직 남을 공감할 수 있는 능력은 충분하지 못했다. 대화하다가 결국엔 다른 이들로 하여금 자기를 떠나가게 하는 일을 벌인다. 그래서 앨리스가 깨달은 것은 남의 마음을 헤아리며 살아야겠다는 마음가짐이 생긴 것이다. 모레노에 의하면 사람들 상호 간에 밀고 당기는 텔레의 느낌은 사람들이 서로 간에 동질 의식을 갖게 하며 응집력을 가져온다. 그리고 개개인에게는 현실을 직면하려는 자발성이 생기게 한다.

(2) 이중자아와의 대화

앨리스는 아직도 남의 말에 아무런 토를 달지 못하고 순응하는 '착한' 소녀일 뿐이다. 흰 토끼가 자기 집에 들어가 물건들을 가져오라 시킬 때 아무 말 못 하고 들어가 키가 커져서 나오지 못하는 상황을 만났다. 하지만 애벌레와 대화를 하면서 '나는 누구인가'라는 질문을 받는다. 자기에게 익숙한 외모(키)로 사회적 기준에 따라 자기 정체성을 찾아온 앨리스는 혼란을 겪는다. 자기를 찾는 과정이 시작된 것이다. 그리고 애벌레가 준 버섯을 가지고 자기 키를 스스로 선택하여 조절하게 되면서 앨리스는 더 이상 신체의 변화에 놀라거나 영향받지 않게 된다. 버섯을 통해 자기가 자기 자신을 조절해 나갈 수 있는 존재임을 깨닫고 신체의 변화와 상관없이 자기 자신의 가치는 간직될 수 있다는 믿음을 갖게 된다. 자기와의 대화 속에서 또 다른 자기를 만나 대화하는 이중자아 기법을 하는 주인공의 모습이다.

(3) 사회원자와 역할교대

하지만 앨리스는 아직 외부대상을 만날 때마다 흔들리는 마음은 여전하다. 하지만 공작부인의 집에 이르러 그곳에서 벌어지는, 말도 안 되는 상황과 사람들의 역기능적 모습들을 객관적으로 바라보게 된다. 요리사의 형편없는 행위와 공작부인의 어리숙한 아기 돌봄, 모두 우스꽝스러운 모습으로 어쩌면 자기 주변에서 이 세상이 돌아가는 모습 같기도 했다. 하지만 앨리스에게는 자신을 둘러싸고 있는 사회원자들과 그들로 인하여 쌓여있는 감정의 덩어리, 그 실체를 거울처럼 바라보며 자신의 감정이 요동치는 것을 객관화시켜 볼 수 있었다. 그리고 갑작스레 공작부인이 던진 아기를 돌보는 역할을 맡게 되면서 공작부인의 시각으로 상황을 다시 볼 수 있는 눈이 생긴다. 돼지로 변한 아기가 숲속으로 도망치는 모습을 보면서 이제는 더욱더 다른 사람들에게 너무 연연해 하며 살 필요가 없다는 생각을 하게 된다.

(4) 디렉터의 인도

체셔 고양이를 만나 앞으로 가는 길에 '이상한' 일들과 사람들을 계속 만날 것이지만, 그리고 이 모든 것은 내가 가고자 하는 길과 내가 하고자 하는 일에 대한 나의 선택에 달려 있다는 지혜를 얻는다. 이상한 세상의 이상한 사람들도 기꺼이 상대해 볼 만한 용기가 생긴 것이다.

앨리스에게 새로운 잉여현실을 맞이할 준비가 되었다. 때로는 혼란스럽고 받아들이기 어려운 상황 속에 처할지라도 나는 그 세계를 피하지 않고 뛰어들어 더 이상 결코 나 자신을 잃어버리는 잘못은 범하지 않겠다고 하는 선택의 결단도 보인다. 그리고 나는 나의 길을 간다는 자세로 3월 토끼의 집을 나선다. 물론 이 모든 결단은 아직 머릿속의 깨달음뿐이며 마음가짐일 뿐이다. 행동으로 자기를 표출하여 온몸이 경험하게 되는 사건은 아직 일어나지 않았다. 하지만 이제 뭔가 특별한 '행위화'(acting out)를 하고 싶어진다.

사실, 앨리스는 3월 토끼의 집에서 말도 안 되는 언어의 장난에 시달렸다. 터무니없는 말들을 늘어놓으며 자기를 소외시키려는 이들과는 더는 자신이 나눌 수 있는 것이 없어 보였다. 자기는 자기의 갈 길을 가야 할 뿐인 것을 깨닫는다. 하지만 앨리스가 이렇게 길을 나서는 것은 결코 회피나 도피의 행위는 아니다. 오히려 뭔가 적극적인 행동을 통해 자발적으로 옮기는 발걸음이다. 모레노는 이처럼 심리극에 등장한 인물의 자발성이 높아질 때 "언어 차원은 초월 되고 행위 차원이 포함"되는 행위화의 과정이 이어진다고 설명한다.(J. L. Moreno, Psychodrama 1, 1946b, p.30) 이는 삶의 어떤 형식의 이야기이든 그것을 직면하여 지금까지 맡았던 역할을 스스로 성찰하고 또한 새로운 역할을 맡아 시연하고 싶어지는 마음, 그래서 드디어 새로운 역할의 확장 및 창조를 경험하는 데까지 이르도록 하는 길이 된다. 이를 통해 주인공은 자신이 부딪히는 현실을 객관화시켜 관찰하며 능동적으로 미래를 준비하는 자세와 역량을 갖추게 된다.

8. 놀이와 자발성

3월 토끼의 집에서의 차 모임을 박차고 나온 앨리스는 작은 문을 통해 왕의 정원으로 들어간다. 거기에서 여왕의 정원을 가꾸는 트럼프 정원사들을 만난다. 그들은 여왕이 붉은 장미를 좋아한다고 하여 흰 장미를 열심히 붉게 칠하고 있다. 잠시 후 하트의 여왕과 왕의 행렬이 나타난다. 왕은 모든

일에 아내인 여왕의 말에 저항하지 않으며 여왕에게 아주 의존적이다. 모두 여왕의 크로켓 경기장으로 향하는데 앨리스는 거기에서 또 한 번 아주 우스꽝스러운 광경을 목도 하게 된다. 고슴도치를 공으로 그리고 홍학을 크로켓 채로 활용하여 경기하는 이상한 게임이다. 여왕의 카드 병사들이 여기저기 골대 모양을 하고 있고 경기장 바닥은 울퉁불퉁 너무 거칠어서 게임을 제대로 할 수 있는 환경도 못 된다. 경기가 시작되자 선수들이 전부 자기 순서가 오기도 전에 뛰어들며 서로 공을 치겠다고 달리는데 온통 뒤죽박죽이다. 마침내 여왕은 화가 치밀어 올라 선수들을 향하여 외쳐댄다. "저놈의 목을 쳐라! 저놈의 목을 쳐라!" 그 명령을 따르자면 경기장에는 오직 여왕 하나만 살아 남아있게 될 형국이다. 그래도 경기를 하는 병사 중에 처형되는 사람은 없다. 처형 선고를 받은 이들은 모두 목이 달아나기도 전에 이미 경기장에서 달아나 버리고 없기 때문이다.

⊙ 당신에게 기억나는 운동회나 체육시간은 언제인가?

⊙ 당신의 인생은 어떤 스포츠와 같다고 여겨지는가? (육상, 축구, 야구, 탁구, 농구 등) 그 이유에 대하여 설명해 보라.

놀이하는 인간

3월 토끼의 집에서 이상한 말장난과 궤변에 찬성할 수 없었던 앨리스는 이제 신체의 움직임이 이상한 영역으로 들어간다. '몸'을 사용하여 뭔가를 하고는 있는데 뭔가 탐탁지 않은 일 혹은 하고 싶지 않은 일에 '몸'을 움직이고 있는 현장이다. 한쪽에서는 정원사들이 흰 장미를 붉게 칠하며 서로 다투고 있고, 또 다른 곳에서는 크로켓 경기가 벌어지고 있는데 게임에 참여하고 있는 이들이 억지로 경기를 펼치고 있다. 이들을 가만히 살펴보면 모두 어처구니가 없다. 아름다운 장미를 그리는 일이라든지 크로켓 경기에 뛰어 어울리는 일은 정말 재미있고 해 볼 만한 일일 것이다. 그러나 이들에게는 재미란 없다. 그래서 티격태격 서로 싸우고 험담하며 반칙을 일삼는다.

사람이 하는 행위 중에 가장 재미있는 일은 역시 '놀이'일 것이다. 놀이는 우리가 어릴 적부터 아무 부담 없이 재미를 추구하며 자발적으로 시작하는 행위이다. 만일 놀이가 억지로 하는 행위가 된다면 그것의 재미는 곧 사라질 것이고 자발성이 점점 사라져 놀이로서의 성격을 잃어버리는 행위가 되고 만다.

잉여현실도 자발성에서 시작되는 것이므로 사실 놀이에 가깝다. 놀이처럼 흥미를 느끼고 행위로 자기의 마음을 옮겨 놓게 된다. 또한, 자기가 표현하고 싶은 것을 표현하고 사람들과의 상호 관계 작용이 깊어지다 보면 무대 위에서 행위하는 주인공이나 보조자아들 그리고 청중들 모두 흥미를 느끼며 몰입한다. 그리고 결국엔 자기의 이야기를 새롭게 창조해 내는 놀이를 완성하게 된다.

앨리스가 언니 무릎에 누워서 언니가 읽어주는 재미없는 이야기를 듣고 있다가 흰 토끼가 뛰어가는 것을 보고 그를 따라 토끼굴에 뛰어드는 것은 놀이에 뛰어드는 전형적인 아이의 모습이다. 지금-여기에서 뭔가 더 큰 흥밋거리를 느낀 것이다. 그리고 펼쳐지는 이상한 일들을 경험하면선 앨리스는 마치 게임을 하듯이 꿈속의 인물들을 상대한다. 모두 쉽지 않은 캐릭터들이지만 뭔가 게임을 계속하게 끌어당기는 힘을 느낀다. 멋모르고 뛰어들어 울기도 하고 웃기도 하고 감정이 업-다운 오락가락하지만 거기서 점점 자기 자신에 대하여 생각하게 되는 것은 참으로 의미심장하게 느껴진다. 꿈이 잉여현실로 이어지며 그 가운데서 놀이의 요소를 모두 만끽하고 있는 앨리스의 모습을 볼 수가 있다.

드라마치료의 잉여현실이 놀이와 흡사하다고 할 때 그것을 이상하게 여길 것이 없다. 본래부터 드라마는 연극의 한 형태로 발전해온 것이고, 연극을 가리키는 영어의 단어 play는 연극과 놀이, 두 영역에 모두 쓰이는 말이기 때문이다. 그렇다면 놀이란 무엇이기에 이렇게 잉여현실 드라마 가운데서도 중요한 요소로 등장하는 것일까?

놀이를 학문의 영역으로 끌어올린 학자를 들자면 역시 J. 호이징하(Johan Huizinga)를 꼽을 수 있다. 그는 "Homo Ludens" 즉, "놀이하는 인간"이라는 표현으로 인간의 특성을 새롭게 밝힌 인물이다. 그에 의하면 인간이 누리는 문화와 역사의 발전은 놀이가 인류에게 선사한 엄청난 선물이라고 한다. 그에 의하면 인간 존재를 논함에 있어서 호모 루덴스야말로 호모 사피엔스(homo sapiens, 생각하는 인간) 혹은 호모 파베르 (Homo Faber, 만드는 인간)보다도 더 정확하게 인간을 정의하는 특성이라고 한다. 18세기 계몽주의 이후 서구사회는 인간을 이성적으로 사고하는 존재로 정의하며 합리적인 사고에 따른 과학의 발달은 결국 세상을 유토피아로 만들 것이라는 낙관론을 펼쳤다. 하지만 '사고하는' 인류가 이룩해 놓은 것은 끊임없는 전쟁과 참혹하기 이를 데 없는 비이성적인 행동들이었다. 그리고 호모 파베르의 견해를 가지고 인간만이 도구를 사용하여 뭔가를 만들어 내는 존재라고 여겼던 견해 역시 뒤집히기 시작했다. 동물에 관한 연구가 늘어나면서 동물도 도구를 사용하는 경우가 밝혀지고 있기 때문이다. 하지만 인간에 의하여 고도로 발달하는 문화는 놀이를 바탕으로 하고 있으며 놀이 때문에 시작, 유지, 진화하고 있다는 견해는 점점 지지를 얻고 있다. 놀이의 행위가 인간의 가장 기본적이고 근원적인 행위이며 인간 삶의 모든 부분이 놀이에서 비롯되고 놀이의 방식으로 재미와 의미를 찾으며 발전하고 있다는 것이다.(J. Huizinga, p.75) 즉, 놀이를 통해 인간은 "삶의 형식"을 갖게 되며 사회적 기능을 연습하고 실행하며 삶의 의미를 만들어나간다고 본 것이다. 호이징하는 놀이는 문화보다 더 오래된 것이며 실제로 모든 새로운 문화는 놀이에 의하여 시작된다고 주장한다. 즉, 놀이는 우리로 하여금 기존 문화의 틀을 넘어서서 새로운 의미를 찾는 일에 몰두하며 유희(즐거움)를 만끽하게 한다는 것이다.

놀이가 주는 삶의 힘을 좀 더 규명해 보자. 놀이는 개개인에게 '재미'와 '의미'를 가장 기본적인 선물로 선사한다. 인생은 재미가 있어야 살만하다고 느껴진다. 그리고 의미가 부여될 때 풍요롭게 느껴진다. 프로이트는 인생을 충족되지 못한 생물학적 욕구로 인하여 좌절된 리비도를 극복하기 위한 수동적인 형태로 묘사했다. 하지만 호이징하는 '놀이'를 통해 인간은 수동적이 아닌 능동적인 존재가 되며 놀이를 통한 수많은 행위는 결국 인생의 시간을 완수해 나가는 힘을 경험하게 한다고 보았다. 호이징하가 말하는 놀이는 사실 생물학적 본능을 뛰어넘는 특징을 가지고 있다. 그 이유를 들자면 놀이가 창출하는 자발성이 생물학적인 동기를 유보할 만한 몰입의 힘을 보이기 때문이다.(J. Huizinga, p.19) '자발성'은 강제로 누가 시키지 않아도 어떤 행위를 스스로 해 보고 싶어 하는 마음이다. 놀이를 향한 인간의 자발성과 몰입의 효과는 다른 어떤 것에 방해를 받지 않을 정도이다. 생물학적인 욕구의 힘도 이를 막을 수 없다. 놀이에 빠져있으면 우리는 밥을 먹거나 잠을 자는 것도 잊을 수 있다. 이러한 생물학적 욕구는 충분히 유보된다. 물론 놀이 때문에 인생의 중요한 일들을 뒤로 미루어 실패를 경험하게 할 수 있다고 놀이를 부정적인 것으로 평가하기도 한다. 하지만 우리는 잘 안다. 세상의 어떠한 일이라도 그것을 놀이처럼 재미있게만 할 수 있다면 가장 효율적인 성과를 낼 수 있다는 사실이다. 놀이가 가져오는 '자발성'은 인간이 가진 어떤 생물학적인 능력보다 더 탁월하게 인간을 움직이게 하는 힘이 된다.

두 번째로 놀이는 단순한 욕구 충족의 수준을 넘어서서 새로운 의미를 창출해 내는 창조의 도구가 된다는 사실이다.(Huzinga, 1993, p.10) 인간은 놀이를 통하여 재미를 추구할 뿐 아니라 의미를 창출하는 결과를 만들어 낸다. 놀이하면서 우리는 세상을 흉내 내고 묘사하며 놀이를 통해 사회적 역할을 모방하고 연습하여 세상에 적용한다. 물론 세상을 배우는 이런 학습과 실습의 활동을 학교에서의 교육을 통하여도 얻을 수 있지만 놀이 만큼 자연스럽지는 않다. 놀이는 삶에 연관되어 자발적으로 나타나며 삶의 경험들과 함께 쌓여 새로운 의미를 창조하는 기능을 한다. 무엇보다 놀이가 인생에 주는 가장 중요한 창조적 선물은 삶을 총체적으로 통합시키는 활동이 된다는 사실이다.(J. Huizinga, p.21-22) 놀이를 통하여 우리는 세상을 모방할 뿐 아니라 자기 인생 가운데 약하고 부서진 부분을 보완하고, 아픈 기억을 치유 받는다. 또한, 아직 살아보지 못한 삶을 살아보는 기회를 가지며 이를 현실에서 실행할 용기를 얻는다. 과거나 현재, 미래의 시간 구분도 사라지고, 오직 지금-여기에서의 삶에 가장 충실한 행위로 들어가게 된다. 놀이를 통해 세계를 무대로 하는 참된 주인공이 되어 신명 나게 놀아 볼 수(play) 있도록 우리의 전 존재가 참여하는 창조적 행위를 할 수 있게 된다.

이런 의미에서 놀이의 행위로 펼쳐지는 창조적인 형태를 살펴보자면 가장 큰 예로 게임 혹은 경기를 들 수 있다. 사실, 호이징 하는 놀이의 행위 안에 본래 대립적인 성격이 있다고 본다. 그리고 그 대립적인 성격의 요소들은 반드시 경쟁적으로 다른 요소들을 파괴하는 데 목적이 있는 것은 아니라고 본다. 오히려 가장 좋은 창조물의 결과를 얻는 데 필요한 선한 경쟁이 된다. 예를 들어 음악, 미술, 춤과 운동과 같은 예체능 활동에도 경쟁의 측면이 있다. 하지만 이와 같은 게임의 목적은 인간이 서로를 파괴하는 방법으로 승리하기 위함이 아니다. 오히려 상호간 경쟁을 통해 서로가 모자라는 점들을 보완하여 더욱 완결성을 갖추게 하는 효과가 있다. 경쟁 중에 상대방의 강점에 대하여 대처함으로써 나의 모자라는 점이 보완되고 더욱 강해질 수 있기 때문이다. 이러한 경쟁의 요소는 놀이를 "그 자체로서 완결된 자족적 활동"으로 만드는 역할을 한다고 호이징하는 주장한다.(J. Huizinga, p.77)

이런 맥락에서 볼 때 앨리스가 만나는 정원사들과 여왕의 크로켓 경기장의 모습은 진정한 놀이의 의미와 창조적인 특성을 상실해 버린 인생의 단면을 보여 준다. 정원사들이 흰 장미를 빨간 장미로 둔갑하는 일은 여왕이 무서워서 하는 행위이다. 본인들에게는 아무런 의미도 재미도 없다. 그들은 그 일에 절대 몰두하지 않는다. 오히려 억지로 하다 보니 동료들과 옥신각신 싸움만 벌이게된다. 재미있고 흥이 나야 할 크로켓 경기장에서도 놀이의 특성은 무시되고 있다. 경기에 임하는 어느 누구도 자발적으로 뛰어든 선수는 없다. 그저 여왕의 명령에 따라 억지로 경기를 하러 왔을 뿐이다. 경기에 참여하는 일은 그저 피곤한 일이다. 크로켓 공으로 고슴도치를 택하고, 홍학의 머리로 공(고슴도치)을 치는 일은 어처구니가 없을 뿐 아니라 잔인함을 느끼게 한다. 경기장은 울퉁불퉁 준비되어있지 않고 선수 노릇을 하는 병사들은 모두 순서 없이 덤벼들어 아수라장이 되고 만다. 이와 같은 경기는 재미는커녕 스트레스를 줄 뿐이다. 이 모든 재미없는 경기의 진짜 원인인 여왕은 결국 경기의 참여자들 모두의 목을 베라고 명령한다. 놀이(play)가 사라진 참으로 재미없고 의미 없는 삶의 단면을 보여 주고 있다.

살아나는 자발성

모레노의 드라마치료는 잉여현실 에 반영되는 자발성의 힘을 강조하는 데, 이를 통해 재미를 잃어버린 놀이 와 재미와 의미가 있고 창조적인 결 과를 만들어 내는 놀이를 비교해 볼 수 있다. 재미를 잃어버린 놀이란 무 엇일까? 모레노의 관점에서 보면 문 화보존성(cultural conserve)에 해

당된다. 문화보존성은 앞서 4장에서 언급한 대로 우리 삶에 가장 큰 영향을 주는 사회의 관습적 가치관으로서 사회구성원들이 의 심하거나 개선할 노력 없이 그대로 수용되고 있는 보존물을 말한 다.(Z.T. Moreno, 2005, p.23, 42) 앨리스가 자기 신체의 크기나 이미지로 자기의 가치의 기준으로 삼고 있던 모습이 바로 그것이 었다. 빅토리안 시대에 여성의 가치를 신체 외형적 특징으로 평가 하고 판단하던 그 가치관 때문에 어린 소녀 앨리스는 자기의 신체 변화에 그렇게 예민하였다. 하지만 이제 앨리스는 문화적 보존물 을 따라 살아가는 인간의 모습이 얼마나 어리석고 우스꽝스러우 며 불쌍하기까지 한지 정원사들과 크로켓 경기장의 모습을 통해 확인하게 된다. 자발적인(영어 spontaneous, 독일어 stegreif) 삶의 자세나 행동이란 전혀 찾을 수 없이 남(여왕)의 심기를 건드

리지 않으려고 살아가는 모습 속에는 자기가 상실된 아픔만이 보인다.

바로 이러한 문화보존성을 뛰어넘는 것이 자발성이다. 자발성은 문화보존성의 경직된 틀 안에서 자기를 잃어버린 사람들에게 꼭 필요한 내적 자원이다. 왜냐하면, 문화보존성으로 인하여 더 이상 진보하지 못하고 갇혀있던 사람들의 생각이나 감정, 그리고 행동에 변화를 가져오게 할 수 있는 것이 자발성이기 때문이다.

물론 문화보존성에도 사람들이 귀하게 여길만한 가치는 있다. 이전 시대 사람들이 삶의 경험을 통해 만들어 낸 지혜와 보물로서 문화보존성은 현재의 세상에서 가장 최선의 가치관으로서 수용되어 사회의 구성원들을 사회화하는데 큰 도구 역할을 하기 때문이다. 앨리스가 여성으로서의 다소곳함을 간직하며 자기를 표현하지 않고 늘 순응하는 모습은 빅토리아 시대의 여성상에 따라 움직이고 있는 모습이다. 따라서 사회구성원들이 현존하는 최고의 가치관 문화보존성을 넘어서서 그 영향력으로부터 자기 자신을 바라보고 참 자기를 정립해가는 일이란 쉬운 일이 아니다.

이러한 상황에서 앨리스로 하여금 문화보존성에 의하여 갇혀있던 역할들을 확장하는 계기를 가능하게 할 수 있는 것은 무엇일까? 이상한 나라에서의 앨리스의 경험을 잉여현실로 볼 때 이 앨리스의 꿈 드라마는 놀이를 통해 앨리스로 하여금 세상을 보고 자기를 보게 한다.

정원사들의 행동과 크로켓 경기장에서의 우스꽝스러운 모습을 제삼자의 시각에서 객관적으로 바라보면서 앨리스는 세상 돌아가는 모습 그리고 그 영향권 아래 있는 자기 자신을 알게 된다.

드라마치료의 잉여현실은 이처럼 세상의 이야기를 무대 위에 올려 그것을 거울처럼 바라보며 그 안에 예속되어 삶의 굴레를 벗어나지 못하고 있는 나를 바라보게 하는 놀이(play,연기)를 제공한다. 세상과 나를 몸으로 표현하며 지금-여기에서 실제의 삶의 한계를 넘어서고자 하는 소망을 제공하는 놀이이다. 잉여현실의 무대는 평소에는 두렵거나 슬프고 혹은 화가 나서 감히 생각조차 하지 않으려 애쓰던 사건들이나 트라우마의 순간을 연기할 수도 있다. 그리고 그토록 그리워했지만, 삶과 죽음의 경계선 때문에 만날 수 없었던 죽은 사람과의 만남도 가능한 놀이가 된다, 미래에 일어날 예측할 수 없는 것들을 미리 경험하고 대처하는 놀이도 포함된다. 더 나아가 인간의 삶에 대한 궁극적인 질문을 가지고 조물주를 만나 대화하는 놀이도 가능하다. 지금 앨리스는 이상한 나라에서 불안, 걱정, 분노와 슬픔 모든 것을 맛보며 극복해 가는 놀이를 하고 있다. 잉여현실의 경험이다. 꿈과 놀이의 잉여현실을 통해 앨리스는 이제 새롭게 직면할 세상을 미리 맛보는 일에 자발성을 가지고 뛰어들고 있다.

인생의 진실을 논하는 〈오징어 게임〉 놀이

오징어 개임을 만든 장본인 억만장자 오일남은 드라마 마지막 장면에서 자기가 이 게임을 만든 이유를 설명한다. 게임을 하기 위하여 몰려든 사람들을 기억해 보라고 한다. 456명의 게임 참여자들, 그들은 456억 원의 상금을 타기 위하여 속임수와 유혈 낭자한 게임을 벌였다. 생존과 상금을 위하여 자기편을 배신함은 물론 남편이 아내를 죽음으로 몰아가기도 한다. 주인공도 살아남기 위해 치매 노인을 사지에 넘기는 일을 자행했다. 결국, 게임은 이 세상의 사람들이 결코 서로 믿을 수 있는 존재가 아니며 서로 속이고 죽이며 모두 파멸을 향하여 치닫는 존재라는 증명하기 위하여 오징어 게임을 만들었다는 것이다. 게다가, 그는 오징어 게임을 재미로 정당화한다. 이 게임을 통해 자기는 사람들에게 재미를 주고 있다고 장담한다. 왜냐하면, 돈이 너무 없는 사람은 없어서 그리고 돈이 너무 많은 사람은 너무 많아서 재미없는 인생을 사는데, 사람들은 오징어 게임에 참여함으로써 그 불만을 해소할 수 있게 되었다고 한다. 노인은 마치 호이징가가 제시한 대로 인간의 삶은 놀이이며, 놀이를 가져오는 동기로 재미를 요구한다는 사실을 보여 준다.

하지만 주인공은 놀이의 동기 재미를 넘어서서 놀이의 마지막 유익, 새로운 삶의 창조를 향해 달려간다. 오징어 게임의 창시자에게 대항하기라도 하듯이 포상으로 받은 상금을 희생자 가족에게 맡기며 그는 다시 오징어 게임의 세계로 다시 들어간다. 그래도 인간은 믿을 수 있는 존재라는 주장과 함께 새로운 의미를 창조하러 새로운 오징어 게임을 위해 다시 발걸음을 재촉한다.

반대로 게임하기

정원사들과 크로켓 경기장에서 만난 여왕은 앨리스에게 모조 거북을 만나보라고 명한다, 갑자기 왜 모조 거북을 만나서 무엇을 하라는 것일까? 여왕은 앨리스를 교육해 자기의 왕국에 맞는 인물로 세뇌하고 싶다. 모든 이들이 이상한 생각과 태도로 돌아가는 이곳에 앨리스가 어서 속히 정착하여 자기들처럼 이상해지기를 원해서이다. 모조 거북에게 가서 이상한 삶의 모습을 배우고 영향받으라는 뜻이다. 그래서 그리폰에게 앨리스를 인도하라고 명령한다. 그런데 그리폰은 앨리스를 모조 거북에게 데리고 가는 길에 여왕과 모조 거북이 모두 자기 상상에 빠져 실제로 세상이 어떻게 돌아가는지는 잘 모른다고 알려준다. 여왕이 선수들에게 화가 치밀어 올라 그들의 목을 치라고 하지만 실제로 경기한 병사 중에 처형된 사람은 하나도 없지 않은가. 이들은 모두 목이 달아나도록 줄행랑을 치고 없다. 물론 여왕이 소집하면 경기장에 달려와 또 우스꽝스러운 경기를 반복할 것이지만 말이다. 그리폰의 인도로 만나게 된 모조 거북도 역시 이상한 캐릭터이다. 자신을 '모조'(가짜)라고 하는데 자기 이름처럼 꼭 진실을 가리려는 의도로 말을 하는 것 같다. 그러면서도 앨리스가 무슨 말을 하면 실수를 계속 지적한다. 앨리스에게 언어게임을 하고 있다. 앨리스는 자꾸 궁지에 몰린다. 그리고 자꾸 말문이 막힌다. 뭔가 모조 거북이 만들어 놓은 함정, 즉 어떤 게임에 말려들고 있는 것 같은 기분이다.

아니나 다를까 모조 거북은 과거 이야기를 주로 하면서 자주 눈물을 흘린다. 그는 그때가 좋았다, 그리웠다 하면서 "그때가 이상적이었다"라는 태도를 보인다. 모레노가 말하는 새로운 창조의 시점이 도래한 것을 모르고 계속 경직된 삶의 자세로 문화적 보존성을 보이는 삶의 태도이다. 이러한 자세는 그가 지금까지도 과거의 향수로 만들어진 껍데기 속에 기거하고 있는 모습이 아닐 수 없다. 그렇다. 그는 현실을 직면하기 두려워 과거로 회귀하기 위한 모조 상태에 머무는 것이다. 그래서 자신의 삶에 진실하지 못하고 앞으로의 시간을 위한 새로운 기대는 전혀 보이지 않는다. 구태의연한 태도로 과거의 시간에 갇혀있는 모자 장수처럼 그도 시간 속에 얼어붙어 있는 모습이다. 하트의 여왕이 앨리스를 모조 거북에게 가게 한 이유가 여기에 있었다. 모조 거북처럼 앨리스도 '자기가 아닌' 상태로 계속 남아있는 법을 그에게서 배우라는 것이다. 여기 이상한 나라의 다른 모든 '이상한' 캐릭터들처럼 그렇게 살아야 할 것을 강요하며 가르치려 한 것이다.

쉬어가는 코너

Eric Berne(1910-1970)의
"게임 - 인간의 교류방식"(Game people play)

야콥 모레노의 심리극 운동에 영향을 받아 정신분석의 세계를 넘어서서 독자적 심리치료 이론 교류분석(Transactional Analysis)를 만든이가 에릭 번(Eric Berne)이다. 그는 "게임: 인간의 교류"(Game people play, 1968)라는 책에서 호이징하의 '놀이하는 인간'을 인용하면서 인간의 교류에 담긴 심각한 자가당착의 게임을 제시한다. 예를 들어, 식인종의 카니발(인육을 먹는 축제) 의식은 재미도 없고 아주 충격의 경험이 되는 아주 심각한 게임이라고 한다. 그리고 그 정도의 심각성은 아닐지라도 인간 교류 속에서도 외면과 내면의 교류가 다른 까닭에 사람들을 스스로 자가당착에 빠져 헤매게 하는 게임이 아주 일상적으로 행해지고 있음을 주장한다. 그는 게임의 공식을 다음과 같이 든다.

$$C + G = R \rightarrow X \rightarrow P$$

(con)　(gimmick)　(response)　(switch)　(pay-off)

C: 게임의 시작이 되는 도발적인 말

G: 약자가 상황을 피하려고 쓰는 속임수

R: 표면적인 의사 교류의 반응

X: 의사 교류의 실체가 스위치 됨

P: 게임을 건 사람의 의도가 드러남으로써 두 사람이 불쾌한 감정으로 끝을 냄.

예를 들어 꽃병이 깨져 달려온 엄마가 아들 자니에게 점잖게 말한다.

C: "무슨 일이니?" (엄마는 이미 자니가 한 짓임을 알고 있지만 참고 찬찬히 물어본다. 하지만 자니는 이미 엄마의 심기가 안 좋은 것을 알고 그것의 벌을 피하려고 속인다.)

G: "멍멍이가 그랬어!" (엄마는 자니가 거짓말을 한 것임을 알고 있는데 자기를 속이니 속으로 부글부글 끓어 오르고 목이 벌게지다.)

R: "뭐라고?" (표면상으로 들은 바 정보를 확인하는 말 같다. 하지만 이내 참지 못하고 엄마는 속내를 드러낸다.)

X: "이게 어디서 거짓말을 하고 그래?" (엄마는 원래 객관적인 정보를 물으려 한 것이 아니었다. 자니를 꾸짖으려고 시작한 말이었음을 드러낸다.)

P: "치, 엄마는 나만 미워해!" (둘 다 불쾌한 마음으로 대화를 마친다. 아이는 엄마역시 자기를 꾸짖는 존재라는 것을 확인했다는 듯이 울어댄다.)

엄마와 아이 둘 다 외면과 이면의 다른 내용을 말하다가 결국 속내가 드러나 불쾌한 사건을 또 한 번 경험한 셈이다. 그리고 이런 방식의 게임은 둘 사이에 계속된다. 이 게임을 끊을 방법은 '반대로 게임하기'(counter gaming)다. 엄마가 "무슨 일이지?"라고 게임을 걸어왔을 때 아이가 "내가 실수로 그랬어." 한다면 엄마의 게임 걸기는 수포로 돌아가게 된다. 엄마의 도발이 무색해 버리게 되는데 에

> 릭 번은 이처럼 '반대로 게임하기'의 방법으로 새로운 교류의 방법을 만들어 일
> 상의 게임을 와해시키고 관계의 문제들을 개선할 것을 제시했다.
> 에릭 번의 이러한 게임이론은 야콥 모레노의 드라마치료 이론에서 착안하여 만든
> 효과 있는 상담기법이다. 사람들이 상호 게임에 말려드는 것은 '문화보존성'에 따
> 른 경직된 반응 방식을 말하며, 또한 '반대로 게임하기'를 통해 게임들을 와해하는
> 방법은 드라마치료에서 주인공이 새로운 통찰력을 얻어 자기의 인생을 재창조하는
> 경험과 유사하다. 현실에 대하여 새로운 역할로 반응해 나갈 때 게임을 걸어오는
> 당사자들에게 말려들지 않고 그들의 게임을 무색하게 하는 방식으로 진정한 승자
> 가 될 수 있는 것이다.

다행히 앨리스는 교류분석에서 말하는 '반대로 게임하기' (counter gaming)의 방법으로 자기에게 게임을 걸어오는 이들에게 대응한다. 그것은 상대의 말에 말려들어 흥분하지 않고 오히려 배려하는 마음이 들어 대화가 이상한 게임으로 말려들지 않게 한다.

꿈 이야기 초반에 눈물의 강가에서 동물들과 대화를 나눌 때 남의 말에 귀를 기울여 듣지 못하고 자기 위주로 반응하여 다른 이들의 마음에 두려움과 불편을 끼치던 앨리스가 더 이상 아니다. 이제는 상대의 말을 듣고 어떤 방법으로 대화를 해야 할지 깊이 생각하여 대답하며 자기가 궁금한 것이나 표현하고 싶은 내용을 분명히 말한다. 성숙해진 앨리스의 다른 모습을 드러낸다. 이전 같으면 모조 거북의 말 속에 함몰되어 자기의 이야기는 사라지고 말았을 것이다. 그래서 자기를 상실하여 힘들어하고 아파하는 마

음뿐이었을 텐데 이제 앨리스는 남이 뭐라고 말하든 그것이 더 이상 자신을 보는 기준이 되지 않는다. 오히려 자신의 이야기를 분명히 표현하며 자기의 영역을 확보해 간다. 앨리스는 이제 동등한 태도를 보인다. 모조 거북과 그리폰과 하나가 되어 동등한 입장에서 대화를 나누며 바닷가재를 초청하여 함께 즐겁게 춤을 춘다. 대화를 넘어서는 '몸'을 활용한 전인적 놀이를 하며 점점 더 자신이 자유로워짐을 느낀다.

9. 창조적 변형과 나눔

왕은 앨리스에게 묻는다. "애야, 네 이름이 뭐냐? 앨리스는 정중하게 대답한다. "앨리스라고 합니다. 폐하" 앞서 흰 토끼가 '매리 앤'이라고 불렀을 때 아무 말 못 하던 때와는 달리 앨리스는 지금 자신의 이름을 당당하게 밝힌다. 또한, 법정에서도 자신이 원하는 바를 명확하게 이야기한다. 왕이 무시하듯이 앨리스의 말을 몰아붙일 때도 "저에게는 생각할 권리가 있어요"라고 앨리스는 반박할 정도가 되었다. 정말 많은 것이 달라졌다. 그런데 앨리스만 다른 인물이 된 듯하다. 아직도 이상한 나라는 정말 이상하기만 하다. 왕의 법정은 온통 말도 안 되는 내용의 고소와 부당한 판결이 가득한데 배심원들과 청중들 누구도 이의를 제기하는 이가 없다. 이제

앨리스는 이의를 달며 말도 안 되는 처사에는 강하게 반발한다. 앨리스의 말을 참다못한 하트 여왕이 마침내 앨리스에게 명령한다. "입 닥쳐!" 그러자 앨리스는 용기 있게 대응한다.

"싫어요... 누가 무서워할 줄 알아요? 당신들은 단지 카드 묶음에 불과해!" 이때 카드들이 무더기로 허공을 치며 솟아오르다 떨어진다. 앨리스도 반쯤은 무서웠지만 떨어지는 카드를 하나둘씩 툭툭 쳐낸다. 그러다 문득 주변을 돌아보니 자기가 언니의 무릎을 베고 자고 있는 것이 아닌가? 언니가 자기 얼굴에 떨어지는 낙엽들을 닦아 주며 말한다. "앨리스야, 일어나렴! 낮잠을 아주 오래 잤어." 언니의 말에 앨리스는 "언니, 나 정말 신기한 꿈을 꾸었어"라고 말하며 자리를 박차고 일어난다.

⊙ 당신은 잠을 자고 일어나면 얼마나 꿈을 기억하는가? 그 꿈을 누구에게 이야기 해 보았는가? 사람들의 반응은?

⊙ 당신이 꾸고 싶은 꿈은 무엇인가? 꿈속에서 하고 싶은 역할은 무엇인가?

역할의 확장

동화의 마지막 장은 앨리스가 『이상한 나라의 앨리스』라는 잉여현실 경험을 통해 어떠한 성장을 이루어 왔는지 보여 준다. 드라마치료의 개념으로 본다면 앨리스가 역할확장의 경험을 하는 장면이 주를 이루고 있다 할 수 있다. 이전에는 감히 행할 수 없었던 역할, 하지만 지금-여기에서 그것을 당당히 시도하며 현실에 대응할 수 있는 역할로 체득한다. 이로 인해 앨리스는 달라진 시간을 살게 되는데 자신의 삶이 새롭게 시작되는 것이다. 지금까지의 삶을 움직여온 문화보존성과 그 안에 갇혀있던 '나'의 한계와 모순을 넘어서서 새롭게 창조된 삶을 살아가게 된다.

하지만 역할확장을 완성하기 위하여 앨리스에게는 아직 직면하고 넘어야 할 산이 있다. 그것은 현재 앨리스의 마음 안에 남아 있는 감정 덩어리와 그것을 구성하고 있는 사회원자들이다. 사실, 지금까지 앨리스는 이상한 나라 모험을 통해 자기 내면의 사회원  자들을 하나둘씩 발견하고 직면해 왔다.

처음엔 자기의 모습, '나'를 먼저 보았다. 자기라는 존재보다는 외부대상을 잃어버릴까 봐 두려워 흰 토끼에게 아무 소리도 못 하던 '나'를 만났다. 또한, 바깥세상의 문화가 소녀의 이미지로 심어준 가치관을 내사하여 자신의 신체 변화와 외모에 전전긍긍하던 '나'를 발견했다. 하지만 애벌레가 던져준 버섯으로 자신의 키를 조정하는 선택의 행동을 실행하면서 자기에게 키(외모)보다 더 중요한 것이 그것을 조절하고 받아들일 수 있는 자기 자신이라는 사실을 깨닫는다. 외부 기준보다 더 소중한 자기의 힘과 통제력을 배우게 된 것이다.

그리고 공작부인의 집에서부터 시작하여 앨리스는 자기를 둘러싼 '외부 세계'의 인물들을 상대했다. 자기의 감정 덩어리를 구성하고 있는 사회원자들을 만나게 된 것이다. 주어진 상황에 대하여 분명한 인식을 하려 하지 않고 그냥 되는대로 살아가려는 인물 공작부인, 그러한 사람에 대한 불만이 마음에 가득하여 기분대로 마구 불쾌한 행동을 불사하는 요리사, 그리고 연약하여 돌봄을 받아야 할 존재이지만 한편으로는 남들을 귀찮게까지 만드는 징그러운 아기의 모습! 이 모든 외부 인물들은 사실 앨리스의 마음 상태를 구성하고 있는 사회원자들이다. 이러한 혼란스러운 사회원자들과의 만남을 통해 앨리스는 더욱 마음이 흔들리며 그저 현 상황을 피하여 달아나고 싶어진다.

하지만 체서 고양이를 만나면서 앞으로 나아가야 할 길은 자기가 원하는 데서 방향을 찾는 것임을 알고 용기를 내어 나아간다. 물론 그 길은 쉬운 길이 아니다. 체서 고양이의 말대로 '제정신이 아닌'(mad) 수많은 캐릭터를 상대하며 자기 내면의 사회원자를 하나둘씩 직면하고 그 가운데서 자기의 바운더리를 확보해야 하는 여정이기 때문이다. 그래서 앨리스에게 극복되어야 할 사회원자들의 모습은 더 구체적으로 나타나기 시작한다. 3월의 토끼 집에서는 멈추어 버린 시간 속에 신음하는 모자 장수를 보았고, 장미의 정원에서는 두려움 속에 거짓으로 장미의 색을 칠하는 정원사들의 행동을, 그리고 여왕의 크로켓 경기장에서는 남의 장단에 맞추어 우스꽝스러운 게임을 벌이고 있는 병사들을 관찰할 수 있었다. 더하여, 여왕이 제안하여 만난 모조 거북은 과거의 화려함과 자기연민 속에서 빠져 슬퍼하는 캐릭터였다. 앨리스는 자기의 모습 가운데 모조 거북과 같이 되지 않기 위해 개발해야 할 역할이 무엇인지를 생각하게 되었다.

그리고 이제 카이로스(kairos)의 시간을 맞이했다. 자기를 구성하고 있는 사회원자를 직면하되 그것을 재구성할 수 있는 행동을 실행에 옮기는 결정적인 시간으로 들어갔다. 그러자 새롭게 요구되는 것은 앨리스 스스로의 결단과 행동이었다. 지금까지 앨리스는 자기가 만난 사회원자들에 대하여 그것을 거울삼아 자신을 바라보는 성과를 이루었다. 하지만 그 사회원자들에 대하여 이렇다 할 대응의 행동을 취한 것은 없었다. 사회원자들을 인생에서 만나 스쳐 가는 캐릭터들로 여기고, 그들과의 만남을 그렇게 흘려보냈을 뿐이다. 삶에 결정적인 카이로스의 시간이 아닌 흘려보내는 시간 크로노스만을 살아온 셈이다.

하지만 지금까지의 경험을 통해 얻은 자기에 대한 성찰을 가지고 앨리스는 이제 뭔가를 위한 행위 갈증을 느낀다. 지금까지 원치 않는 방향으로 자기 자신을 움직여 온 문화보존성을 부수고 새로운 존재로 거듭나기 위한 자발성을 따르는 것이다. 바로 하트여왕 부부의 법정에서 그 카이로스의 시간이 시작되었다. 이곳에서 앨리스의 삶의 정황 가운데 가장 큰 세력으로 남아있는 사회원자를 직면한다. 그 사회원자는 모든 인물을 자기 멋대로 판단하고 정죄하며 학대하는, 공감력이 하나도 없는 나르시시스트 여왕이다. 하트여왕에 의하여 이리저리 흔들리는 왕과 배심원들, 그들에게 부당하게 처형 판결을 받고 도망치기에 급급한 불쌍한 사람들, 이 모든 사회원자들이 앨리스 마음에 남아 감정 덩어리를 구성하고 있었다.

동화 『이상한 나라의 앨리스』는 앨리스의 자발성을 마치 은유적으로 표현하듯이 법정에서 앨리스의 모습을 군계일학과도 같이 아름답게 그린다. 그녀의 자발성이 점점 커질 때마다 그녀의 키가 크게 자라나는 모습을 보여 준다.

가족치료를 하다 보면 가족 전체에 치료와 회복의 계기를 가져오는 주인공의 모습은 홀로 외롭게만 보인다. 하지만 그는 결국 온 가족을 변화시킬 힘이 된다. 어느 역기능적인 가정에 폭력적인 아빠, 우유부단한 엄마, 그리고 둘 사이에 이리저리 휘둘리는 자녀들이 있다. 하지만 그들 사이에서 주인공은 유일하게 자아분화를 시작하며 이전과 다른 모습으로 가정을 상대하기 시작한다. 물론 주인공은 대개 IP(identified patient 지목된 병자)가 되어 모든 것을 뒤집어쓰고 괴로운 역할을 감당해온 사람이다. 앨리스의 지금까지 여정도 그래왔다. 이상한 나라의 캐릭터들은 앨리스를 이상한 인물로 몰아세웠다. 하지만, 이제는 다르다. 앨리스는 그 이상한 나라에서 자기를 찾아 잘 달려왔다. 이제는 자기를 새롭게 창조하려는 자발성의 마음이 가득하다. 그 마음이 더욱 커질수록 앨리스라는 자기 존재의 힘을 더욱 확신하게 된다. 문화보존성에 따라 소위 '착한 소녀'로서 주변의 인정받기에 급급하고 상황에 따라 자기의 감정을 누르고 원하는 바를 표현하지 못하던 어린 소녀의 나약함은 사라졌다. 앨리스는 이제 상황을 객관적으로 바라보고 사람들 사이에서 당당하게 자신의 자리를 확보하며 동시에 주변의 마음을 헤아릴 줄 아는 '당찬 소녀'로서의 모습을 보인다.

감정의 정화

어쨌든, 동화 『이상한 나라의 앨리스』에서 독자의 마음을 가장 시원하게 해주는 부분은 바로 앨리스가 하트 여왕을 직면하여 모든 것을 날려 버리는 장면이다. 매사에 자기중심적이며 인정사정 보지 않고 주변 인물들의 목을 치라고 명령하는 하트 여왕의 위협 속에서 한없이 약하고 불쌍해 보이던 앨리스가 이제는 완전히 다른 사람으로 나타난다. 이제는 여왕을 넘어서는 행동을 보여준다.

왕이 모자 장수에게 말했다. "네 모자를 벗어라!" 모자 장수는 "제 것이 아닌데요."하고 대답했다. 왕은 "훔쳤군!"하고 소리치며 급하게 사실 확인서를 만들고 있는 배심원들에게 고개를 돌렸다. 모자 장수는 "팔려고 가지고 있는 겁니다. 제 것은 없어요. 전 모자 장수이니까요."하고 해명하였다. 모자 장수가 얼굴이 창백해져서 안절부절못하는 사이, 여왕은 안경을 쓰고 모자 장수를 뚫어지라 바라보았다. 왕은 "증거를 제시하도록!"이라고 말하고는 "떨지 마라. 그렇지 않으면 당장 처형해 버리겠다."하고 말했다. 이 말을 들었다고 모자 장수가 용기를 얻지는 못했다. 여왕의 눈총을 받고는 두 발을 후들거리더니 그만 찻잔에 큰 빵 덩어리를 빠뜨리고 말았다. 이때 앨리스는 자기 키를 커다랗게 변하게 하여 이 자리를 빠져나가는 게 좋겠다는 생각이 들었다. 처음에는 법정을 나가버려야 하겠다고 생각했지만, 곧 다시 생각을 바꾸어 법정을 꽉 채울 수 있을 만큼만 커져야겠다고 생각했다. 왕이 앨리스에게 물었다. "이 일에 대해 무엇을 알고 있지?" "아무것도 몰라요."하고 앨리스가 대답했다. "뭐든 아무것도?"하고 왕이 끈질기게 물었다. 앨리스는 "뭐든 아무것도요."하고 말했다. 왕은 그날 한 스무 번쯤 반복했던 말을 다시 하였다. "배심원들은 이제 평결하시오." "아니, 아니지. 선고가 먼저고 평결은 나중이야."하고 여왕이 말했다. "말도 안 되는 헛소리! 선고를 먼저 하겠다니!" 앨리스가 외쳤다.

앨리스는 완전히 달라진 캐릭터이다. 이제는 불쾌한 이야기를 듣고 그것을 회피하거나 속으로 삭이지 않는다. 타인의 신념과 비판을 여과 없이 받아들이던 모습에서 이제는 자기의 생각과 기분을 분명히 표현할 줄 아는 사람이 되었다. 그렇다고 감정을 아무렇게나 내뱉거나 상대의 마음을 아프게 하는 말을 하는 것은 아니다. 법정에서 자기를 공격하려 하는 존재들이 누구건 간에 무섭지도 않다. 그래서 여왕이 병사들에게 앨리스를 처형하라고 명령을 내리자, 앨리스는 기죽지 않고 오히려 모두를 놀라게 하며 상황을 반전시키는 행동을 한다.

> "입 조심해!"하고 여왕은 시뻘게진 얼굴로 밀했다. 앨리스가 "안 해!"하고 외치자, 여왕은 "목을 쳐라!"하고 찢어지듯 날카롭게 소리쳤고 아무도 움직이지 않았다. 앨리스는 "누가 그런 말에 신경 쓸까 봐?"하고 대꾸했다.(이때 앨리스는 원래의 크기까지 커져 있었다) "너흰 그냥 카드 한 벌일 뿐이야!"(12장)

여왕이 앨리스에게 사형을 선고하는 목소리가 들려온다. 하지만 앨리스는 한순간에 선언한다. "그렇게는 안 될걸! 내가 너희들보다 훨씬 큰 존재이니까…!" 앨리스는 변해 있다. 이젠 자기에 대한 확신이 가득하다. 자기를 둘러싸고 있는 존재들 때문에 흔들리는 어리고 약한 존재로 서 있는 것이 아니다. 담대한 자기 선언으로 세상을 직면하는 역할로 확장된 존재가 되었다.

동화 『이상한 나라의 앨리스』의 이 마지막 장면은 독자들의 마음에 '카타르시스'를 선사한다. 카타르시스(catharsis)란 고대 희랍어로 '감정의 배설'을 의미한다. 감정이 인간 내면에 축적되어 있다가 외부로 쏟아져 나와 묵었던 체증이 풀리듯이 해소되는 상태를 말한다. 물론 카타르시스가 과연 좋은 경험인지에 대해서 고대 그리스인들이 모두 동일한 생각을 하고 있지는 않았던 것 같다. 철학자 플라톤은 이데아의 세계만을 참된 세계로 보고 현상의 세계 곧 감각 때문에 지각되는 세상은 불완전 세계로 보았다. 그래서 인간의 내면에 있다가 표현되는 감정은 신체의 감옥에 갇혀 있다가 나온 배설물이기에 이성적인 사고와 영혼의 정화를 돕기는커녕 더 악화시킬 수 있다고 보았다. 하지만 아리스토텔레스는 달랐다. 카타르시스를 유익한 것으로 여기어 사람의 마음을 깨끗하고 정결하게 해줄 뿐 아니라 새로운 삶을 열어주는 기능도 한다고 보았다. 특히 당대 그리스의 비극(드라마)은 이러한 카타르시스의 효과를 가져오는 완결성을 지닌 큰 도구이며 사람들은 비극의 드라마를 통해 감정정화를 경험할 수 있다고 단언하였다.

그런데 아리스토텔레스가 그리스 비극을 통해 경험되는 관객들의 카타르시스 경험의 안전성을 이야기하며 극 중 인물의 참혹한 경험을 완벽하게 경험하지 않아도 충분하다고 본다. 다시 말해서, 극장의 관객은 비극을 바라보면서 극 중 인물이 경험하는 참혹한 현실에 대하여 두려움과 연민을 느끼며 카타르시스를 경험하는데 관객의 경험은 극 중 인물이 겪는 것과 완전히 일치하는 것은 아니다. 관객은 결국 극 중 인물 본인이 아니기에 극 중 물이 경험하는 참혹함을 두려움과 연민으로만 느끼는 정도이며 오히려 자신의 경험이 아닌 것으로 인하여 안도할 수 있다고 보았다. 물론 아리스토텔레스는 그런 안도의 감정만으로도 카타르시스는 충분하다고 본 것이다.

예를 들어 오이디푸스의 비극을 보면서 관객들은 그렇게 능력 있고 완벽해 보이는 왕 오이디푸스가 나락으로 떨어져 고통 속에 처절한 죽음을 맞이할 때 관객들은 오이디푸스 왕에 대하여 연민을 느끼고 자기도 그와 같은 일을 당할까 두려움을 느끼지만 결국 관객들은 자기가 오이디푸스라는 인물은 아니므로 안도하는 마음을 갖는다. 하지만 카타르시스의 효과는 이미 나타났고 관객들은 안전하게 집으로 돌아갈 수 있는 셈이 된다.

이런 맥락에서 볼 때 기독교의 성만찬도 마찬가지이다. 성찬에 참여하는 신도들은 그리스도의 수난 사건에 대하여 처절한 고통을 공감한다. 하지만 동시에 그리스도가 '대신 돌아가셨다'라는 말에 안도한다. 바로 자기 대신 그러한 고통과 형벌을 당한 그리스도에게 연민을 느끼고, 미안한 감정을 느낄 뿐, '나'는 그 고통을 당하지 않기에 감사한다. 내가 당하지 않는 경험, 즉 '거리를 유지하는 감정'이 안도감을 주기 때문이다.

아리스토텔레스의 '파토스'

사실, 아리스토텔레스는 그의 〈수사학〉에서 사람을 설득하는 세 가지 방법으로 로고스와 에토스, 그리고 파토스를 소개하면서 군중의 감정정화와 관련하여 파토스를 말한 바 있다.

여기서 (1) 로고스(logos)는 합리적으로 설명하는 이성을 말한다. 듣는 사람으로 하여금 고개를 끄덕거리게 하는 머리에 와닿는 이치로 사람을 설득하는 방법이다. (2) 에토스(ethos)는 말하는 사람의 인격에서 우러나오는 신뢰할 만한 모습을 말하며 그런 신뢰에서 나오는 메시지로 설득하는 것이다. 로고스와 에토스는 사실 화자와 청자가 분명히 나뉘어 거리를 두고 대화의 메시지를 객관적으로 관찰하며 그 이치를 따지고 합의하게 하는 과정을 거친다고 할 수 있다.

그리고 (3) 파토스(pathos)는 말하는 자와 듣는 자가 하나가 되는 공감에 의하여 사람을 설득하는 힘을 말한다. 화자 혹은 연설자의 말이 인생의 복잡다단한 현실 속에서 다층적으로 의미를 상기시켜 듣는 자가 공감하게 하는 힘이다. 파토스가 전달되는 가장 대표적인 현장은 연극이다. 파토스는 연극에서 주인공을 주인공 되게 하고 청중의 마음을 움직이는 강력한 힘이다. 청중은 주인공의 파토스가 담긴 연기를 바라보며 마음까지 흔들리는 힘의 전달을 느낀다.(박정자, 2013, p.47)

그런데 아리스토텔레스는 그리스 비극을 이야기하면서 파토스의 공감을 경험하는 기회로 설명하지만, 청중은 대리적 감정 경험으로 극 중 인물과 거리를 유지한다고 보았다. 즉, 청중은 비극을 보며 주인공의 심정을 헤아리고 안타까워하며 자기의 감정도 해소되는 경험을 하지만, 역시 그것은 주인공을 통한 대리적 감정이며, 나는 그렇지 않아 다행이라는 안도감을 느끼는 경험이 된다.

그런데 『이상한 나라의 앨리스』의 마지막 장에서 펼쳐지는 이야기는 아리스토텔레스가 말하는 간접적 카타르시스 이상의 것을 독자가 느끼게 한다. 여왕의 부당함과 사형을 집행하려는 병정들의 모습에 대항하면서 앨리스의 신체가 커지고 여왕에게 담대한 마지막 선언을 할 때 독자는 마치 자기가 앨리스와 혼연일체의 하나가 되어 여왕의 부당한 법정을 날려 버리는 기분을 경험한다. 청중들은 앨리스와 '거리감 있는 감정'을 느끼기보다는 앨리스와 하나가 되어 함께 여왕의 법정에서 성토하고 있는 것처럼 느낀다. 동화를 읽는 독자가 앨리스와 같은 또래의 소녀들이라면 더욱 그러한 기분을 갖게 될 것이다.

독자가 앨리스와 일치되는 공감의 카타르시스를 경험하는 것이야말로 사실 드라마치료가 목표로 하는 카타르시스이다. 모레노는 드라마치료를 통하여 아리스토텔레스가 말하는 파토스로서 비극의 카타르시스를 넘어서기를 원했다. 모레노는 아리스토텔레스가 말한 비극에서 관중이 경험하는 감정정화를 "2차적 감정정화"로 명한다. 청중이 극 중 인물에 느끼는 감정은 아리스토텔레스가 말한 대로 극 중 인물의 감정에 '관하여' 느끼는 것이지 진정으로 '함께' 느끼는 것은 아니다. 그래서 모레노는 자신의 드라마치료에서 청중이 경험하는 감정이 드라마의 주인공처럼 1차적 감정정화가 되도록 하였다. 청중이 무대 위의 주인공과 다를 바 없는 감정의 경험을 할 수 있는 방법으로 드라마치료의 플레이(시연)를 설정했다. 그는 무대 위에 오르는 주인공을 극본에 따라 미리 선정하지 않고 청중들 가운데서 자발적으로 올라오는 사람 가운데 선정하게 했다. 청중들 가운데서 텔레, 즉 사람들 사이의 밀고 당기는 에너지가 통하는 사람이 주인공이 되어 자발적으로 무대에 오르게 하여 주인공이 표현하는 감정과 사고가 청중의 것과 흡사한 것이 되게 하였다. 그리고 주인공이 무대 위에서 행위로 이야기를 표현할 때 보조자아들을 청중들 가운데서 선택하게 함으로써 청중과 주인공은 계속 연결된다. 청중은 자신들 가운데서 선정된 주인공의 이야기를 더욱 가까이 경험하며 그 드라마에 함께 참여하게 됨으로써 주인공과 혼연일체가 된 드라마를 만든다. 주인공과 관객이 함께 무대를 만들어 가며 함께 카타르시스를 경험하게 한 것이다.[33]

따라서 드라마치료에서 청중이 경험하는 공감은 그리스 비극에서와 같은 '동일시'(identification)가 아닌 진정한 '동일성'(identity)의 사건이라 할 수 있다. 동일시란 프로이트가 말한 대로 정신내적 불안을 무의식적으로 방어하려는 방법의 일종으로 특정 대상을 닮아가거나 그의 감정에 일치해 가는 것을 의미한다. 아리스토텔레스의 시각에서 볼 때 연극의 청중이 주인공의 모습을 동일시하는 것은 이에 해당된다. 청중은 주인공의 감정을 공감하지만 자기의 감정에 안도하기 위하여 주인공과 거리를 두고 대리적 감정공유의 형태로 자기에 대하여 방어적 거리를 유지한다. 하지만 모레노의 드라마치료에서는 청중이 느끼는 주인공에 대한 감정 이입에는 자아를 방어하려는 자세가 존재하지 않는다. 무대 위의 감정은 처음부터 텔레를 통해 자신의 이야기를 주인공과 함께 무대에 올린 까닭에 비롯된 것이기에 관객들이 자기의 것으로 공유하는 경험이다. 그리고 주인공과 함께 무대 위의 이야기에 함께 참여하며 표현해내는 공동의 행위이기에 청중은 주인공과 같은 동일성(identity)에서 무대의 감정을 경험한다. 무대 위에서 주인공이 경험하는 것과 같은 잉여현실을 경험하는 것이다.(I. A. Greenberg, 1968, p.44)

여기에서 우리는 『이상한 나라의 앨리스』가 보여 주는 감정의 정화 역시 청중에게 1차적 정화를 주는 방법으로 쓰였음을 짐작하게 한다. 원작자 루이스 캐럴은 소녀 앨리스의 내면 변화를 돕기 위하여 이 작품을 썼지만, 이 작품의 한 장 한 장 이야기 가운데로 들어오게 된 독자들은 여왕의 법정을 뒤엎는 앨리스의 행위에서 모두 앨리스가 되어 함께 감정의 정화를 누리기를 작가는 원하고 있다. 청중은 앨리스의 감정에 대하여 동일시(identification)하는 대리적 감정정화에 멈추지 않고 앨리스와 하나의 동일성(identity)을 이루며 잉여현실을 맛보게 하고 있다. 적어도 앨리스와 같은 유년기를 보내고 있는 청중들, 특별히 그 시기에 '착한 소녀' 신드롬을 거치며 사회에 순응하고 자기의 이야기와 표현을 삼가던 이들에게 더욱 그 감정 해소의 맛을 느끼게 한다.

공유와 성찰

청중의 1차적 감정정화 경험은 비단 무대 위 참여 경험에서만 가능한 것이 아니다. 오히려 드라마를 마친 후 모두 함께 모여 마

지막 나눔(sharing)의 시간을 가
질 때 더욱 분명하게 찾아온다.
심리극이나 사회극을 마친 참가
자들 모두는 동그랗게 원을 만들
며 앉아 드라마 시연을 통해 느끼
고 통찰할 내용을 공유하는 시간
을 갖는다. 물론 무대 위에서 표현
된 역할들을 벗는 역할 벗기 (de-
roling)의 시간이 선행된다. 역할

벗기 이후 무대 위의 시연을 한 주인공과 이중 자아 및 보조 자아
들이 드라마 시연의 소감을 나눈다. 하지만 그들의 이야기에서 그
치지 않는다. 그 자리에서 지켜보며 앉아있던 청중들도 자신의 경
험을 나누게 되는데 참으로 놀라운 장면이 펼쳐진다. 주인공을 통
해 자신이 느낀 동일성(identity)을 보게 된 이야기, 같은 감정정
화를 경험한 나눔들이 쏟아지며 청중들은 다시 한번 무대 위의 시
연을 떠올리며 시연에서의 경험 이상의 통찰을 얻게 된다. 진정한
집단상담이 아주 자연스럽고 효과 높은 방법으로 이어지는 것
이다.

　『이상한 나라의 앨리스』의 마지막 부분 역시 그러한 나눔의 시
간을 보여 준다. 앨리스의 언니가 앨리스의 꿈 이야기를 들으며
자신도 앨리스의 잉여현실의 세계로 함께 들어가는 경험을 말하

는 장면이 나온다. 앨리스의 언니는 석양을 물끄러미 바라보며 생각에 잠긴다. 앨리스가 꿈을 통해 경험한 이상한 모험을 그려 본다. 그리고는 깜박 잠이 들었는데 역시 꿈을 꾸게 된다. 동생 앨리스에 대한 꿈을 꾸는데 앨리스의 꿈속에 나왔던 이상한 동물들이 나타나 주위를 에워싸며 내는 소리도 듣는다. 흰 토끼가 발아래에서 바삐 달리는 것 같았고 겁먹은 쥐가 쌩하고 지나쳐 굴속으로 숨는 모습도 보는 듯하다. 3월 토끼와 친구들이 아직 마치지 않은 다과회를 계속하며 잔을 부딪치는 소리도 들을 수 있었고, 여왕이 불쌍한 사람들에게 목을 쳐 처형하라는 호통의 소리도 들을 수 있다. 돼지 아기도 보인다. 공작부인의 무릎 위에서 재채기하는데, 그 주변의 접시와 그릇들이 깨져나간다. 멀리서 불쌍한 모조 거북이 슬퍼하며 흐느끼는 소리도 들린다. 언니는 자기가 앨리스처럼 이상한 나라에 들어와 있다고 상상하게 된다. 물론 눈을 뜨면 다시 지루한 현실로 돌아갈 것이라는 사실도 안다. 주위엔 풀들과 웅덩이 옆 갈대들과 양들이 방울 딸랑거리는 소리와 찻잔의 달그락거리는 소리, 그리고 양치기 소년의 외침이 여왕의 호통과 교차되며 만들어진 이미지라는 것도 깨닫는다. 목장의 시끌시끌한 소리가 바로 아기의 재채기 소리였고, 멀리서 들려오는 처량한 듯한 소 울음소리가 모조 거북의 훌쩍이는 소리라는 말도 이해가 간다. 언니는 꿈인 듯 현실인 듯 의식과 무의식의 세계를 왔다 갔다 하면서 앨리스의 경험을 자기의 것으로 다시 경험하고 있는 것이다.

그리고 앨리스를 바라보며 통찰이 생긴다. 저 아이가 자라나 성숙한 여인이 되더라도 지금의 이 순진하고 사랑스러운 마음의 꿈을 계속 간직하면 좋겠다고 소망한다. 그리고 꿈속이었지만 이 놀라운 경험의 이야기들이 작은 일에 울고 웃는, 감성이 아름답고 행복한 여름날의 기억으로 남기를 바란다고 한다. 언니의 이러한 생각은 마치 드라마 시연을 마치고 드라마의 참여자들과 청중이 함께 보며 나눔의 시간을 가질 때 들리는 표현들과 같다.

앨리스의 언니는 사실 이야기의 끝부분에 잠깐 등장하며 전체 주요 이야기 가운데는 포함되지 않은 인물이다. 무대 위에 오른 이야기를 관객의 관점에서 지켜보는 청중인 셈이다. 하지만 원작자는 앨리스 언니 입장을 마치 결론을 내리는 중요 인물처럼 동화 끝에 배치하여 비중 있게 그녀의 심정과 태도를 표현하게 한다. 모레노의 드라마치료에 있어서 주인공이 무대 위에서 시연한 것도 중요하지만 주인공은 물론 이중 자아나 혹은 보조 자아로 참여한 이들과 함께 청중들의 반응과 소감 나눔이 중요하다. 모레노는 이 부분을 드라마치료에서 빼놓을 수 없는 필수적인 요소로 보았다. 오히려 드라마 시연의 시간을 짧게 줄일 수는 있어도 이 나눔의 시간을 제외한다면 드라마치료는 완성되지 못하는 것으로 여겼다. 왜냐면 모레노의 드라마치료는 주인공만이 이루어내는 경험이 아니며 주인공만 경험하는 감정정화의 행위가 아니기 때문이다. 주인공이 주인공 될 수 있었던 것은 바로 청중 때문이다. 주인공은 원래 청중 가운데서 행위화의 자발성이 높아 선택된, 청중의 텔레를 모아 무대에 오른 인물이기 때문이다. 무대 위에서 행위화를 하는 중에 경험되는 모든 드라마 역시 주인공이 청중과 더불어 만들어 낸 새로운 경험이다. 청중 없이는 처음부터 이루어질 수 없는 것이 심리극이요, 사회극인 것이다.

따라서 무대를 지켜본 청중이 느끼고 경험하며 깨달은 바가 중요하다. 앨리스의 언니가 드라마치료의 청중처럼 자기가 보고 들은 것을 나누어 주는 모습을 보라. 언니는 동생의 꿈에 대하여 다음괴 같은 의미를 부여하고 있다.

(1) 주인공의 드라마를 자기의 것으로 소화: 언니는 어린 동생의 꿈 이야기를 들으면서 앨리스가 경험한 잉여현실 전체를 바라본다. 그리고 그 이야기들과 이미지 하나하나를 짚어가며 앨리스의 입장을 공감하되 그것을 마치 자기의 것처럼 공유하며 같은 감정의 정화를 경험한다.

(2) 의식의 작용을 배제하지 않고 무의식과 만나는 잉여현실: 이 동화는 앨리스의 꿈속에 등장하는 인물들이 소녀가 잠자는 동안 주변의 풀들이나 나무의 부스럭거리는 소리, 목장의 소음들과 연결되어 만들진 것이라는 사실을 밝힌다. 그것은 꿈속에서 무의식적인 작용과 의식적인 작용이 서로 연합하여 이야기를 만들어 내고 있음을 알려주며 두 정신작용은 분리된 세계가 아니라 통합될 수 있음을 암시한다.

(3) 이 경험의 효과가 앞으로의 삶을 아름답게 이끌 것이라는 확신: 앨리스가 꿈이라는 잉여현실을 통해 얻은 자기 성장의 경험이 앞으로의 인생을 더욱 값지고 아름답게 이끌어 가는 자원이 될 수 있다고 의미 부여를 하는 모습이다.

드라마치료의 청중은 자신의 경험을 주인공과 참여자들 모두에게 나눔으로 인해 주인공의 드라마에 의미를 더하고, 그것을 더욱 공고히 해준다. 또한, 모두가 서로 새로운 통찰의 경험으로 연결되도록 공헌하는 역할을 한다. 주인공을 포함한 모든 이들과 함께 창조적인 잉여현실 경험의 주체가 되게 하는 것이다. 이 점을 원작자 루이스 캐럴이 모레노 이전 70여 전에 이미 자신의 작품 속에 넣었다는 사실이 놀랍다. 마치 드라마치료를 염두에 두고 글을 쓴 듯한 인상을 준다.

제3부
잉여현실 드라마 활동지

"프랑스의 트로아 플레르 동굴에서 발견된 그림: 머리는 순록 아니면 엘크의 모습이고
머리 아래의 몸은 사람이 두 발로 서서 자세를 낮추고 있는 듯한 자세이다. 고대인들이
사슴을 잡기 위해서는 사슴처럼 행동하고 생각하는 법을 알아야 사냥감이 어떻게 반응
할지를 알 수 있기에 사슴을 흉내 내 보고 있는 모습이라고 알려짐."

(R. Root-Bernstein,생각의 탄생, 262-263)

지금까지 주인공 앨리스가 꿈이라고 하는 잉여현실을 통하여 펼쳐낸 드라마치료의 요소들을 살펴보았다. 자, 이제 우리도 그 이야기 속으로 한번 들어가 보자. 앨리스의 꿈의 잉여현실에 나오는 캐릭터들과 직접 본격적으로 만나는 기회를 얻는 것이다. 이때 우리와 캐릭터 들은 하나의 몸처럼 어우러질 것이다. 자기를 찾아 꿈의 구석구석을 다니며 잉여현실의 경험을 했던 앨리스처럼 우리도 우리 자신의 흩어진 부분들을 만나 대화를 나누며 하나로 어우러지는 잉여현실을 이 활동지를 통해 경험해보자.

모레노의 드라마치료 순서는 다음과 같다.

1. 웜업(Warm-Up)

드라마 활동(심리극, 사회극, 사회측정학, 액션 메소드, 집단상담 등)에 참여한 이들의 자발성을 높여 자기의 이야기를 무대 위로 올릴 수 있도록 하는 것으로서, 신체와 정신의 경직된 상태를 풀어주고 행위화(act out)의 에너지를 촉진하는 과정을 말한다.(Moreno, 1956, p.244) 그밖에, 드라마치료가 발전하면서 몸풀기 형태를 취하여 다양하게 이루어지는 게임 및 레크레이션 그리고 마음의 상상력을 동원하여 편안한 정신작용을 돕는 인지적 활동도 웜업으로 포함할 수 있다.

2. 소시오메트리(Sociometry, 사회측정학)

　모레노가 사회과학의 한 분야로 인간관계의 특색과 개선을 위하여 창안한 학문 분야이다. 집단의 맥락 안에 모여있는 사람들 사이의 관계를 질적 그리고 양적인 방법으로 측정하고, 대인관계의 역동을 개선하기 위한 작업을 모색하는 방법론이다. 이 소시오메트리는 심리치료 특히 집단상담 분야에 널리 쓰이며 흔히 드라마치료의 한 분야로 소개되는 경향이 있다. 실제로는 모레노가 사회측정학을 통해 얻은 자료들로 치료를 하기 위한 목적으로 만들었으며 여기에 심리극, 사회극을 추가하였다.(J.L. Moreno, 1934) 따라서 독립적인 사회측정학은 드라마치료의 일부분이라 기보다는 사회과학의 방법론으로 간주하는 것이 바람직하다. 단, 본서에서는 잉여현실의 기법을 돕기 위하여 드라마치료의 한 과정으로 포함하여 활동지를 개발하였음을 밝힌다.

3. 행위화(Act-out) 및 역할극(Role playing)

　자발성에 의하여 자신의 이야기를 무대 위로 올리고, 자신의 갈등과 미해결된 감정의 문제를 행위로 표현하여 감정정화 및 새로운 통찰을 얻게 하는 드라마치료의 과정이다. 행위화는 주로 역할극을 중심으로 한다. 무대 위의 배우는 자신의 이중자아(double)를 만나 내면의 갈등을 다루고, 보조자아들을 세워 자기의 삶을 구성하는 사회원자(social atom)들과 직면하여 만남으로 지금까지의 자기의 역할을 조명해 본다. 이러한 과정을 통하여 무대 위의 배우는 새로운 삶을 창조하는 역할확장의 경험을 하기도 한다. 본 활동지에서 더블(이중자아)과의 만남, 거울기법(mirroring), 그리고 역할교대(role reversal)의 활동들을 경험해 보라.

4. 나눔(sharing)

모레노 드라마치료에서의 제일 마지막 단계이다. 무대에서 드라마를 시연한 배우들은 물론 청중석에서 드라마를 경험한 이들 모두가 자신의 삶과 관련하여 얻게 된 통찰과 감정의 변화 등을 집단에서 나누는 과정이다. 나눔을 통해 드라마에서 경험한 긴장이 풀리며 집단심리치료 경험과 같은 정화의 효과를 누릴 수 있게 된다.(Z.T. Moreno, 2013, p.133)

【1】 사회도해 활동

◎ **목표** : 모레노의 사회도해(sociogram)에 따라 사회원자를 파악하여 내면의 감정 상태를 통찰하며 감정을 해소한다.

<사회도해의 예>

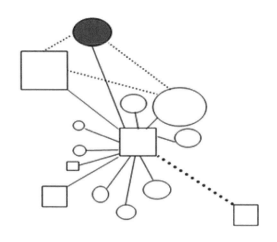

사회원자 그리는 법 소개

남자 ☐	친밀한 관계	───────
여자 ◯	소원한 관계	··············
사물 △	기타	사망(배부짙은색) 텔레(선의 길이로 표현)

◎ **사회도해(sociogram) 작성 교육**

☐ 디렉터의 자기 사회원자 도해 시범(그리는 방법 소개)

☐ 각자 자기의 사회원자 그리기(가정 혹은 직장)

◎ **소그룹 활동 1: 자기 사회원자 느껴보기**

(3~4명으로 구성된 모둠 안에서 순서를 정하여 자신의 사회원자 도해를 나눔)

☐ 이미지 나누기

"그림을 전체적으로 볼 때의 느낌은?"

"가장 눈에 들어오는 것은 무엇?"

"이 도해에 변화가 일어났으면 하는 것은 무엇?"

☐ 나와 사회원자의 관계 상황 소개

"복잡한 상호관계 모습 있다면 무엇?"

◎ **소그룹 활동 2: 변형적 대화 놀이**

☐ 사회원자 중 가장 내 마음에 걸리는 인물

그의 관점에서 '나'를 어떻게 보는지 묘사

"그가 나에게 하고 싶어 하는 말은 무엇일까?"(1인칭으로 나에게 말하기)

"그 말을 들은 내가 하고 싶은 말은?"(나도 1인칭으로)

◎ **나눔(사회원자 도해 활동의 경험)**

【2】 이중자아 기법

목표 : '이상한 나라의 앨리스' 원작(4장)을 통하여 모레노의 드라마치료 기법 중 〈이중자아 기법〉을 이해하고 실제 활동으로 경험한다.

윔업	①**무릎 인사**: 다니며 무릎을 구부리고 혹은 팔꿈치를 맞대며 코로나 인사한다. ②**자리 바꾸기 게임**: '당신은 어떤 이웃을 사랑하시나요?' 기본질문에 대한 대답의 내용에 해당되는 사람들은 일어나 자리를 이동함. 술래가 된 사람은 참여자에게 다시 기본질문을 하여 게임을 이어간다 ('예'라고 한 경우, 대답한 사람 좌우에 앉은 사람끼리 자리 교체하기, '아니요'라고 한 경우 대답한 사람이 제시하는 문장에 해당하는 사람들만 자리 교체하기 "나는 흰 운동화 신은 사람을 사랑합니다" "나는 안경 낀 사람을 사랑합니다" "흰색 상의를 입은 사람을 사랑합니다") (준비물: 의자)
소시오메트리	◎**이심전심**: 첫인상이나 느낌만으로 자신과 통할 것 같은 사람에게 다가가 이야기를 나누며 친밀한 관계를 형성한다. ①**디렉터의 제시어에 따라 마음에 와닿는 사람의 어깨에 한 손을 얹는다.** (예) 나와 성향이 비슷할 것 같은 사람/ 함께 차를 마시며 이야기를 나누고 싶은 사람/ 나와 비슷한 경험을 했을 것 같은 사람 등. ②**손을 얹은 사람들이 삼삼오오 모여 자기가 손을 얹은 사람에 대한 느낌**을 말해주며, 기억 속에서 떠오르는 사람과 그 사람에 대한 나의 역할은 무엇이었는지 이야기를 나눈다. (준비물: 열린 공간)
동화 안으로	◎ **동화 본문을 상상하며 읽기:** 　**(토끼가 부채와 장갑 찾아오라고 앨리스에게 심부름시키는 장면)** ▶ 4~6명이 한 모둠이 되어 테이블에 앉아 주어진 동화의 본문을 읽고 이야기 장면을 떠올린다. ▶ 이야기 속에서 궁금한 것을 질문으로 만들어(1~3개) 함께 이야기 나눈다.

동
화

안
으
로

◎ **적극적 상상하기:**

　(각자 이야기를 읽고 나누고 싶은 이야기, 궁금한 질문 나누기)

▶ 나는 토끼와 앨리스 중 누구에게 더 마음이 끌리는가?

▶ 토끼는 왜 그렇게 혼이 빠진 것처럼 정신없이 뛰어다닐까? 토끼는 어떤
　마음으로 부채와 흰 가죽 장갑을 앨리스에게 가져오라고 시켰을까?

▶ 앨리스는 토끼가 자신을 하녀 이름으로 바꿔 부르고 함부로 명령할 때
　어떤 마음이 들었을까?

▶ 앨리스는 자신의 이름을 바꿔 부르는 토끼에게 왜 자기의 이름을 똑바
　로 알려주지 않은 걸까? 왜 싫다고 말하지 않았을까?

(준비물: 동화 본문 인쇄물, 소그룹에서 앉을 의자들)

이
중
자
아

인
터
뷰

◎ **흰 토끼 vs 앨리스 (굴종 vs 항거)**

▶ **(무대에 세 개의 빈 의자들을 놓는다.**

흰 토끼의 의자: 권위에 '굴종'하는 마음

앨리스의 의자: 토끼의 명령에 화가 나서 '반항'하고 싶은 마음의 의자

▶ **주인공 앨리스 자원자를 무대로 초청 인터뷰한다.**

당신은 누구세요?(앨리스예요)

오늘 기분이 어떤가요? 무슨 일이 있었나요? 그러면 오늘 흰 토끼와 앨
리스 두 마음 이야기를 들어보면서 마음을 탐색한다.

▶ **자원자를 왼쪽 흰 토끼자리에 앉히고 디렉터는 가운데 의자에 앉아 이
야기(인터뷰식) 나눈다.**

흰 토끼님은 늘 뛰어다니시고 마음이 분주하신 것 같아요? 그 장갑과 부
채를 공작 부인에게 줘야한다고 들었어요. 그 일이 그렇게 중요한가요?

▶ **자원자를 이제는 오른쪽 앨리스 자리에 앉히고 디렉터는 가운데 앉아
이야기(인터뷰식) 나눈다.**

"앨리스, 마음이 어떤가요? 답답해 보이는데"

"흰 토끼의 어떤 것이 화가 나게 하나요?"

"흰 토끼에게 해주고 싶은 말은 무엇인가요?"

(준비물: 동화 본문 인쇄물, 소그룹용 접이 의자들)

◎ 흰 토끼 vs 앨리스 (대결 구도 경험하기)

▶ 토끼 1명, 앨리스 1명을 자원 받아 무대로 초청한다.

▶ 토끼(앨리스)가 '앨리스(토끼)에게 가라사대'라고 하면 앨리스(토끼)는 무엇이든 토끼(앨리스)의 지시에 따라 수행한다.

▶ 마친 후, 토끼와 앨리스가 각각 역할을 하면서 느꼈던 감정이 무엇인지 그것을 표현하는 색깔 천을 찾아온다.

▶ 토끼와 앨리스가 서로 마주 보고 각자 가져온 색깔 천을 하나로 묶어서 각자 천의 양 끝을 잡고 당긴다.

▶ 서로 마주 본 상태에서 토끼(앨리스)가 "너는 ~를 해"라고 말하며 천을 잡아당겼을 때, 앨리스는 자신이 원하는 대답을 할 수 있다. 토끼(앨리스)의 지시에 긍정할 때에는 천을 잡아당기는 대로 끌려가고, 지시에 부정하고 싶을 때는 "안 해"라고 대답하며, 천을 잡아당겨 끌려가지 않는다.

(예) 너는 내 말을 잘 들어야 해! — 싫어, 안 해"

▶ 디렉터는 토끼와 앨리스가 천을 당겨봤을 때, 끌려갔을 때, 혹은 서로 팽팽하게 당겨졌을 때의 느낌과 생각에 대하여 인터뷰한다.

(예) 상대방이 천을 당길 때 기분, 생각은 어떠했나요? 그때 하고 싶었던 행동/생각/감정은 무엇이 있었나요?

▶ 디렉터의 지시에 따라 모든 참여자가 토끼와 앨리스 중 하나를 택하도록 한 다음, 위와 같은 방식을 경험하도록 한다.

▶ 디렉터가 무작위로 의 질문으로 인터뷰를 한다.

(준비물: 색깔 천)

◎ 역할벗기:

모두 양팔을 높이 들고 그 자리에서 뛰면서 역할을 털어내겠습니다. 자 뛰어볼까요? 손으로 먼지 털 듯이 역할을 털어 버립니다. 오늘 모두 수고 많으셨습니다.

◎ 나눔:

오늘 활동하면서 떠오른 생각, 올라온 느낌, 혹은 하고 싶은 말이나 행동이 있으면 함께 나누도록 하겠습니다. 자유롭게 이야기하도록 이끌어 주되 다

신체로 이중자아 감정경험

역할벗기와

나 눔	음의 요소들이 나오면 주의 깊게 반응한다. 역할 중에서 나의 모습을 꼭 닮은 부분? 평소에 나는 권위에 따라가는 토끼와 화가 난 앨리스 중에 누구와 더 비슷한가? 나는 어떠한 때에 그렇게 말하고 행동하는가? 토끼/앨리스에게 해주고 싶은 말은 무엇인가요? (준비물: 접이 의자들)

【3】 거울기법

◎ **목표 :** 『이상한 나라의 앨리스』 원작(4장)을 통하여 모레노의 드라마치료 기법 〈거울 기법〉을 이해하고 경험한다.

활동	
웜 업	◎ **신체화 작업을 위한 자발성 높이기:** **"무궁화 꽃이 피었습니다"** ▶ 디렉터가 술래가 되고 모든 집단원들은 한 편이 되어 하나의 물건을 숨기며 "기존의 무궁화 꽃이 피었습니다" 방식으로 게임을 진행하되 서로서로 물건을 전달하여 감추며 앞으로 나아간다. ▶ 술래는 물건을 가지고 있는 사람을 찾아내야 하며, 찾아낼 경우, 물건을 가지고 있던 사람이 술래가 된다. 모든 집단원들은 술래에게 물건을 들키지 않기 위해 물건 가진 사람을 교체하거나 보호하면서 술래의 시야를 교란한다. (예) 물건: 인형, 두루마리 휴지, 작은 가방, 책 등. (준비물: 열린 공간, 물건들 - 인형, 두루마리 휴지, 작은 가방, 책 등)

<table>
<tr>
<td>신
체
로

감
각

경
험
하
기</td>
<td>

◎ ˮ○○ 꽃이 피었습니다ˮ

디렉터가 술래가 되어 제시하는 단어를 넣어 "○○꽃이 피었습니다"를 외친다.

(예) 토끼 꽃이 피었습니다

모든 집단원은 한 발자국 앞으로 나아가며 제시어의 동작을 취한다.

(예: 제시어가 '토끼'이면 토끼 제스처를 하는데, 디렉터가 다니면서 사람을 골라 "땡(숨 불어 넣기)"하고 외치면 그 사람은 제시어의 동작과 함께 소리를 더하여 연기한다. 많은 사람이 동시에 움직일 수 있도록 "땡"을 한다.

(예) 제시: 토끼, 메뚜기, 공룡, 거울 보는 사람, 웃는 사람 등

◎ 팽창과 수축

①수축: 둥글게 원을 만들어 옆 사람의 손을 잡고 디렉터의 구령에 따라 한 발씩 안으로 밀착하여 들어간다-원을 유지 가능한 최소한의 크기까지 밀착하며 계속한다.

②팽창: 디렉터의 구령에 따라 한 발씩 밖으로 나가며 원을 키운다. 옆 사람의 손을 놓지 않고, 최대한 큰 원을 만든다.

①과 ②를 반복해서 여러 차례 실시한다.

▶ 커졌다 작아졌다 할 때의 느낌을 주변 사람들과 나눈다.(5~6명 모둠 형성)

(준비물: 열린 공간)

</td>
</tr>
<tr>
<td>신
체
로

이
야
기</td>
<td>

◎ ˮ이야기 안으로ˮ

① 한 조에 5~6명씩의 모둠을 만들어 앉아 아래의 앨리스 동화 이야기(2)를 함께 읽는다. 흰 토끼의 집에 꽉 찰 만큼 몸이 커진 앨리스의 마음을 나눈 후 `만약 내가 앨리스처럼 몸이 커진다면?'의 질문에 서로 답을 나눔

② 비슷한 대답을 한 사람들끼리 줄지어 서로의 어깨에 손을 얹는다(예, 몸이 커져서 좋다/싫다, 그동안 작아서 답답했는데 커지니까 속이 시원하다/ 몸이 커지니까 너무 눈에 띄어서 싫다)

③ 내 몸이 앨리스만큼 커진다면 그 느낌을 어떤 색으로 나타낼 수 있는지 각자 색 보자기를 골라 함께 연결하여 대형 보자기를 만든다.(거울)

</td>
</tr>
</table>

④ 책상 위에 의자를 놓고 그 위에 대형 보자기를 덮어씌워, 앨리스처럼 몸이 커지는 것을 경험하고 싶은 사람들을 다 나오게 한 다음, 보자기 귀퉁이를 잡고 큰 보자기 산이 자신이라 상상하며 보자기 산을 향해 둥글게 선다.

⑤ 디렉터가 "지금, 내 몸이 앨리스처럼 커졌다. 무슨 말, 어떤 행동을 하고 싶은가?" 라고 질문을 하면 앨리스의 이중자아로 느껴지는 이들이 질문에 답한다.

질문(예) "커진 /작아진 내 몸으로 누구를 만나고 싶은가?" "엄청나게 커진/작아진 나의 몸으로 세상을 볼 때 무엇이 달라져 보일까?"

⑥ 사방에 토끼를 하나씩 세워 놓음. 보자기를 잡고 있는 앨리스들이 토끼를 바라보며 짧게 한마디씩 외친다.

(커진/작아진 `나`를 보면서)

"내가 이렇게 커도/작아도 나는 ___다."

(예) `나는 앨리스다` `나는 행복한 앨리스다` `나는 다시 태어난 앨리스다` `나는 내가 좋다` 등등

◎ "내가 원하는 나" 만들기

(앨리스와 토끼는 `나`안의 대조적인 두 모습인 이중자아들이다. 서로가 서로에 대하여 원하는 바를 표현하도록 기회를 준다.)

① 전체 참여자들을 토끼 팀 vs 앨리스 팀 둘로 나눈 후 하나의 팀을 선택하게 함

② 가위, 바위, 보로 이긴 팀이 먼저 상대 팀원들에게 다가가 찰흙으로 빚듯이 자기가 원하는 모습으로 상대방(앨리스에게는 토끼, 토끼에게는 앨리스)의 모습을 조각한다.(감정과 행동이 모습에서 드러나도록)

③ 디렉터가 다가가 조각가와 인터뷰

(예) ▶ 어떤 모습을 표현하려 했나요? ▶ 조각된 모습이 마음에 드나요?

④ 이야기를 나눈 후 조각상에 `숨`을 불어 넣고 주문(기합 소리)을 외친 후, 살아 움직이는 조각상이 자기가 원하는 모습으로 스스로 탈바꿈을 할 수 있도록 기회를 준다. 그리고 조각가가 원하던 모습과 탈바꿈한 모

	습에 차이점이 있는지 대조하여 말할 기회를 준다. 　　▶ 지금 느낌이 어떤가요? ▶ 어떻게 바뀌고 싶었던 건가요? ⑤ 역할을 바꾸어 상대 팀도 같은 방식으로 활동한다.
역 할 벗 기 와 나 눔	▶ **역할벗기:** "자, 오늘 활동은 여기서 마치도록 하겠습니다. 이제 역할 벗기를 해 볼까요? 모두 자신의 이름을 말하면서 손으로 온몸을 털어냅니다. "나는 ㅇㅇㅇ이 아닙니다! 나는 ㅇㅇㅇ입니다." 다 털어내셨나요? 이제 양팔을 높이 들고 그 자리에서 뛰면서 역할을 털어내겠습니다. 자 뛰어볼까요? ▶ **나눔:** 오늘 활동하면서 떠오른 생각, 올라온 느낌, 혹은 하고 싶은 말이나 행동이 있으면 함께 나누도록 하겠습니다. (준비물: 접이 의자들)

【4】 역할교대 기법

　　목표 : 동화 속 캐릭터들의 역할이 되어 그들의 감정과 생각을 경험해보고 〈역할교대 기법〉을 통하여 상대방의 시각에서 이해하고 공감하는 기회를 얻는다.

활동

◎ **단짝 제비뽑기(자세히 보면 더 친해진다.)**
① 참여자들은 '짝꿍 제비뽑기'를 하여 뽑은 카드에 맞는 짝을 찾아간다.
(예) '견우와 직녀', '로미오와 줄리엣', '헨젤과 그레텔', '바늘과 실', '해님과 달님'들 짝을 이루는 조합의 카드.

웜업	② 짝을 만나면 서로 마주 보고 서서 상대의 모습 관찰
	④ 디렉터의 시작 신호와 함께 각자 등을 돌려 자신의 외모 3가지를 바꾼다.(약 30초)
	⑤ 디렉터가 "그만!"이라고 신호를 주면 다시 서로 마주 보고 상대방의 외모에서 이전과 달라진 부분 3가지를 찾는다.
	(예) 외모 변화의 안경/모자/신발 벗기, 단추 하나/머리끈 풀기/표정 변화
	⑥ 상대방에게서 변화된 모습을 찾아 서로 말해 준다.
	(준비: 열린 공간, 제비뽑기용 카드 미리 만들기)
소시오메트리	◎ **디렉터의 주문(예: 학창시절 존경하던 선생님)**에 따라 느낌이 가는 사람에게 다가가 어깨에 손을 얹기: 삼삼오오 모여 자기가 손을 얹은 사람에 대한 느낌을 말해주며, 기억 속에서 떠오르는 사람과 그 사람에 대한 나의 역할은 무엇이었는지 이야기를 나눈다.
	◎ **짝꿍 인터뷰**
	① 나의 짝에게 다음의 질문으로 인터뷰를 한다.(예) 질문들
	▶ 내가 삶에서 맡고 있는 주요 역할은 무엇이 있는가?(학생, 어머니, 딸, 친구, 선생님 등)
	▶ 그중에서 평소에 잘하는 역할은 무엇인가?
	▶ 유난히 잘못하는 역할이 있다면 무엇인가?
	▶ 내가 잘하고 싶은 역할은 무엇인가?
	② 순서대로 짝이 ①을 진행한다.
	◎ **짝꿍 소개**
	① 참여자들 모두 원형으로 모여 앉는다.
	② 앞에서 인터뷰한 짝을 대신하여 소개하는데, 마치 자신이 그 짝꿍이 된 것처럼 상상하며 소개한다.
	(예) "저는 ***입니다. 저는 살아가면서 학생, 딸, 친구, 막내 역할을 합니다. 제가 잘하는 역할은 ___ .이고, 힘든 역할은 ___입니다. 왜냐하면 ___ 하기 때문입니다."
	(준비물: 열린공간, 접이 의자)

	◎ 이야기 안으로 들어가기
행위화 위한 자발성	① 5~6명씩 모둠을 만들어 앉아 '돼지와 후추'에 해당하는 앨리스 이야기(3)을 읽는다.(주의- 이야기 속에 등장인물은 어떤 역할을 하고, 어떠한 표정과 동작, 말을 하고 있는지, 어떠한 생각과 감정을 품고 있는지 적극적으로 상상하며 읽는다)

◎ 이야기 안으로 들어가기

① 5~6명씩 모둠을 만들어 앉아 '돼지와 후추'에 해당하는 앨리스 이야기(3)을 읽는다.(주의- 이야기 속에 등장인물은 어떤 역할을 하고, 어떠한 표정과 동작, 말을 하고 있는지, 어떠한 생각과 감정을 품고 있는지 적극적으로 상상하며 읽는다)

② 이야기를 읽은 후 각자에게 가장 인상 깊은 장면 혹은 궁금한 부분, 나의 마음에 가장 끌리는 등장인물을 찾아 궁금증과 그 인물의 심정이 어떠했을까 생각해 본다.

③ 참여자들은 인물의 감정에 해당하는 단어를 감정 카드에서 찾는다.

④ 참여자들은 찾은 감정 단어를 라벨지에 적어 자신의 몸에 붙인다. (약 3~5장 정도)

⑤ 그리고 자신과 같은 등장인물을 선택한 사람들끼리 모둠을 구성한다.

⑥ 각자가 선택한 인물과 감정 카드가 어떻게 연결되는지, 생각과 태도는 어떠한지 모둠원들과 나눈다.(나눔을 통해 서로 자신이 떠올린 감정과 태도, 생각에 변화를 주는 기회로 삼을 수 있다.)

(준비: 열린 공간, 감정 카드, 라벨지)

행위화 위한 자발성

◎ 의자에서의 대립

① 4개의 캐릭터가 사방을 향하여 기차처럼 서로 등을 바라보고 앉도록 의자를 놓는다.(공작부인 의자 줄, 요리사 의자 줄, 앨리스 의자 줄, 아기 의자 줄)

② 자신이 선택한 인물의 느낌이 드는 색 천을 걸치고 와서 자기 줄 의자에 앉는다.

③ 디렉터는 참여자들이 자신의 역할에 몰입할 수 있도록 다음과 같이 이끈다.

"당신은 누구입니까? 지금 무엇을 하고 있나요?

지금 기분은 어떤가요? 마음에 드는 생각은…? 마음이 가는 색 천으로 자신을 꾸며봅시다."

(역동이 느껴져 대립하는 두 의자 열끼리 말싸움을 벌인다.)

보조자아 역할교대

	(예)(공작부인 열이 요리사 열에게)
	아니 왜 나에게 모든 걸 던지고 그래, 버릇없게?
	⑥ 말싸움 대결 후, 서로 역할교대를 하여 다시 말싸움한다.
	⑦ 다시 '나'의 본래 역할이 되어 말하고 싶은 캐릭터에게 자기의 원하는 바를 전달한다.(처음 전달 때와 다른 느낌, 생각으로 할 것)
	(준비: 열린 공간, 접이 의자, 색깔 천)
나 눔	역할벗기: "나는 ~ 이 아니다" 외치기
	나눔: 처음 역할과 교대한 역할 경험의 차이점 이야기

【5】역할 확대

목표 : '이상한 나라의 앨리스' 동화 속 상황들에 대한 카타르시스와 역할확장을 경험한다.

활동	
웜 업	◎ **신체 활동**
	① 전체가 노래 "둥글게 둥글게" 노래를 부르며 원을 돌던 중, 디렉터가 갑자기 노래를 중지시키고 제시어를 외친다. 참여자들은 제시어를 따라 몸으로 동작을 표현하며 모인다.
	(예) "무릎 넷 모여" "손바닥 셋 모여" "같은 색깔 양말끼리 모여" "같은 생년월일끼리 모여" 등등
	② 이탈자가 있는 경우, 신체를 활용하여 자기를 소개하도록 한다.(예) 어깨/머리/턱으로 이름 쓰기, 혹은 지휘하듯이 자기 이름 쓰기

◎ **적극적 상상**

① 참여자들이 모두 원형으로 모여 서로 바라본다.

② 음악이 시작되면 디렉터의 지시에 따라 제시되는 문장을 상상하며 행위로 표현한다.

(제시문장의 예)

"터지기 직전의 물풍선 옮기기"

"금화가 가득 들어있는 엄청나게 무거운 가방 옮기기"

"세균이 잔뜩 묻은 천을 옮기기"(색깔 있는 천으로 세균을 표현하며)

(준비: 열린 공간)

소시오메트리	◎ **카드의 인물 선택** ① 디렉터는 참여자들이 만나보고 싶은 연예인이 누구인지 질문한 후, 인물 이름을 A4 흰 용지에 적는다. 　(예) BTS, 대통령, 짝사랑하는 친구, 담임선생님, 김정은, 엄마, 아빠, 손흥민, 김연아, 1타 학원 강사, 성형외과 의사, 연예인 기획사 사장... ② 흰 종이들을 바닥에 몇 군데 놓아두고 참여자들이 관심이 가는 인물 카드별로 모여 한모둠을 이룸, 그 인물을 택한 이유를 나눈다. (준비: A4 흰 용지)
5가지 상황 설정	① 모든 참여자는 아래의 다섯 가지 상황 중 하나를 선택하여 소그룹에서 토론한다. 　- 지금 이 상황 속의 앨리스는 어떠한 입장인가?(함께 이야기를 나누어 본다.) 　- 만약, 앨리스가 다시 이 상황으로 돌아간다면, 상대방에게 무어라 말하면 마음이 풀리고 편안해질까?(표현할 방법을 함께 찾는다) ② 토론한 내용을 중심으로 앨리스가 자기를 표현하는 상황극을 만든다. 색깔 있는 천들을 활용하여 상황 속의 분위기와 주어진 역할들의 감정을 표현한다.

상 황 (1)	① 앨리스의 상황: 흰 토끼가 장갑과 부채를 찾으라 해서 열심히 찾는다. 그러다가 몸이 커지는 약을 먹어 몸이 집에 꽉 껴있는 상황. 그런데 흰 토끼가 화가 난 목소리로 명령을 한다. "메리 앤, 뭘 하는 거야? 내 부채와 장갑을 당장 가지고 나오라니까!" 이때 앨리스는 뭐라고 그리고 어떻게 말하면 속 이 편할까? 앨리스 : _____(토의) ② **우리 삶 속에서의 비슷한 경험 상황극으로 만들기** 강요받은 경험을 나누고 속풀이 표현 방법 찾기 (예) 알바 중에 어느 진상 손님이 "왜 빵 봉짓값을 받냐"라고 화내며 봉 지를 바닥에 확 던지는 상황 나는 무어라 표현하면 좋을까? 나: _____(토의 후 상황극 발표)
상 황 (2)	① 앨리스의 상황: 앨리스는 아기 울음소리, 재채기 소리, 접시 깨지는 요란한 소리로 가득 한 공작부인의 주방에 들어간다. 요리사는 닥치는 대로 물건을 집어 던 지고 아기는 꽥꽥 소리 지르고 있다. 그런데 갑자기 공작부인이 앨리스 에게 아기를 휙 던지며 자기는 외출을 해야 하니 돌보아 주라고 한다. 앨리스는 뭐라고 그리고 어떻게 말하면 속 편할까? 앨리스: _____(토의) ② 우리 삶 속에서의 비슷한 경험: (예) 학교에서 조별수행평가를 하는데, 조원들이 모두 나에게 모두 일을 맡 겨버리는 상황 나 : _____(토의한 후 상황극 발표)
	① **앨리스의 상황:** 앨리스는 버섯을 먹고 몸이 작아졌다 커졌다 하면서 목이 매우 길어졌 다. 그러자 비둘기가 다가와 앨리스의 얼굴을 향해 "너는 나쁘고 못된

뱀이야"라고 비아냥거리며 놀려댄다.

앨리스는 뭐라고 말하면 좋을까? 토의.

- 비둘기 : "넌 뱀이야, 뱀! 꺼져버려!"

- 앨리스 : ＿＿＿＿＿＿＿＿＿＿＿＿(토의)

② **우리 삶 속에서의 비슷한 경험 상황극으로 만들기:**

예> 선생님이 반 아이들 앞에서 성적을 공개하는데 나의 외모/집안 형편/실력 등을 놀리며 자존심까지 건드리는 상황이다. 나는 뭐라고 말하면 좋을까?

나 : "＿＿＿＿＿＿＿＿＿＿＿＿"(토의한 후 상황극 발표)

상황 (3) 왼쪽 레이블에 해당

---

① **앨리스의 상황:**

앨리스는 차 모임을 하는 동물들을 보고 그들에게 다가간다. 3월의 토끼, 모자 장수 그리고 그사이에 산 쥐가 서로 바싹 붙어 앉아 차 모임을 하고 있다. 앨리스가 다가가자 그들 모두는 자리가 없다고 소리 지르며 앨리스를 왕따 시킨다. 앨리스는 뭐라고 대응하면 속 편해질까? 토의한다.

- 동물들 : "자리가 없어! 꺼져! 네 자리는 없어!"

- 앨리스 : ＿＿＿＿＿＿＿＿＿＿＿＿(토의)

② **우리 삶 속에서의 비슷한 경험:**

(예) 학교/동아리에 참가하러 갔는데 친구들이 자기들끼리 무리 지어 나를 따돌리는 상황, 나는 뭐라고 말하면 좋을까?(토의한 후 상황극 발표)

나 : ＿＿＿＿＿＿＿＿＿＿＿＿

상황 (4) 왼쪽 레이블

---

① **앨리스의 상황:**

하트 여왕이 앨리스에게 "땅에 납작 엎드린 저 카드 정원사들은 뭐 하는 것이냐"고 묻는다. 앨리스가 "나는 잘 몰라요. 직접 물어보시지요"라고 대답하자 여왕이 화가 나서 얼굴이 벌겋게 되어 소리를 지른다.

이 상황에서, 앨리스는 뭐라고 말하면 좋을까?

- 하트 여왕 : "이 아이의 목을 쳐라!"

- 앨리스 : ＿＿＿＿＿＿＿＿＿＿＿＿(토의)

상황 (5) 왼쪽 레이블

② 우리 삶 속에서의 비슷한 경험:

(예) 학교 교사/친구 혹은 부모님이 납득하기 어려운 폭언(야! 이 머저리
같은 녀석! 왜 그 모양이냐?")을 할 때 나는 뭐라고 말하면 좋을까?

나 : _____(토의 후 상황극 발표)

역할 벗기 와 나눔	▶ **역할벗기:** "자, 오늘 활동은 여기서 마치도록 하겠습니다. 이제 역할 벗기를 해 볼까요? 모두 자신의 이름을 말하면서 손으로 온몸을 털어냅니다. "나는 000이 아닙니다! 나는 000입니다." ▶ **나눔:** 오늘 활동하면서 떠오른 생각, 올라온 느낌, 혹은 하고 싶은 말이나 행동을 함께 나눕니다. (준비물: 접이 의자들)

(1) "토끼가 부채와 장갑을 찾아오라고 앨리스에게 심부름을 시킨다."

토끼가 발소리를 내며 걸어온다. 뭔가 잃어버린 것을 찾는 듯 두리번거리며 중얼거린다. "공작부인! 공작부인! 오, 불쌍한 내 발들! 불쌍한 내 털과 콧수염들! 공작부인이 날 죽이고 말 거야. 도대체 나는 어디에다 그것들을 흘렸을까?"

앨리스는 토끼가 부채와 흰 가죽 장갑을 찾고 있음을 알아차린다. 토끼를 도우려고 주변을 살펴보는데 토끼가 앨리스를 쳐다보고 화난 목소리로 소리친다.

"야, 메리 앤. 여기에서 뭘 하고 있는 거야? 당장 집 안으로 뛰어 들어가서 장갑과 부채를 가져와! 빨리, 어서!" 앨리스는 순간적으로 토끼가 메리 앤이라는 하녀에게 하는 말이라는 것을 알았지만, 너무 놀란 나머지 그저 하라는 대로 집 안으로 달려간다. "치잇, 내가 자기 하녀인 줄 아나 봐. 내가 진짜 누구인 줄 알게 되면 자기 실수를 알고 깜짝 놀라겠지! 할 수 없지. 어디 부채랑 장갑을 찾아서 갖다 주는 게 낫겠어."

(2) "명령에 따라 토끼집에 들어간 앨리스, 몸이 커진다."

앨리스는 작고 아담한 집을 발견한다. 문 앞에 '토끼 집'이라는 글자가 쓰여 있다. 앨리스는 문을 두드리지 않고 집 안으로 들어갔다. 그리고 진짜 하녀와 딱 마주쳐서 부채와 장갑을 찾지 못하고 밖으로 쫓겨날까 봐 마음 졸이며 서둘러 이 층으로 올라간다. "토끼 심부름을 하다니, 내가 얼마나 우스꽝스러워 보일까!" 앨리스는 창가에 탁자가 있는 아주 아담한 방으로 들어간다. 탁자 위에 부채 하나와 조그맣고 하얀 장갑 두세 켤레가 놓여 있다. 앨리스는 그것들을 집어 들고 바로 방을 나오려 하는데 거울 옆의 작은 병이 눈에 들어온다. 병에는 마시라는 지시문은 없었는데 앨리스는 뚜껑을 열고 병을 입으로 가져간다. "내가 무엇을 먹든지 마시든지 하면 뭔가 재미있는 일이 일어나잖아? 그러니 이번에도 어떤가 봐. 이걸 마시고 내 몸이 다시 커지면 좋겠다. 이렇게 작게 사는 건 너무 힘들어!" 정말 금세 앨리스의 소원이 이루어진다. 앨리스의 머리가 천장에 닿는다. 앨리스는 병을 내려놓고 중얼거린다. "됐어. 더 커지면 안 돼. 그럼 저 문을 나갈 수 없게 돼. 에이 더 조금만 마실걸." 그러나 때는 늦은 것 같다. 몸은 점점 커지고, 앨리스는 마룻바닥에 무릎을 꿇고 앉아야 하는 상황이 된다. 몸은 여전히 멈추지 않고 계속 커진다.

어쩔 수 없이 한쪽 팔은 창문 밖으로 내밀고, 한쪽 발은 굴뚝 속으로 집어넣는다. 앨리스는 울상이 되어 중얼거린다. "이젠 더 이상 어쩔 수가 없어. 난 어떻게 되는 걸까?" 다행히 작은 마법병의 효력이 끝난 듯하다. 앨리스의 몸은 더 커지지 않는다. 하지만 여전히 아주 불편한 자세로 누워 있어야 하고, 방을 빠져 나갈 방법조차 없어 보인다. 앨리스는 불평한다. "집에 있을 때가 훨씬 더 즐거웠어. 그땐 몸이 커졌다가 작아졌다가 하지도 않았고, 생쥐나 토끼의 심부름을 하지도 않았어. 토끼 굴에 뛰어들지 말았어야 했어. 그렇지만 으음, 그렇지만... 이런 것도 더 재미있는 인생이긴 하잖아! 이제 나에게 무슨 일이 생길까! 요정 이야기들을 읽으면서 현실에선 절대로 일어나지 않는 일들을 상상하곤 했는데, 지금 내가 바로 그런 일을 겪고 있잖아! 흠... 나에게 지금 일어나는 이 일에 관해서 책이라도 쓸 수 있을걸. 그럼, 쓰고말고! 내가 다 큰 어른이 되면, 꼭 책을 쓸 거야. 흠…. 그런데 하지만 벌써 난 다 자랐잖아? 그것도 이 방이 꽉 차버릴 만큼 크게 자랐는걸. 그러면 이제 난 더 이상 나이를 먹지 않는 건가? 그건 좋아. 어찌 됐든 할머니는 절대로 되지 않을 거야. 음, 그런데…… 그럼 공부는 계속해야 하는데! 아, 그건 싫어!... "

(3) "공작부인의 집 주방에서"

앨리스는 후추 향이 아주 심한 공작부인의 주방에 들어간다. 거기에는 아기를 돌보려고 품에 안고 있는 공작부인과 그녀의 요리사가 이상한 광경을 자아내고 있다. 요리사가 접시며 냄비를 마구 집어 공작 부인에게 던지는데, 공작부인은 한 대 얻어맞을 때까지는 이를 모르는 척한다. 그 와중에 아기는 이미 한 대 얻어맞았는지 아주 정신 못 차릴 정도로 울러댄다. 공작부인은 그 아기를 얼러준다고 하늘을 향해 사납게 위로 던졌다 받았다 하며 노래를 부르는데 노래의 가사가 가히 폭력적인 내용이다 "아기가 재채기하면 때려 줄 거야. 네가 즐길 수 있게 하려는데, 아가야 후추 줄까?" 도무지 이해가 안 되는 상황! 그러다가 공작부인이 갑자기 앨리스에게 자기는 여왕의 부름에 응답하러 가야 한다고 아기를 던지듯이 맡기고 길을 나선다. 앨리스는 불쌍한 마음으로 아기를 받았는데, 아기의 얼굴이 불가사리 같아 보이고 숨소리는 증기기관차 같다. 징그러운 기분으로 안고 밖으로 나오는데 아기를 다시 보니 아니, 그 모습이 돼지가 아닌가. "돼지를 집으로 데리고 갈 수는 없지"라고 말하는데 아기는 돼지가 되어 숲속으로 도망친다. 품을 떠난 아기 (돼지)를 바라보며 앨리스는 오히려 한숨을 쉬며 바라본다.

나가는 말
잉여현실의 선물

잉여현실은 무시간성(timelessness)-무공간성(spacelessness)의 경험으로 우리를 우주
적 힘과 닿게 해준다. 잉여현실을 통해 우리는 어딘가로부터 안내를 받는다 그것은 바로
영감이며 이 영감과 직관이 하나가 되어 어우러지는 경험을 한다.

(Z.T. Moreno, 2005, p.59)

『이상한 나라의 앨리스』의 끝부분에 다시 나타나 꿈속의 앨리스와 등장인물들 그리고 독자들의 심각한 마음에 웃음을 선사하는 캐릭터가 있다. 바로 체서 고양이다. 하트 여왕 부부가 잔인하기 이를 데 없는 명령을 쏟아부으며 '이상한' 나라를 온통 공포의 분위기로 몰고 갈 때 체서 고양이가 나타나 꿈쩍도 하지 않고 오히려 미소를 보인다. 그래서 하트 여왕 부부는 이 고양이가 마음에 걸린다. 그 앞에 서면 마치 자기들의 민낯이 드러나는 것 같아 기분이 묘하다. 그래서 여왕은 그의 목을 치라고 병사들에게 명령한다. 하지만 모두는 키득키득하며 당혹스럽고 재미있는 질문을 스스로에게 던진다. "몸이 없는 고양이의 목을 누가 어떻게 칠 것인가?"

지금 웃고 있는 이 체서 고양이에게 몸이 없는 이유는 사실 앨리스의 부탁 때문이었다. 앨리스는 자기가 혼란스러워할 때 나타나 훈훈한 말로 이끌어 준 체서 고양이가 참으로 고마웠는데 그의 말을 듣고 앨리스가 정작 뭔가를 시작하려 할 때 그는 어느새 사라져 버렸다. 그래서 앨리스는 그에게 제발 자기 곁에 있다가 확 사라지지 않았으면 좋겠다고 부탁했다. 그러자 체서 고양이는 얼굴에 몸만 서서히 사라지는 방법으로 앨리스의 곁에 머무르고 있다는 인상을 주었다. 물론 미소는 그대로 익살스럽게 남겨두면서 말이다. 체서 고양이의 미소는 앨리스에게 혼란스러운 상황 속에서도 여유를 찾게 하며 '이상한'(mad) 이들과의 대화 가운데도 통찰력을 얻게 하였다!

앨리스가 이 체셔 고양이를 처음 만났던 것은 꿈의 중간 부분 쯤이었다. 이상한 나라에서의 경험이 너무 낯설고 두려워 그곳으로부터 어서 벗어나기를 원한 앨리스는 체셔 고양이에게 "이곳을 벗어날 출구가 어디 있냐"고 물었다. 우리도 현실이 힘들거나 혼란스러울 때, 마치 인생길을 잃어버린 것 같이 느껴질 때가 있다. 그러면 오직 출구만을 찾고 싶어진다. 어서 속히 빠져나갈 곳이 없을까 하고 스스로에게 묻는다. 그런데 정작 우리가 잃어버린 것은 길이 아니라 우리 '자신'이다. 휘몰아치는 어려움의 현실, 그 소용돌이 속에 파묻혀 버린 바로 우리 자신이다. 길을 가는 것도 우리 자신인데 자신은 잊은 채 길만 찾는다. 그러다 길이 보이지 않으면 성급히 출구가 어디에 있냐고 묻는다.

이때 체셔 고양이는 말한다. "그것은 네가 어디로 가고 싶은지에 달렸지." 길이 보이지 않을 때 오히려 자기가 진정으로 소망하는 것이 무엇인지를 기억해 보라고 한다. 이 무슨 동문서답 같은 말인가? 급하고 어려운 현실을 내려놓고 우리의 소망이라니? 하지만 체셔 고양이의 말은 참으로 의미심장한 기운을 자아낸다. 소망이란 무엇일까? 우리가 존재하는 이유이다. 모든 존재하는 것에는 소망이 있다. 소망이 없다면 한 치 앞도 우리는 움직이지 않을 것이기 때문이다. 소망을 찾는 것은 우리 자신을 찾는 일이다. 우리 자신이 원하는 것을 소중하게 여기는 것이며 결국 우리 자신을 찾게 한다.

인생을 살아가는 데 있어 무엇이 가장 소중한 것인지를 안다면 이 말에 귀 기울이고 감사해야 할 이유가 여기에 있다. 인생길을 걸어가면서 수많은 일이 우리 마음을 사로잡고 우리를 흔든다 할지라도 우리 삶에 담긴 소망을 따라 움직인다면 비로소 우리 존재는 다시 일어날 것이다. 우리가 처한 상황은 우리의 존재에 비하면 인생에 그저 작은 일부분일 뿐이라는 것을 알게 될 것이다. 왜냐하면, 우리의 존재는 문제나 상황보다 더 큰 것이기 때문이다. 인생길에 놓인 수많은 장애물도 넉넉한 마음으로 바라보며 청소할 수 있게 된다. 그리고 소망하는 대로 길이 보이게 되어 다시 걸을 수 있다.

체셔의 말대로 자기가 소망하는 것이 무엇인가에 귀를 기울이자 앨리스의 꿈은 새로운 잉여현실을 경험하게 된다. 현실에는 아직 변한 것이 아무것도 없고 아니 오히려 더 도전적인 것들이 다가올지 모른다. 하지만 이제 앨리스는 당당하다. 소망을 따라가니 자기가 살아난다.

쉬어가는 코너

강가에 두고 온 처자

젊은 수도사가 자신의 스승과 함께 수행의 길을 걷고 있었다. 강가에 이르러 물살이 급하게 흐르는 곳에 어느 처자가 건너지 못하고 있음을 본다. 수도사의 스승이 그녀에게 다가가 귓속말을 전한다. 그리고는 그녀를 등에 업고 강물을 건너는 것이 아닌가. 제자는 놀라 당황한 표정으로 그를 따랐다. 스승은 그녀를 강 건너에 무사히 내려주고 다시 길을 떠난다. 다시 한 참 길을 가는데 제자가 화가 난 듯이 스승에게 묻는다. "아니 스승님은 어찌 수행하는 분으로서 그런 일을 할 수가 있습니까? 여인을 등에 업다니요. 그게 거룩한 길을 걸어가는 수도사로서 할 수 있는 일입니까?" 그러자 그의 스승이 대답한다. "허, 허! 네 녀석은 그 여인을 아직도 등에 업고 있구나. 나는 강 건너 그녀를 내려주고 이 길을 걷고 있을 뿐인데!" 현실의 갈등 속에 파묻힌 마음은 정작 중요한 것이 무엇인지를 알아차리지 못한다. 스승 수도사는 길을 가면서 오직 자기가 소망하는 '수행'의 사명을 잃지 않았으나 제자는 오히려 현실의 사건 속에 파묻혀 정작 지금까지 자기가 추구해온 소망을 잊고 있었다. 소망이 분명하면 자기가 흔들리지 않으며 자기가 흔들리지 않으면 모든 갈등도 평정할 수 있는 법이다.

전에는 현실의 압력에 그저 수동적으로 반응하며 상황을 피해왔다. 흰 토끼가 자기를 무시하는 듯이 대할 때에, 눈물의 강가에서 동물들이 자기에게 부담스러운 일을 맡고 공작부인의 집에서 아기를 맡는 어려운 일을 떠맡길 때도 앨리스는 질문하나 제대로 하지 못했다. 오직 신체의 크기에 대한 갑작스러운 변화에만 놀라며 자기연민에 빠져 혼란스러워했다. 하지만 체셔 고양이의 제안에 따라 자기가 소망하는 것이 무엇인지를 살피며 길을 나서자 현실은 새로운 양상으로 전개된다. 새로운 잉여현실을 경험하며 놀라운 선물을 얻게 된다. 앨리스의 소망이 살아나자 예상치 못한 잉여현실이 선사한 선물들은 무엇이었을까?

첫째로, 잉여현실은 '자기역할'의 변화와 확장을 가능케 한다. 이전의 앨리스는 사회와 문화 속에서 내사되어온 가치관을 따라 순응하고 그것에 맞추어 가는 '착한 소녀'의 역할을 하는 이였다. 하지만 이제는 '당당한 소녀'로서의 역할을 시도하고 자기의 것으로 만든다. 체서 고양이의 표현에 따라 이곳 이상한 나라의 모든 이들은 '얼빠진(mad) 똘아이들'이다. 물론 이곳에 들어왔으니 앨리스도 그 영향권 아래에 있다. 하지만 달라질 수 있다. 자기가 원하는 바가 무엇인지 자기는 알고 있으며 그것에 따라 일관된 길을 걸어갈 때 확실히 다른 시간이 펼쳐지게 된다. 이상한 이들을 만나더라도 그들에게 자신의 감정과 의견, 그리고 소망을 찾아 분명하게 표현할 수 있는 소녀의 당당함이 앨리스에게서 나타나기 시작한다. 앨리스는 체서 고양이의 격려에 힘입어 3월 토끼의 집, 장미의 정원, 여왕의 크로켓 경기장, 모조 거북이 있는 곳을 차례로 방문한다. 그리고 점점 현실을 직면하는 자세를 달리한다. 이상한 나라 인물들의 '어이없는'(mad) 태도와 행동에 휘둘림 없이 당당하게 맞서고 법정에서 하트 여왕 부부가 잔인한 언동으로 위협할 때에 다시 잠깐 긴장을 느끼지만, 여왕이 '목을 칠 수 없는' 체서 고양이를 바라보며 미소를 되찾는다. "어떻게 몸이 없는 목을 칠 수 있단 말인가?" 현실이 아무리 거센 명령으로 우리를 옥죄어 올지라도 여유 있는 미소와 웃음으로 상대할 수 있다면 우리 존재는 넉넉해지기 마련이다. 그래서 앨리스는 '자기확립'에의 소망을 가지고 여왕을 직면하기 시작한다. 그러자 현실보다 더 커지는 자신의 몸을 발견한다. 그렇다. 여왕은 이 몸을 건드릴 수 없다. 그리고 이 몸을 건드릴 수 없다면 저들이 어떻게 나의 목을 칠 것인가? 앨리스는 드디어 여왕의 법정을 뒤집어엎는 놀라운 선언을 한다. 누구도 나를 넘어뜨릴 수 없다고 주장하며 드디어 견고한 자기를 확립한다.

체셔 고양이는 앨리스에게 이상한 나라는 '어이없는'(mad) 인물들로 가득한 곳이라고 말한 바 있다. 그리고 그러한 세계에 들어온 앨리스 역시 거기에서는 '어이없는' 사람이 아니겠냐고 한다. 하지만 이 어이없는 현실을 이제 당당하게 직면하여 부딪히며 그것을 넘어서서 자기의 존재를 확인한 것이다. 자기가치가 확인되며 자기존재가 더욱 견고해지는 일을 이룬 것이다.

둘째로, 잉여현실은 진정한 상호관계성을 통한 '참 만남'의 경험을 선사한다. 이상한 나라에서의 앨리스는 주인공으로서 자기 자신을 찾는 경험을 한다. 그런데 그 효과는 놀랍다. 자신을 찾는 과정은 자신의 인생을 확장하는 경험이 될 뿐 아니라 타인을 "있는 그대로" 수용하는 용기를 얻게 한다는 사실이다. 실제로 앨리스의 변화는 타인들을 이해하고 수용해 가는 과정을 밟는다. 물론 하트 여왕과 왕의 횡포 등에 대하여는 강력한 대응을 한다. 여왕의 법정에 가기 전에 공작부인을 만나 다시 대화를 나눌 때도 공작부인은 말도 안 되는 위세와 궤변을 늘어놓는다. 사람들이나 상황은 늘 이렇게 쉽게 변하지 않는 법이다! 그러나 앨리스는 공작부인의 말을 들어주되 자기의 시각을 분명히 표현한다. 이 모습은 전에 후추 냄새 가득한 주방에서 아무 소리 못 하던 '착한 소녀'와는 사뭇 다른 모습이다.

드라마치료의 잉여현실이 자기역할을 확장하는 과정을 펼쳐 나갈 때 주인공이 얻는 것은 결코 다른 사람과 비교하여 자기를 높이는 우월감이나 타인을 지배하고 조정하는 힘이 아니다. 오히려 주인공은 자신과 다른 이들을 동등한 입장에서 바라보며 받아들이는 능력을 갖춘다. 대체로 주인공이 타인들에 대하여 가졌던 비교의식, 열등감, 수치심, 적대감이나 분노가 해결되는데 이는 자신을 객관적으로 보고 자기를 개선하고자 하는 마음에서 찾아온다. 그리고 이때 타인을 지배하고 조정하려고 했던 자기에게 집중되던 마음이 개선되고 자기와 타인을 수평적으로 보며 상호성을 인정하는 새로운 인간관계 안으로 뛰어들게 된다.

이것이야말로 기독교 심리학자 단 브라우닝(Don S. Browning)이 말하는 심리치료의 효과적인 기능 즉 내담자로 하여금 '자기'를 잃지 않고 오히려 발견하되 더욱 건강하게 세워져서 타인을 수평선 상에서 만나 "동격으로 수용하는 아가페의 사랑"에 가까운 경험이다. 바로 잉여현실은 타인을 자기와 동등하게 받아들이게 하는 능력을 심어주는 것이다.

이상한 나라에서 앨리스는 잉여현실 경험을 통해 '자기'를 잃지 않고 오히려 발견하되 더욱 건강하게 세워져서 타인을 '동격으로' 수용하는 역량을 얻는다. 타인을 자기와 수평적 선상에서 여유 있게 상대하고 존중하며 동등한 관계로 만들어 가는 힘이 보이기 시작한다. 드라마치료의 잉여현실은 이처럼 우리가 직면하는 현실의 아주 실제적인 사회적 관계망을 새롭게 경험하는 기회를 준다. 잉여현실은 단순히 주인공 하나의 독백만으로 이루어지지 않는다. 드라마의 무대에 선 주인공은 자신의 삶을 시연하는 과정 가운데 보조 자아(auxiliary ego)를 무대에서 만나며 이들과의 상호 관계의 경험을 새롭게 창조한다. 보조자아들은 가족 구성원들이나 직장 혹은 일상에 관련된 어떠한 인물들, 동물들 심지어 사물들을 포함한다. 물론 자신의 꿈속에 등장한 인물들이나 상징들과의 관계성도 잉여현실의 기법으로 다루어진다.

잉여현실은 주인공으로 하여금 삶에 관련성 있는 인물들과의 만남을 지금-여기에서 경험하게 하며 이들과의 관계 현실에서 쉽게 드러내지 못하고 억눌렀던 감정들을 표현하고 평소에 맡아보지 않은 역할들을 직접 행동으로 시도하게 함으로써 내면적 감정의 정화는 물론 사회적 상호인간관계의 확장을 가져오게 한다. 그리고 이러한 역할의 연습 속에서 사용되는 가장 큰 방법이 바로 '역할 바꾸기'(role reversal) 기법이다. 주인공으로 하여금 자기의 삶에 관련된 보조자아들의 위치로 자리를 바꾸어 들어가 자신(주인공)을 바라보고 말하게 하며 행동하게 한다. 이를 통해 상대방의 주관적 관점을 알아차리고 자기의 시각을 수정하며 또한, 상호관계적으로 확장할 기회를 얻게 한다. 주인공의 주관적인 세계는 타인의 주관적 세계와 만나 더욱 객관적으로 자기를 통찰할 수 있는 길이 열리게 된다. 그뿐만 아니라 역할 바꾸기의 기법은 타인의 입장을 수용하고 공감하며 더 나아가 자기와 동등한 인격으로 존중할 수 있는 길을 열어주도록 도와준다. 헝가리 출신 정신분석가 휴고 시로키(Hugo Siroky)는 이러한 상호관계성에 기초한 치료기법이야말로 사람들로 하여금 다른 사람들과 참 만남을 가능하게 하며 현대 세계에 사회문화적 에토스(social ethos)를 새롭게 세워나가기에, 충분한 방법이 될 수 있다고 한다.[35]

즉, 잉여현실은 핵가족 시대에 속한 현대인들에게 자기중심적 세계관의 한계를 벗어나서 서로의 입장을 헤아리며 상호관계의 선상에서 더욱 유익한 세상을 가져오게 할 수 있다는 것이다. 이점은 드라마치료가 인간 상호성의 가치와 역량을 참여자들에게 선사하는 좋은 기회가 됨을 확신하게 한다.

셋째로, 잉여현실이 주는 궁극적인 선물은 행위로 이어지는 '영혼의 발자취'를 발견한다는 사실이다. 이상한 나라를 경험하고 돌아온 앨리스는 "나 정말 이상한 꿈을 꾸었어!"라고 언니에게 말한다. 기억나는 대로 자기의 모험 이야기를 들려준다. 그리고는 결론적으로 "참 이상한 꿈이었어!"라고 말하며 자리를 박차고 일어나 현실로 달려간다. 앨리스가 표현한 "이상한 꿈"이란 말은 무엇을 의미하는 것일까? 자기가 꾼 꿈이 '일상적이거나 평범한 내용이 아니었다'라는 말을 하려는 것이었을까? 우리가 정확하게 그것을 해석할 수 없다 하더라도 이 말을 하는 앨리스의 기분은 그렇게 나빠 보이지는 않아 보인다. 오히려 목소리의 톤과 발걸음 소리가 기분 좋게 들리는 듯하다. 더하여, 꿈을 꾸기 전과 꾸고 나서의 모습은 사뭇 달라 보인다. 앨리스의 마음에 뭔가가 '더하여져 범상치 않은 것'(extraordinary)이 있는 것 같은 느낌을 주며 동화는 끝을 맺는다.

앨리스의 마음에 무엇이 더해진 것일까? 그것은 소녀의 일상을 포근하게 감싸면서 뭔가에 넘침(풍요로움)을 느끼게 하는 요소이다. 그것은 말로 정확히 표현하기 어려운 뭔가 이 세상에는 잘 알려지지 않은(the unknown) '신비로운' 성격의 것이다. 인간의 감각과 지식으로는 결코 설명할 수 없는, 일상을 뛰어넘어 세상과 인간의 존재를 바라보며 이 세상을 살아가는 힘을 얻게 하는 경험이다.

실제로 앨리스의 꿈은 '이상하고 신비로운' 내용으로 가득한 것이었다. 살면서 한 번도 경험한 적 없는 토끼굴로 떨어져 어둠을 뚫고 새로운 세계를 향해 나아가는 긴장과 기대감, 눈물이 강물 되어 흐르며 처절하게 느껴본 홀로됨, 이윽고 강기슭에 다 달아 온갖 동식물들과 어우러져 그들과 함께 우주 일부분이 되어 움직여 본 일, 그리고 혼란 속에서 만난 현자 애벌레와 체셔 고양이를 통해 일상에서는 알지 못했던 지혜를 얻으며 용기를 내어 스스로의 존재를 찾아 길을 떠나는 모습, '얼빠진'(mad) 세상에서 이해할 수 없는 많은 인물과 만나고 직면하면서 삶의 새로운 역할을 창조해 내는 용기, 그리고 종국적으로 일상 속에서의 한계를 초월하는 시도에 온 몸을 던지는 주체적 참여의 과정이 펼쳐졌다.

앨리스의 꿈은 인간이 실제로 존재하는 곳, 그곳에서 벌어지는 일들을 직면하는 방법을 알리는 것에서 그치지 않는다. 인간이 계속해서 앞을 향해 나아갈 때 계속되는 '세상 너머 계속되는 세상' 즉 영원의 세계를 위하여 궁극적으로 필요한 것이 무엇인지를 말해준다. 그것은 바로 우리 자신이다. 현실을 참되게 살며 영원한 세계로 발돋움해나가는 경험의 주체, 우리 자신을 회복하는 일이다.

앨리스의 꿈은 잉여현실 영혼의 드라마 경험이다. 드라마치료의 원형 사이코드라마는 모레노가 창안하여 사용한 단어 그대로 psyche(영혼)와 drama(행위)의 합성어이다. 원래 의미로 보면 '행위로 옮겨지는 영혼'이란 말이 된다. 디렉터의 도움에 따라 참여자들이 천천히 자신 삶의 역할들을 행위로 표출하다 보면 아쉬웠던 시간 속에 잠들어 있던 영혼을 찾는 일이 벌어진다. 이때 주인공은 일상 속에서는 표현하지 못했던 감정과 생각, 본능적 욕구, 꿈, 소망, 긴장, 갈망, 세계관 등 모든 것들을 행위로 담아낸다. 그리고 이런 새로운 경험 속에서 자기를 바라보는 새로운 시각 곧 영혼의 깨달음이 시작되며 이를 통해 현실을 넘어서서 새로운 인생을 창조하는 경험하게 된다. 바로 잉여현실이 주는 영혼의 선물을 맛보는 것이다. 일상과 신비가 함께 어우러져 일상의 한계를 넘어서서 신비로운 힘과 지혜로 풀어가며 새로운 창조를 경험하는 것이다. 절대적으로 현실을 떠나지 않으며 실제적인 세계를 직면하는 힘을 부여받는다. 지금-여기에서 치유를 경험하며 마음의 모든 무거운 짐들을 내려놓고 현실로 돌아오게 하는 경험을 하는 것이다.[36] 우리는 앨리스의 '이상한' 경험이 바로 '영혼의 움직이는 운동'(soul exercises)이었다고 할 수 있다. 앨리스의 여정은 인간의 이성으로 이해할 수 없는 신비스러움을 동반했다. 앨리스는 신체로 부터 원초적인 '나'를 움직여 인식의 한계를 넘어서는 '나'의 확장을 맛보았다. 현실을 직면하되 그것의 한계에 갇히지 않고 자기를 새롭게 발견하고 견고히 세워 초월을 소망하여 경험하는 경주를 하였다. 육신과 정신을 넘어서서, 아니 온 세상 동식물과 하나로 어우러져 경험하는 우주, 곧 '영성(spirituality)의 세계'를 여행한 것이다.

앨리스는 드라마치료의 주인공처럼 자기의 꿈을 무대 위에 올려 새로운 삶을 경험하고 현실로 돌아왔다. 꿈은 인간의 언어로 충분히 해석할 수 없다. 해석보다는 행위로 시연해 보아야 하는 과제이다. 꿈을 행위로 옮기어 '다시 꾸어' 볼 때 잉여현실의 체험과 효과가 나타난다. '이상한 나라'의 앨리스는 잉여현실의 세계로 우리를 초대한다. 현실을 보다 더 여유롭고 넉넉하게 직면할 수 있는 '이상한 드라마'의 세계에서 함께 만나 우리가 살아가는 이 세상과 그 안의 인간관계를 소재로 함께 '놀아 보자'라고 우리를 손짓하며 부른다.

1) https://www.alice-in-wonderland.net/resources/faq/#copyright 저작권 허락명시 참조.

2) 이 책의 저술과 연구가 서울신학대학교 2021학년도 연구지원으로 가능했음을 밝힌다.

3) 현대 드라마치료 창시자 야콥 모레노 역시 유태인으로서 자기의 종교문화적 전통에 심취했던 사림인 것은 잘 알려진 사실이다.

4) 비블리오드라마에 관하여는 저자가 공저한 다음 책에서 자세히 참조할 수 있다. 한국 비블리오드라마 협회 (2020). 교육, 상담을 위한 비블리오드라마의 이론과 실제. 서울:학지사, p.16-17

5) 김수현(2005), 32. "드라마는 (사람들이) 긍정적인 삶을 살아가도록 유도하고 활력을 주는 작업이다"

6) 프로이트와 모레노의 꿈에 대한 머리의 해석 vs 몸의 재연을 3장에서 더 자세히 살피기 바람.

7) Tierno, 2002, p.184. 재인용.

8) 드라마에서도 대화를 통해 쌍방향으로 메시지를 전달하는 행위가 기본이다. 인간의 삶에 있어서 이러한 행위는 엄마 뱃속에서 생명이 시작되는 그 시점부터 행해진다. 아직 태어나지 않은 아이와 엄마가 나누는 교감의 대화가 바로 드라마의 시작이다. 태어나 가족들과 말을 배우고 인간관계를 형성해 나가며 친지들 그리고 친구, 이웃을 만나며 사회구성원으로서 교류하며 인간의 드라마 행위는 더욱 깊어지고 복잡해진다. 그리고 이러한 행위는 인생의 끝날까지 삶을 지속해 가는 가장 큰 도구 중의 하나가 된다. 이렇게 대화하는 인간의 특성에서 드라마의 특성을 찾을 때 상담이 드라마라는 사실은 아주 자명해진다. 모든 드라마가 상담일 수는 없지만, 상담이라는 인간의 행위는 드라마에 속한 것이라 할 수 있다. 삶의 경험과 이야기를 주거니 받거니 나누면서 갈등이나 문제의 영역을 넘어서는 경험을 하는 이러한 상담의 행위가 바로 드라마이며, 그러한 상담을 통해 일어나는 인간의 변화와 성장에서 드라마가 인간치유의 가능성이 갖고 있음을 알게 된다.

9) Pittman, C. M. & Karle, E. M. (2015). Rewire Your Anxious Brain: How to Use the Neuroscience of Fear to End Anxiety, Panic, and Worry. Oakland, CA: New Harbinger. 최근 신경과학과 인지 치료는 편도체와 전두엽의 뇌 작용 관계를 심도있게 연구하여 사고보다 감정을 먼저 다루어줄 것을 주장한다.

10) 여기서 잠시 그의 책 Poietike를 '시학'이라고 번역 한데서 오는 오류를 시정해 보자. poietike 라는 단어는 고대 희랍어로 poiein이라는 동사 즉 '시를 만들다'의 의미에서 온 말이므로 옳게 번역하자면 '시 제작술'을 뜻한다고 할 수 있다. 그가 말한 '시'란 인간의 성품, 감정, 행위를 표현하는 행위를 의미했다

11) "비극은 진지한, 완성도(시작과 중간, 결말을 갖춘)를 이루는 그리고 지속성을 갖고 전해오는 행동의 모방이다."(Aristoteles, 시학 6장). Tierno, p.19 재인용.

12) D.J. Allan은 아리스토텔레스의 이러한 비극에 대한 정의가 오늘날 의 연극과 영화의 극본 및 플롯제작의 주안점이 된다고 설명한다.(D.J. Allan, 1993, 223)

13) 시학의 제2권에서 아리스토텔레스는 희극을 기술한 것으로 알려져 있으나 불행하게도 그 책은 전해지고 있지 않다.

14) 아리스토텔레스의 비극이 주는 이러한 감정정화의 선물은 바로 우리가 흔히 사용하는 말 '드라마틱하다'라는 말의 의미가 무엇인지 전달해 준다. 드라마틱하다, 극적이다라는 표현은 어떤 사건이나 상황이 단지 흥미롭거나 관심이 생기는 수준을 넘어서 우리에게 뭔가 '감동'을 안겨주는 순간에 나오는 말이다.

15) 스타니슬랍스키는 "연극적 실험"에도 큰 관심이 있었다. 그의 표현을 주목할 수 있다. "사람의 영혼 속에는 의식과 의지로 제어할 수 있는 몇 가지 측면이 있다."(스타니슬랍스키, 33)

16) 아들러에 의하면 꿈이란 의식적인 정신세계의 또 다른 표현이다. 사람은 잠을 잘 때 깨어있을 때와 마찬가지로 자기 가치에 대한 확신과 안정감을 추구하며 만일 자기 가치에 손상을 줄 것 같은 것들에 민감하다. 이러한 정신적 작용이 깨어있을 때와 마찬가지로 감정을 유발한다.

17) 아들러에게 있어서 사랑, 일, 그리고 공동체는 치유와 통합을 위한 길에 살펴야 할 가장 중요한 요소가 된다.

18) https://m.blog.naver.com/nowbe3/222274041221

19) 김건희. '직방' 가상 오피스 '메타폴리스' 출근해보니…." 신동아 2021-09-08.

20) 모방'(immitaton)은 실제 사건을) 실제 사건을 실제 사건을 그대로 복사한다는 의미보다는 "실재를 재창조하지만 정교하게 조직하고 그 결과 관객들에게 정서를 불러일으킬 수 있는 가상세계를 만들어 내는 것"

21) 메를로-퐁티는 우리의 인식의 대상과 인식을 하는 주체는 하나로 연결되어 있다고 본다 우리의 의식은 지향성, 즉 인식의 대상을 향하여 항상 방향을 정하고 있으며, 이 '지향성'을 통해 드러나는 현상은 인식의 주체자가 가지고 있는 주관적인 의미 부여가 우선적이라는 것이다.

22) H. A. Murray. (1943). Thematic apperception test. Harvard University Press.

23) 주성호의 번역을 재인용함 (주성호, 2012, p. 307.)

24) 황순향. (2016). 구조와 의식의 문제: 프로이트, 라깡, 들뢰즈와 가타리, 그리고 지젝이론을 중심으로. 철학논총, 84, 385-406. 프로이트의 리비도 개념에 관련한 학자들의 계보와 비평이 흥미롭다. 프로이트는 사랑에는 '아모르'amor 즉, 자연의 차원에 속한 정념으로서의 사랑이 온 우주를 자율적으로 움직이는 힘으로 본 아퀴나스의 노선을 따르는듯하다. 물론 물질세계에 속한 동물의 에너지로서 의미에 한정한 점은 독특하다. 참조: 손은실. (2018). 토마스 아퀴나스의 사랑론. 중세철학, 24, 75-106. 이명곤. (2008). 토마스 아퀴나스, 완전한 사랑은 가능한가?.

25) Zelka Moreno는 남편의 말을 떠올리며 "당신이 홀로 있어 아무도 이야기할 사람을 찾을 수 없을 때 당신은 당신 자신과 이야기할 수 있습니다. 당신 자신에 관하여 당신 자신과 함께 생각해보는 것이지요." 라고 말한 남편의 말을 젤카가 회상함.(Zelka Moreno, 143)

26) 모레노는 드라마치료에서 주인공이 자기의 이중자아(더블)와의 만날 때에 지금-여기에서의 자기의 모습을 보게 됨은 물론 자기가 속한 세상과 우주까지 제대로 바라보는 눈을 갖게 된다고 주장한다.

27) 모레노의 모체적 동일성 이론은 후세대의 아동 정신분석가 마거릿 말러가 주장한 유아기의 '공생단계'(symbiosis) 이론을 떠 올리게 한다.(Mahler, 1968) 그녀의 이론에 의하며 아기가 엄마에게서 태어났을 때 아기는 신체적으로만 탄생 되었을 뿐 심리적(정신적)인 탄생을 하기까지는 아직 약 6개월의 시간이 필요하다고 한다. 이 기간은 인간의 성격에 바탕을 형성하는 아주 중요한 시기이다. 아기는 마치 엄마 자궁에 있는 것처럼 엄마와 공존하며 정신적 공생의 기회를 얻는다는 것이다. 이 공생의 기간에 엄마와 아기는 아직 한 몸과 같기에 엄마의 정서는 곧 아기의 정서이며 심지어 엄마의 생각이나 인격의 많은 요소도 아기의 내면에서는 환상의 형태로 공유된다. 이 공생의 과정을 통해 아기는 자기 자신만의 정신적 탄생을 위한 기반을 엄마와의 공유를 통하여 형성하며 개별적 정신세계를 시작할 자원을 구축해 간다고 본 것이다.

28) 융합은 감각 단계에서 만족스러운 발달을 방해하며 이로 인한 둔감화는 완전한 자각을 막는다. 편향은 에너지 동원을 방해한다. 또 내사는 효과적으로 행동하지 못하게 하며 투사는 접촉을 방해한다. 반전은 만족 단계를 약화 시키고 자의식은 효과적인 철수를 방해한다 (Petruska Clarkston, 2010)

29) 앨리스가 신체적 변화에 예민하여 그것으로 인하여 '내가 누구인가'를 묻는 것은 자기 정체성 및 자아확립을 위한 과정이 나타나는 것이라는 선행연구들이 있다.#(이강훈, 2007, p. 259-279; 이동

희, 2010, p.40

30) 정운채 (2008). 문학치료학의 서사이론. 문학치료연구, 9, 259. 문학치료에서는 '나의 소망'에 주목하는 것을 남녀서사 영역으로 본다. 얼마나 진솔하게 자기의 소망을 알아차리고 그것을 표현해 가는지가 자아정체성의 발달정도를 알려 준다고 해도 과언은 아닐 것이다.

31) 여성의 몸에 대한 고정관념과 그 영향을 살피는 작품들로 다음을 추천한다.권여름, (2021). 내 생애 마지막 다이어트. 서울: &앤드다이애나 클라크. (2021). 마른 여자들 (변용란 역). 서울: 창비

32) 선한용. (1998). 시간과영원: 성어거스틴에있어서. 대한기독교서회.

33) 모레노의 드라마치료에 있어서 심리극보다 사회극이 이러한 특징이 강하다. 사회극의 주인공은 개인의 심정 보다는 공동체 혹은 집단의 이야기와 갈등을 담아 무대 위에서 시연하며 온 청중과 함께 갈등의 실마리를 풀기 위한 작업을 함께 해나간다. 하지만 심리극의 주인공 역시 일반 연극처럼 청중과의 거리감을 유지하지 않는다. 특별히 스타니슬랍스키가 주장하는 청중과의 거리 두기란 받아들여지지 않는다. 심리극의 주인공 역시 그날 소시오메트리를 통하여 참가자들 간의 사회성 관계에서 텔레가 집중돼 자발적으로 무대에 오른 인물이다. 주인공의 이야기는 그날 청중의 텔레가 작동하여 초점이 맞추어진, 청중 모두가 집중하여 진정으로 공유하는 인간 이야기이다.

34) <전국교사연극모임> 자료 참조함

35) 김영순, "사이코드라마의 치료적 요인들," 『사이코드라마의 토대 』(서울: 중앙문화사, 1997), 102.

36) 제르카 모레노는 이와 같은 경험이 잉여현실의 카타르시스에서 가능하다는 사실을 임상적으로 확인하며 다음과 같이 이야기했다. "극도의 긴장 상태, 흥분, 저항을 넘어서 정점에 이른 정서, 감정이 넘쳐흐르고 과거에 억제 작용하고 있던 것들을 표현한 후에 일어나는 홀가분한 상태, 그리고 일상에서 일어날 것 같지 않은 그런 장면들과 상호작용을 하며 (현실의 문제를) 재현(reenact)할 때 일어난다."(Z. T. Moreno, 36)

참고문헌

Abels, N. (2003). 50 Klassiker Theater. 클래시커 50: 연극, 무대 위에 펼쳐진 인생 드라마, 세계 유명 연극 50 (인성기 역). 서울: 해냄. (원저 2002 출판)

Adler, A. (1936). On the interpretation of dreams. International Journal of Individual Psychology, 2, 3-16

Allan, D.J. (1993). The Philosophy of Aristotle. 아리스토텔레스의 철학 이해 (장영란 역). 서울:고려원.

Apter, N. (2003). The human being: J. L. Moreno's vision in psychodrama. International Journal of Psychotherapy, 8(1), 31-36.

Bazzano, M. (1986). In Dreams begin Responsibilities: Adler and Contemporary Ethics. Ethics, 12.

Berne, E. (1968). Games people play: The psychology of human relationships. Penguin Uk.

Blatner, A. (1988). Foundations of psychodrama. New York.

_____. (1996). Acting-in: Practical applications of psychodramatic methods (3rd ed.). Springer Publishing Co.

_____. (2003). Psychodrama. Play therapy with adults, 34-61.

Bry, A. (1971). Inside psychotherapy: Nine clinicians tell how they work and what they are trying to accomplish. New York: Basic Books.

Cruz, A., Sales, C., Alves, P., & Moita, G. (2018). The core techniques of morenian psychodrama:

a systematic review of literature. Frontiers in Psychology, 9, 1263.

Ferro, A., & Basile, R. (2018). The Analytic Field. 분석의 장 (이재훈 역). 서울: 한국심리치료연구소.

Forrester, J., & Cameron, L. (1999). A Cure with a Defect': A Previously Unpublished Letter by Freud Concerning 'Anna O. International Journal of Psycho-Analysis, 80(5), 929-942.)

Fox, J. (1987). The essential Moreno: Writings on psychodrama, group method, and spontaneity. New York: Springer Publishing Company.

Freeman, GD, Sullivan, K. & Fulton, CR (2003). Effects of creative drama on selfconcept, social skills, and problem behavior. The Journal of Educational Research, 96(3), 131-138.

Freud, S., & Strachey, J. (1996). The interpretation of dreams (p. 217). New York: Gramercy Books.

Gebhardt, M. E. (2010). The common wine cult of Christ and the Orphic Dionysos: the wine and vegetation saviour deity Dionysos as model for the dying and rising Christ (Master's thesis).

Gershoni, J. (Ed.). (2003). Psychodrama in the 21st century: Clinical and educational applications. Springer Publishing Company.

Greenberg, I. A. (1968). Psychodrama and Audience Attitude Change. Beverly Hills, CA: Behavioral Stidies Press.

Grotstein, J.S.(2012). 흑암의 빛줄기: W. Bion 정신분석학의 유산 (이재훈 역). 서울: 한국심리치료연구소

_____. (2014). 수난극으로서의 정신분석. A. Ferro & R. Basile 분석의 장 (이재훈 역), pp. 275-309, 서울: 한국심리치료연구소.

Hill, C. E., & Knox, S. (2010). The use of dreams in modern psychotherapy. International Review of Neurobiology, 92, 291-317.

Holmes, P. (2015). The inner world outside: Object relations theory and psychodrama. Routledge.

_____. , Karp, M., & Watson, M. (Eds.). (2005). Psychodrama since Moreno: Innovations in theory and practice. Routledge.

Howie, P. C. (2012). Philosophy of Life: JL Moreno's Revolutionary Philosophical Underpinnings of Psychodrama and Group Psychotherapy. Group, 135-146.

Huizinga, J. (1993). Homo Ludens: A Study of the play element in culture. 호모 루덴스 (김윤수 역). 도서출판 까치.(원저 1955 출판)

Jennings, H. H. (1960). Sociometric choice process in personality and group formation. The Sociometry Reader. Glencoe, Ill, 87-113.

Jung, C. G. (1991). Psyche and symbol. Princeton University Press.

_____. (2012). Dreams. Princeton University Press.

Jung, C. H., & Jung, C. G. (2015). Jung on active imagination. Princeton University Press.

Kellermann, P. F. (1994). Role reversal in psychodrama. Psychodrama since Moreno: Innovations in theory and practice, 263-279.

Kellogg, S. (2020). 변형적 의자기법: 임사 실제에서의 정신치료적 대화 (최영희, 신재현, 윤동욱, 한지민, 최상유 공역). 서울: 학지사. (원저 2015)

Kipper, D. A., & Hundal, J. (2003). A survey of clinical reports on the application of psychodrama. Journal of Group Psychotherapy Psychodrama and Soiometry, 55(4), 141-158.

Mallon, B. (2000). Dreams, Counselling and Healing: How Focusing on Your Dreams Can Heal Your Mind, Body and Spirit. Gill & Macmillan Ltd.

Merleau-Ponty, M. (1945). Phenomenologie de la Perception. Paris: Gallimard.

＿＿＿. (2002). 지각의 현상학 (류의근 역). . 서울: 문학과 지성사.

Moreno, J. D. (1989). The autobiography of JL Moreno, MD (abridged). Journal of Group Psychotherapy, Psychodrama and Sociometry, 42(1), 3-53.

＿＿＿. (2014). Impromptu man: JL Moreno and the origins of psychodrama, encounter culture, and the social network. Bellevue Literary Press.

Moreno, J. L. (1924/1983). The theatre of spontaneity. Beacon House, 1983, New York.

＿＿＿. (1934/1978). Who shall survive?: A new approach to the problem of human interrelations. Beacon House, 1978, New York.

＿＿＿. (1937). Inter-personal therapy and the psychopathology of inter-personal relations. Sociometry, 9-76.

＿＿＿. (1939). Psychodramatic shock therapy: a sociometric approach to the problem of mental disorders. Sociometry, 2, 1-30.

＿＿＿. (1940a). Mental catharsis and the psychodrama. Sociometry, 3(3), 209-244.

＿＿＿. (1940b). Psychodramatic treatment of psychoses. Sociometry, 3(2), 115-132.

＿＿＿. & Moreno, Z. T. (1942). The group approach in psychodrama. Sociometry, 5(2), 191-195.

＿＿＿. (1943a). Sociometry and the cultural order. Sociometry, 6(3), 299-344.

＿＿＿. (1943b). The concept of sociodrama: A new approach to the problem of inter-cultural relations. Sociometry, 6(4), 434-449.

＿＿＿. (1944). Psychodrama and therapeutic motion pictures. Sociometry, 7(2), 230-244.

＿＿＿. (1945). Group psychotherapy: A symposium (Vol. 3). Beacon house, Incorporated.

＿＿＿. (Ed.).(1946a). Group psychotherapy: A symposium. Beacon house, Incorporated.

＿＿＿. (1946b/1956). Psychodrama. Vol. 1. Beacon House, New York.

＿＿＿. (1946c). Psychodrama and group psychotherapy. Sociometry, 9(2/3), 249-253.

＿＿＿. (1946d). Psychodrama and sociodrama. The essential Moreno: Writings on psychodrama, group method, and spontaneity by JL Moreno, 13-19.

＿＿＿. (1946e). Psychodrama in education. In J. L. Moreno, Psychodrama, first Vol (pp. 144-145). Beacon House.

＿＿＿. & Enneis, J. M. (1950). Hypnodrama and psychodrama. New York: Beacon House.

＿＿＿. (1951). Sociometry, experimental method and the science of society. Lulu. com.

＿＿＿. (1952). Some comments to the trichotomy, tele-transference-empathy. Group Psychotherapy, 5, 87-90.

＿＿＿. (1953). Who shall survive? Foundations of sociometry, group psychotherapy and socio-drama.

＿＿＿. (Ed.). (1956). Sociometry and the Science of Man. Beacon House.

＿＿＿. & Zelany, L. D. (1958). Role theory and sociodrama. Contemporary Sociology. Philosophical Library, New York.

＿＿＿. (1960). The sociometry reader. Free Press.

＿＿＿. (1959/1975a). Psychodrama. Vol. 2. Beacon House, New York.

＿＿＿. & Moreno, Z. T. (1964). The first psychodramatic family. Beacon House, New York.

_____. (1965). Psychodramatic rules, techniques and adjunctive methods. Group psychother-
apy, 18, 73-86.

_____. (1965). Therapeutic vehicles and the concept of surplus reality. Group Psychotherapy,
18, 211-216.

_____. (1969). The Viennese origins of the encounter movement, paving the way for existen-
tialism, group psychotherapy and psychodrama. Group Psychotherapy.

_____. (1970). The words of the father. Beacon House, New York.

_____. (1975b). Psychodrama. Vol. 3. Beacon House, New York.

_____. (1977). Psychodrama. Vol. 4. Beacon House, New York.

_____. (1987). The essential Moreno: Writings on psychodrama, group method, and sponta-
neity. Springer Publishing Company.

_____. (2010a). Impromptu (2nd ed.). United Kingdom: Lulu.

_____. (2010b). Theatre of Spontaneity (4th ed.). United Kingdom: Lulu.

_____. (2011). The words of the father (4th ed.). United Kingdom: Lulu.

_____. (2012). Sociometry, experimental method and the science of society (2nd ed.). United
Kingdom: Lulu.

_____. (2015). Psychodrama, Vol.2. 사이코드라마 제2권 정신치료의 토대. (손창선, 이옥진 역).서울:
아카데미아. (원저 1959 처음 출판)

_____. (2019). 사이코드라마1. (손창선/이옥진 역). 아카데미아. (원저 1946 처음 출판)

Moreno, Z. T. (1965). Psychodramatic rules, techniques and adjunctive methods. Group psy-
chotherapy, XVIII(1-2), 73-86.

_____. (2013). The quintessential Zerka: Writings. Routledge.

_____. (1959). A survey of psychodramatic techniques. Group Psychotherapy, 12, 5-14.

_____. (1969). A survey of psychodramatic techniques. Beacon House.

_____. (2005). Psychodrama and surplus reality. 사이코드라마와 잉여현실 (황헌영/김세준 역). 서
울: 학지사.(원저 2000 처음 출판)

Murray, H. A. (1943). Thematic apperception test. Harvard University Press.

Nolte, J. (2019). J. L. Moreno and the Psychodramatic Method: On the Practice of Psychodra-
ma. Routledge.

Normile, D. (2008). Warm-up. International Gymnast, 50(1), 8.

O'Connell, W. E. (1972). Adlerian action therapy technique. Journal of Individual Psychology,
28(2), 184.

Pearls, F. S., Hefferline, G., & Goodman, P. (1951). Gestalt therapy. New York, 64(7), 19-313.

_____. (1972). Gestalt Therapy. In A Bry (Ed.), Inside psychotherapy: Nine clinicians tell how
they work and what they are trying to accomplish (pp. 57-70). New York: Basic Books.

_____. (1992). Gestalt therapy verbatim. Gouldsboro, ME: The Gestalt Journal Press

Pittman, C. M., & Karle, E. M. (2015). Rewire Your Anxious Brain: How to Use the Neuroscience
of Fear to End Anxiety, Panic, and Worry. Oakland, CA: New Harbinger.

Root-Berstein, R. (1999). Sparks of genius. 생각의 탄생. (박종성 역). 에코의 서재.

Stanislavski, C. (2010). 체험의 창조적 과정에서 자신에 대한 배우의 작업 (이진아 역). 지식을만드는
지식, e북(전자도서)

Stanislavski, C. (2014). 배우훈련: 스타니슬라브스키 연기론 (김균형 역). 서울: 소명출판사.

Stein, L. (1957). What is a symbol supposed to be?. Journal of analytical psychology, 2(1), 73-84.

Tomkins, S. S., & Tomkins, E. J. (Collaborator). (1947). History and Development of the Thematic Apperception Test. In S. S. Tomkins & E. J. Tomkins (Collaborator), The Thematic Apperception Test: The theory and technique of interpretation (pp. 1-20). Grune & Stratton.

Wise, S. (1986), 꿈 분석 (김종주 역). 1987:23 (원저 1986)

김길빈, 2003, 사람과 사람에게 희망을 주는 71가지 지혜. 서울: 하이퍼북

김맹하. (2015). 치유극으로서 모레노의 사이코드라마와 브레히트의 학습극. 외국문학연구, 57, 55-77.

김수현 (2005). 드라마 아카데미. 서울: 펜타그램.

김아영 (2020). J. Grotstein의 꿈꾸기로 재해석한 Breuer와 Freud의 안나 O 사례연구. 연세상담코칭 연구, 14, 9-26.

김현성. (2013). 사이코드라마에서의 무의식. 한국사이코드라마학회지, 16(2), 119-135.

박정자 (2013). 아리스토텔레스의 시학: 스토리텔링의 비밀. 서울:인문서재.

선한용. (1998). 시간과영원: 성어거스틴에있어서. 대한기독교서회.

손은실. (2018). 토마스 아퀴나스의 사랑론. 중세철학, 24, 75-106.

손창선. (2017). 모레노의 원저를 근거로 한 사이코드라마의 이해-'다섯 가지 주제로 본 모레노의 사이 코드라마'. 한국사이코드라마학회지, 20(2), 61-78.

오현석 2009. 게슈탈트 그룹 꿈작업 프로그램 개발 및 효과 연구 : 사회불안 감소 및 자아가치관 향상 을 중심으로 석사논문 성신여자대학교 2009년

유동수. (2017). 감수성 훈련: 진정한 나를 찾아서. 서울: 학지사

윤우상. (2017). 꿈 드라마를 위한 기법 및 이론에 관한 고찰. 한국사이코드라마학회지, 20(1), 1-16.

윤우상. (2015). "사이코드라마에서 욕의 의미와 역할," 『한국사이코드라마학회지』18, 1~14.

이동희. (2010). 영화< 이상한 나라의 앨리스> 에 나타난 자아정체성 문제와 그 해결과정: 원작 동화 < 이상한 나라의 앨리스> 와의 차이점을 중심으로. 영화와문학치료, 4, 39-65.

이명곤. (2008). 토마스 아퀴나스, 완전한 사랑은 가능한가? 신학과 철학. 13, 249-276.

이예은. (2015). 모레노의 심리극 이론으로 조명한 디바이즈드 시어터 (Devised Theatre) 기법에 관한 연구-영국 극단 포스드 엔터테인먼트 (Forced Entertainment) 를 중심으로. 문학치료연구, 34, 375-401.

주성호. (2012). 메를로-퐁티의 육화된 의식-애매하고 모호한 인간 존재. 철학사상, 43. 287-310.

최헌진. (2007). "맘굿: 제의적 사이코드라마"『한국 사이코드라마 학회지』10:1 1-24.

최헌진. (2010). 사이코드라마 이론과 실제. 서울: 학지사

한국비블리오드라마협회. (2020). 교육, 상담을 위한 비블리오드라마의 이론과 실제. 서울:학지사.

황순향. (2016). 구조와 의식의 문제: 프로이트, 라캉, 들뢰즈와 가타리, 그리고 지젝이론을 중심으로. 철학논총, 84, 385-406.

황헌영. (2017). 사이코드라마의 잉여현실과 종교적 은유: 단 브라우닝의 수정된 상관관계론에 따른 심 리치료와 종교의 대화. 한국기독교상담학회지, 28(2), 241-266.

모레노 부부 연대기 · 드라마치료 창시자들

야콥 모레노 Jacob L. Moreno(1889-1974)

1889, 5, 20 루마니아 부카레스트의 유태인 수출업자 가정의 6남매중 장남으로 출생. 부모가 흑해를 여행하는 중 배 안에서 출생했다는 설.

1894	가족이 비엔나로 이사하여 5세부터 그 곳에서 성장, (생애 첫 사이코드라마 실시 아이들과 즉흥극)
1910-1912	비엔나 대학에서 철학과 수학 공부
1912-1917	비엔나 의과대학 (프로이트 만남 회상하며그와 달리 자기는 집단치료의 길을 걷기로 함)
1913-14	집단심리치료(Group Psychotherapy) 저술
1918-1920	"The Words of the Father" 익명출판, 사회측정학(Sociometry) 소개함
1921	소시오드라마
1923	자발성극장(Stegreiftheater)실시(사이코드라마 원년으로 봄)즉흥적 역할극을 집단과 개인들에게 실시
1925	미국 이민하여 심리극, 사회측정학, 집단심리치료, 소시오드라마와 사회의학 본격 연구 및 출간
1931	뉴욕 싱싱 교도소에서 사회측정학 적용
1932	미국 정신의학협회에서 집단심리치료 소개"Group Method and Group Psychotherapy" 출간
1932-1938	뉴욕 허드슨의 소녀직업학교에서 사회측정학 연구 실시
1934	"Who shall survive?"출간하여 사회측정학 소개.
1941	젤카 모레노(Zerka T. Moreno)와 결혼(4번째)
1942	미국의 집단심리치료와 사이코드라마 학회 창립(American Society of Group Psychotherapy and Psychodrama)
1946	Psychodrama, 1권 출간 (1959, 2권; 1969, 3권)
1947	Jounal of Group and Intergroup Therapy 창립 "사회의학(Sociatry)" "자발성 극장"
1949	Group Psychotherapy 출간
1951	프랑스 파리에서 집단심리치료 국제 위원회 창설
1974, 5, 14	뉴욕 비콘의 자택에서 사이코드라마 하듯이 사람들과 함께한 자리에서 84세에 별세함.

젤카 모레노 Zerka T. Moreno(1917-2016)

1917, 6, 13	네덜란드 암스테르담에서 유태인 가정 4남매중 막내로 출생. 부모 모두 어릴적 동부유럽에서 네덜란드로 이주한 집안이었음.
1931,	14세에 가족모두 영국으로 이주. 그 곳에서고등학교와 대학교육 (예술과 의상 패션 전공)
1939	미국으로 이주
1941	정신건강 치료위해 언니를 뉴욕에 오게 한 과정에서야콥 모레노를 만남. 그 이후 연구와 저술활동 함께 함.
1942	미국의 집단심리치료와 사이코드라마 학회 야콥 모레노와 함께 창설(American Society of Group Psychotherapy and Psychodrama)
1949	야콥 모레노와 결혼
1952	아들 Jonathan Moreno 출산
1951	프랑스 파리에서 집단심리치료 국제 위원회를 남편과 함께 창설
2016, 9, 19	메릴랜드에서 99세로 별세.
2012	자서전 "To dream again: A memoir"(꿈을 다시 꾸어보기) 출간

이상한 드라마의 앨리스

초판1쇄 발행 2021년 12월 22일

지은이 황헌영
펴낸이 이영미
펴낸곳 도서출판 액션메소드
디자인 신진이
표지 일러스트 박진희
등록번호 제2019-000041호
주소 서울시 서초구 바우뫼로 20길 25 B1
전화 070-4177-4567
ISBN 979-11-965834-8-4